우리시대의 리얼리즘

Realism in Our Times by Yim Chol Kyu

Published by Hangilsa Publishing Co., Ltd., Korea, 2009

우리시대의 리얼리즘

임철규 지음

한길사

우리시대의 리얼리즘

지은이 · 임철규
펴낸이 · 김언호
펴낸곳 · (주)도서출판 한길사

등록 · 1976년 12월 24일 제74호
주소 · 413-756 경기도 파주시 교하읍 문발리 520-11
        www.hangilsa.co.kr
        E-mail: hangilsa@hangilsa.co.kr
전화 · 031-955-2000~3   팩스 · 031-955-2005

상무이사 · 박관순 | 영업이사 · 곽명호
편집 · 배경진 서상미 신민희 홍혜빈 장혜령 | 전산 · 한향림
마케팅 및 제작 · 이경호 이연실 | 관리 · 이중환 문주상 장비연 김선희

출력 · 지에스테크 | 인쇄 · 현문인쇄 | 제본 · 일광문화사

제1판 제1쇄 2009년 8월 30일

값 20,000원
ISBN 978-89-356-6135-0 03800

• 잘못 만들어진 책은 구입하신 서점에서 바꿔드립니다.

이 도서의 국립중앙도서관 출판시도서목록(CIP)은
e-CIP홈페이지(http://www.nl.go.kr/cip.php)에서 이용하실 수 있습니다.
(CIP제어번호: CIP2009002261)

현실의 모순을 극복해
이 현실에서 새로운 세계를 창조하고자 하는 것이
리얼리즘의 기본정신이라면,
이 기본정신에 의해
모더니즘의 절망적인 인간상은 극복된다.

● 임철규

우리시대의 리얼리즘

책머리에 9
개정판을 내면서 11

1
희극의 미학 15
비극적 비전 47
죽음의 미학 79

2
우리시대의 리얼리즘 105
한 무정부주의자의 정치윤리 129
전체주의의 구조와 인간 147
불꽃의 여자 165
정치와 인간의 운명 185
한 젊은 니힐리스트의 죽음 221

3
대담·민족문학에 대하여 253

찾아보기 275

책머리에

 몇 편의 전문적인 글을 제외하고는, 지난 6년간에 걸쳐 『창작과 비평』 『세계의 문학』 『현상과 인식』 등의 잡지에 주로 발표한 글들을 모아 보았다. 나는 내가 쓴 글에 만족감이나 자신감 같은 것을 한번도 느껴본 적이 없기에, 세월이 지나 좀더 나은 글들이 나오면 함께 엮어낼 작정이었다. 그러나 이 본래의 마음가짐과는 달리, 변변찮은 글들을 주위에서 이따금 권하는 바람에 세월을 앞당겨 선보이기는 하지만, 꺼림칙한 심정은 여전히 떠나질 않는다.
 세 부분으로 나뉜 이 책의 제1부에는 「죽음의 미학」을 빼고 나의 문학 연구의 관심 분야 가운데 하나인 장르 이론과 관련된 글을 모았고, 제2부는 또 다른 한 분야인, 문학과 사회 또는 문학과 정치의 관계를 다룬 글들을 모았다. 대체로 이 글들을 발표한 연대순으로 배열했다. 다시 원고를 읽어보고, 교정을 보는 가운데 조금씩 수정을 더하고 좀더 늘린 글들도 있지만, 그 글들이 처음 발표되었을 당시의 골격은 그대로 남아 있도록 했다. 제3부는 '민족문학'에 대해서 국문학자 조동일 교수와 함께 나눈 대담이다. 나로서는 대담을 해본 것은 그때가 처음이었고, 또 대담으로서는 그것이 처음이자 마지막이 되었으면 하는 것이 현재의 심정이기에, 빠뜨리고 싶지 않았다.

책의 제명을 『우리시대의 리얼리즘』으로 붙인 것은 「우리시대의 리얼리즘」이 이 책에 실린 글들을 대표한대서가 아니라 문학에 대한 나의 자세가 이 글 속에 어느 정도 뚜렷하게 표출되어 있기 때문이다. 루카치가 모더니즘에 대한 그의 태도를 밝힌 여러 글을 모아 『비판적 리얼리즘의 현대적 의미』(1958)라는 이름으로 책을 내놓았는데, 그 후 이 글들은 영미에서 각각 『우리시대의 리얼리즘의 의미』 『우리시대의 리얼리즘』이라는 이름으로 출판된 바가 있다. 중복되는 감이 있기에 나의 책 제명을 설정할 때 망설이긴 했지만, 다른 제명이 웬일인지 마땅치 않았던 것도 그 이유 가운데 하나다.

나의 글에는 무리한 논리와 도식적인 사고의 편린이 많으리라 보지만, 비판의 눈으로 질책해주기 바란다. 무엇을 연구하든지 간에 완벽이라는 것은 있을 수 없고, 그렇기 때문에 비판의 눈은 누구에게나 필요한 것이다.

지난 얼마 동안 나는 소중한 분들과 학문적으로 친교를 맺을 기회가 있었고, 그분들과의 만남을 통해 많은 것을 배웠다. 또 가당찮은 나의 글에 관심을 표했던 주위의 여러 벗과 여러 학생을 통해, 나는 애정이 무엇인가를 배웠다. 많은 이에게 빚을 지고 있다는 마음에서, 나는 나의 능력과 건강이 허락하는 한, 앞으로 좀더 좋은 책을 내놓게끔 노력해야 한다고 다짐하고 있다.

이 책을 내도록 독려해주고, 출판까지 맡은 한길사에 고마움을 드린다.

1983년 3월
임철규

개정판을 내면서

지금으로부터 26년 전인 1983년에 출간된 『우리시대의 리얼리즘』을 다시 세상에 내놓으면서 나는 이해하기에 난해한 몇몇 문장을 빼고 또 다듬고, 각주에 드러난 오류를 고치고, 각주 형식을 다소 변경하는 것을 제외하고는 그때의 내용을 그대로 두었다.

그 저서에 포함되었던 긴 논문 「눈의 미학」은 이번 개정판에는 포함시키지 않았다. 이 논문에서 논의되었던 주제가 발전하여 2004년에 출간된 『눈의 역사 눈의 미학』에서 「영혼의 풍경화」라는 이름으로 6장에 다시 등장하기 때문이다.

지금 그때의 글을 다시 접하면서 당시의 나는 학문적으로 많이 부족했음을 실감하고 있다. 40대 젊은 날의 글들이었다는 점을 변명으로 삼아 자위하고 있다. 그리고 그때의 현실과 역사에 대한 나의 인식이 지금까지 이어져오고 있음을 다시 확인하고 있다.

2009년 6월
임철규

1

희극의 미학

비극적 비전

죽음의 미학

희극의 미학

시골의 노래

장르 이론은 가장 오래된 이론 가운데 하나일 뿐만 아니라 문학연구에서 가장 논란의 대상이 되는 분야 중의 하나다. 비극이론은 아리스토텔레스 덕분에 다른 장르보다도 훨씬 말끔하게 정리되었지만, 희극은 불행하게도 비극이론과 달리 아리스토텔레스에 의해 자그마하게, 그것도 아주 부분적으로 논의되었기에, 희극이론에 관한 한 지침이 될 만한 고전적인 '시학'(詩學)도 없다.

우리는 희극을 논의할 때 그 형식·구조·종류 등 여러 각도에서 고찰할 수 있겠지만, 이 글은 희극이 구현하고 있는 정신이 무엇인가에 대한 집중적인 논의가 될 것이다. 희극정신이란 무엇인가에 대한 문제가 지금껏 계속 논의의 초점이 되어오고 있는 까닭은, 희극이라는 장르가 익살·위트·해학·풍자·아이러니 등 여러 가지 복합충동에 의해서 지배되고, 특징 지어지기 때문이다. 희극정신이 본질적으로 무엇인가를 이해하기 위해, 우리는 희극이라는 말이 내포하는 어원적인 뜻을 고찰하는 것에서

• 1976

부터 그 출발점을 삼는 게 좋을 것 같다.

희극＝코미디는 그 어원에서 몇 가지 중요한 뜻을 함축하고 있다. 가장 잘 알려진 것은 각각 그리스어로 잔치를 뜻하는 '코모스'(comos)와 노래를 뜻하는 '오이데'(oide)의 합성어로서, '잔치의 노래'가 그 하나이다. 그다음으로 잘 알려진 것은 시골을 뜻하는 '코메'(come)와 노래를 뜻하는 '오이데'의 합성어로서, '시골의 노래'이다. 이밖에 어느 정도 추정적(推定的)이기는 하지만, 잠을 뜻하는 '코마'(coma)와 노래를 뜻하는 '오이데'의 합성어로서 '잠의 노래'가 있다. 이 마지막의 경우는 학자들 사이에 거의 거론된 적이 없지만, 이 어원을 통해 희극정신의 본질을 가장 첨예하게 인식할 수 있다는 것이 이 글의 주요 주제 가운데 하나가 될 것이다.

우연인지 모르지만 동로마 제국의 학자들은 희극을 밤의 창조물이라고 지칭했다. 이 장르를 밤의 창조물, 즉 '잠의 노래'로 일컫는다는 것은 얼핏 보면 비합리적일지도 모른다. 고딕소설을 개척한 18세기 말 영국의 소설가 호러스 월폴이 "생각하는 자에게 이 세상은 희극이며, 느끼는 자에게는 비극"이라고 피력한 이래—이는 절대적이 아닌 상대적인 진리이겠지만—희극적인 삶과 비극적인 삶의 태도를 규정할 때 이따금 사람들의 입에 오르내리고 있다. 감정과 사고의 이 양극적인 개념이 각각 열정(熱情)과 이성(理性)을 표상한다면, 열정을 중심으로 하는 세계는 밤의 세계이고, 이성을 중심으로 하는 세계는 낮의 세계라 할 수 있다. 밤의 세계에서 비극적인 것이 잉태된다면, 낮의 세계에서는 희극적인 것이 도래하는 것이다. 이 관점이 임의적이라고 할 수 없을 만큼 어느 정도 이치에 맞다고 볼 수 있는 것은,

느끼는 것—열정—밤의 세계—낭만주의—비극
생각하는 것—이성—낮의 세계—고전주의—희극

이라는 도식이 성립될 정도로, 이성을 사회적·도덕적 규범의 이상으로 삼았던 고전주의 시대에는, 몰리에르 같은 대표적인 극작가를 낳은 희극의 시대일지도 모르기 때문이다. 그러나 위에서 정리한 도식에 걸맞지 않게 동로마 제국의 학자들은 왜 희극을 낮의 창조물이라고 하지 않고 밤의 창조물, 즉 '잠의 노래'라고 일컬었을까. 우리는 이 결정적인 문제에 되돌아오기 전에 논의의 핵심을 위해 먼저 희극정신이 본질적으로 무엇인가를 단정할 필요가 있을 것 같다.

희극정신은 본질적으로 축제정신이다. 프라이를 비롯해 과거부터 지금까지 많은 학자들이 논증하고 있듯이,[1] 희극과 축제는 서로 밀접한 관계를 맺고 있다. 희극이 고대 그리스를 포함한 유럽 각국, 인도·한국·일본 등의 종교적인 제의(祭儀), 말하자면 시골의 풍요제(豊饒祭)에서 발생했다는 것은 잘 알려진 사실이다. 따라서 동로마 제국의 학자들이 풍요제에서 발생한 희극의 어원적인 역사를 시골을 뜻하는 '코메'와 노래를 뜻하는 '오이데'의 복합어에서 찾기도 했던 것은 무리가 아니다. 한국의 가면극을 비롯해 희극의 유래를 가져온 풍요제는 시골 마을에서 기리어졌기 때문이다.

희극을 그 어원상 '시골의 노래'라고 일컬을 수 있는 문헌적인 근거는 일찍이 아리스토텔레스의 『시학』에서도 나타나고 있다. 이 철학자는 도리스인이 희극과 더 나아가서 비극까지도 그들이 창시했다고 주장한 사실을 비판하는 가운데, 희극이 시골을 뜻하는 '코메'에서 연유되었다는

---

[1] Francis M. Cornford, *The Origin of Attic Comedy* (London: Cambridge UP, 1934); N. Frye, *Anatomy of Criticism* (Princeton: Princeton UP, 1957); C.L. Barber, *Shakespeare's Festive Comedy: A Study of Dramatic Form and its Relation to Social Custom* (Princeton: Princeton UP, 1959); Erich Segal, *Roman Laughter: The Comedy of Plautus* (Cambridge/M.A.: Harvard UP, 1968) 등.

그들의 주장—사실 아리스토텔레스가 도리스인이 희극을 창조했다는 것을 인정하고 있느냐, 그렇지 않느냐 하는 학자들 간의 논쟁은 여지껏 계속되고 있지만—은 받아들이고 있는 것 같다. 도리스인의 주장에 토대를 둔 아리스토텔레스의 추론에 따르면, 희극배우란 원래 도시에서 쫓겨난 뒤 시골을 돌아다니면서 노래하고 춤추면서 유랑하는 자들이었다(『시학』 1448a 38ff).

동로마 제국의 학자들에 따르면, 이들이 자주 밤에 도시로 와서 그들을 천대하고 멸시했던 시민의 집 밖에서 큰소리로 울분과 불평을 거리낌 없이 터뜨렸다는 것이다. 그들의 불만이 사회적으로 동정과 공감을 얻게 되면서 시(市)당국은 낮에 극장에 와서 그들의 표면적인 행동을 극화(劇化)해달라고 요청했다는 것이다. 이것이 역사적으로 진실인지 아닌지는 아직까지 이렇다 할 만한 뚜렷한 증거는 없지만, 여기서 역사적인 증거보다 더 중요한 것은 희극이 풍요제에서 유래되었으며,[2] 이 풍요제는 시골에서 기리어졌으므로, 희극 = 코미디가 어원적으로 시골을 뜻하는 '코메'와 직접 연관되어 있다는 사실이다.

---

[2] 1914년에 Francis M. Cornford는 아리스토파네스와 아티카 희극의 기원에 관한 불후의 책을 썼다. 그의 관심 가운데 하나는 몇 가지 역사적 연관을 논증하려는 것이었다. 하지만 그의 글 대부분이 구조주의적인 분석에 유용할 만큼, 그는 구조주의 이전의 구조주의자라고 일컬어지고 있다(Geoffrey H. Hartman, *Beyond Formalism* [New Haven: Yale UP, 1970], 8~11쪽).
그는 문학장르로서의 희극(아리스토파네스에게)은 민속극에서, 이 민속극은 또한 풍요제에서 유래된 것으로 보고 있다(Francis M. Cornford, 앞의 책, vii, 3~4, 18~21, 24~25, 51~59, 60, 68, 113, 208, 212쪽).
희극의 기원에 대한 이러한 견해는 근대의 많은 학자에 의해 근본적으로 여전히 지지를 받고 있다. 가령 Wylie Sypher, "The Meanings of Comedy", 33~34쪽; Susanne Langer, "The Comic Rhythm", 124쪽; Robert W. Corrigan 엮음, *Comedy* (San Francisco: Chandler Pub. Co., 1945)에 위의 논문이 들어 있음. 또 Moses Hadas, "Introduction", *The Complete Plays of Aristophanes* (New York: Bantam Books, 1971) 6쪽 등.

희극 = 코미디는 그 어원이 암시하듯이 '시골의 노래'인지 모른다. 옛날부터 시골은 상상에서나 실제에서나 어떤 곳보다 한층 자유로운 행동을 즐길 수 있는 곳으로 여겨져왔다. 말하자면 "적극적인 상상력에서부터 의식(意識)과 어떤 해방의 형식에 이르기까지"[3] 자유로운 모든 것을 대신해왔다. 마르크스와 엥겔스가 부르주아 계급이 시골을 도시의 일상적인 관습에 예속시켰다고 주장하는 한편, 트로츠키가 자본주의 사회의 역사는 시골에 대한 도시의 승리의 역사였다고 선언했을 때, 이른바 프롤레타리아의 고장인 시골은 착취의 희생물로서 강조된 것 같아 보인다. 하지만[4] 시골과 도시는 늘 상대적인 삶의 양식, 프랑스 철학자 메를로-퐁티의 용어인 '존재양식'(manière d'être)[5]을 각각 대변하는 양극적인 개념이다.

그리스의 역사가인 투퀴디데스가 도시는 사방이 성벽에 의해서 둘러싸인 반면 시골은 언제나 활짝 열려 있는 곳이라고 공간적으로 대비시켜주었듯이(『펠로폰네소스 전쟁』 I.5), 구속과 자유는 이들 사이의 차이를 가장 뚜렷하게 밝혀주는 개념들이다. 도시의 모든 구속과 제약에서 벗어나 있는 자유의 세계, 활짝 트인 마음의 세계를 반영해주는 것이 시골의 이미지이다. 옛적에는 시골이 지역상 도시의 사법권(司法權) 밖에 위치해 있었기 때문에, 도시인이 누릴 수 없는 자유로운 행위가 거침없이 이루어졌던 것은 동서양의 공통적인 현상이었다. 또 구속에서 떠난 자유로운 행동과 '시골'이 끊임없이 서로 연관되고 있는 것은 역사적인 어떤 타당성도 가지고 있는 것이다.[6] 따라서 논리상 희극으로 발전된 한국의 풍농굿이

---

3) Raymond Williams, *The Country and the City* (New York: Oxford UP, 1973), 291쪽.
4) 같은 책, 302~303쪽.
5) Maurice Merleau-Ponty, *Sens et non-sens* (Paris: Nagel, 1948), 309쪽.
6) Eric Partridge, *Shakespeare's Bawdy* (London: Routledge, 1947), 95쪽을 참고할 것.

나 각 나라의 풍요제가 모두 시골에서 행해졌다는 것은, 희극을 '시골의 노래'로 이름하는 어원적인 타당성에 비추어볼 때, 우연한 일이 아닌 것 같다.

제임스 프레이저가 그의 방대한 저서 『황금 가지』에서도 실증(實證)했듯이, 풍요제가 거행되었을 때는 일정한 의식을 치르고 난 다음 일상생활에서는 도저히 가능할 수 없는 행동이나 말이 거침없이 행해지고, 더 나아가서는 성행위 같은 것도 뒤따랐다. '아키투'라고 불리는 고대 바빌로니아의 신년 제식(祭式)이나, 구약(舊約)시대 유대인의 속죄제(贖罪祭)의 다섯째 후인 일곱째 달(유대인의 달력에서는 일곱째 달이 1년의 첫 달임) 15일에 있었던 신년 초막절(「레위기」, 23: 33~44) 같은 엄숙한 제의 때도, 정해진 의식이 행해진 후에는 흥겨운 춤과 노래로 방일(放逸)하고, 이 절기 동안 성행위를 비롯하여 남녀 할 것 없이 대담한 행동을 했다.[7] 한국 농촌의 풍농굿에서도 가면을 쓴 사람들이 성행위 형태의 굿을 거행하는 사례가 이따금 발견되고 있음도 주목할 만하다.

이처럼 희극이 축제·굿과 직접 관련이 있고, 그것도 시골에서 기린 이 행사에서 유래되었다는 것은, 희극이 일상의 잡다한 관습과 제약에서 벗어난 시골의 원초적인 이미지를 지닌 채 태어났다는 것을 함축하고 있다. 이 사실은 앞으로 다룰 문제, 즉 이 글의 첫머리에서 제기되었던, 희극의 어원이 뜻하는 '잠의 노래'로서 이 장르가 갖고 있는 희극정신과 불가분의 관계를, 그것도 논리적으로 동질적인 관계를 가지고 있다는 점에서 중요하다.

희극과 축제 간의 상관관계에 대해서 한두 가지 사실을 덧붙이자면, 로

---

7) Theodor H. Gaster, *Thepis: Ritual Myth and Drama in Ancient Near East* (New York: Anchor Book, 1961), 62~64쪽; Mircea Eliade, *The Myth of the Eternal Return: or Cosmos and History*, Willard R. Trask 옮김 (New York: Harper, 1959), 61쪽을 볼 것.

마 희극들은 초기부터 로마의 다채로운 축일(祝日)과 긴밀한 관계를 맺고 있었다는 것이다. 로마의 역사가 리비우스(『로마사』 7. 2)와 시인 호라티우스(『서한시』〔書翰詩〕 II. 1. 145~48)가 지적했듯이, 이 장르 자체가 로마인이 만끽했던 그들의 페스티벌에서 바로 발전되었고, 그날들이 공연을 위한 유일한 기회였음을 고려할 때, 희극과 축제 간의 관계는 떠날 수 없다는 인상을 짙게 풍기고 있다.

이 사실은 영국의 엘리자베스 시대에도 적용된다. 셰익스피어의 일생 동안 영국은 이전의 어느 때와 달리 축제의식에 민감했다. 셰익스피어의 희극들이 그의 동시대와 그 후 대부분의 극작가들이 쓴 작품과 달리, 특히 축제의식의 분위기를 담고 있는 것은 그 시대 국민들이 즐겼던 각종 페스티벌에 누구보다도 그의 감수성이 민감했기 때문이다. 가령 그의 희극, 『한여름 밤의 꿈』 『십이야』(十二夜) 『사랑의 헛수고』 등의 작품이 축제의 '모티프'에 의하고 있다는 것도 우연한 일이 아니다.

축제정신

먼저 희극과 구체적으로 관련시키기 전에 축제정신이란 무엇인가. 그것은 축제에 참여하는 자들이 이날만은 온갖 사회적·도덕적·종교적인 제약과 구속에서 벗어나 마음껏 흥청거리고 싶어하는 해방과 자유의 '에토스'다. 콕스가 지적했듯이, 평상시에 억압당하고 있는 감정을 발산하기 위해 사회적으로 묵인·인정되는 날이 축제일이다.[8] 물론 축제가 이와 같이 해방과 자유의 정신으로만 일관해 있는 것은 결코 아니지만, 문제는 축제의 하부구조를 이루는 것이 이 정신인 것이다. 앞서 언급했던 엄숙한 제식, 가령 '아키투'라고 불리던 고대 바빌로니아의 신년제의(新年祭儀)

---

8) Harvey Cox, *The Feast of Fools* (New York: Harper, 1969), 22쪽.

때나, 구약시대 유대인의 신년 초막절 때도 일정한 의식절차 후, 성행위를 포함해서 온갖 자유로운 말과 행동을 거리낌 없이 표출하는 관습이 있었다. 로마의 농업의 신(神) 사투르누스를 기리는 제의 때도 방일과 해방의 분위기가 지배적이었음은 잘 알려진 사실이다.

중세시대의 그 유명한 '바보 제전(祭典)'도 마찬가지다. 15세기 신년 초하루 파리에서 열렸던 이 제전 때, 각계각층의 사람들이 참석했지만, 보통 직위가 낮은 성직자들이 고위성직자 또는 어릿광대로 분장한 채, 가톨릭 교회와 법정의 엄숙한 절차까지도 조롱하고 야유했다. 이 제전 동안 모든 종교적·사회적 관습과 '터부'는 물론 지도층의 인물들은, 보통 때 감정이 억눌린 채 지내왔던 직위가 하찮은 성직자들과 일반 민중의 조소와 풍자의 대상이 되었다. 옛적 바빌로니아에서 행해진 '사카에아 축일(祝日)'에도, 5일 동안 주·종의 위치가 전도되어 종이 주인에게 무례하게 명령을 내렸다. 5일의 마지막 날에는 결국 교살되지만 사형수는 왕의 옷을 입은 채 왕좌에서 마음내키는 대로 명령을 내리고, 심지어 왕의 첩과 동침하는 것도 허용되었다.[9]

한국의 전통적인 부락굿도 농민들이 마음껏 떠들며 그들의 기분을 풀 수 있는 기회를 주었으며, 1년 내내 양반들에게 억눌려 살아오다가 이때만은 며칠간 흥청거리고 무슨 말이든지 할 수 있었다. "주술적인 방법으로 풍년을 가져올 수 없다는 사실이 밝혀지고 합리적인 농사기술이 등장한 후에도 부락굿이 계속 존속한 이유는 부락굿이 가지는 이런 기능에서 찾아야 할 것이다."[10]

---

9) Sir James Frazer, *The Golden Bough* (New York: Macmillan, 1922년 축소판), 328쪽.
10) 조동일, 『한국 가면극의 미학』(서울: 한국일보사, 1975), 43~44쪽. 한국 가면극에 관한 한 필자는 위의 조동일 교수의 저서에 주로 의존했다.

프로이트의 통찰력을 굳이 따르지 않는다 할지라도 사회의 본질은 개인을 억압하는 데, 그리고 개인의 본질은 그 개인 자신을 억압하는 데 두고 있는지 모른다. 니체가 세계 역사를 계속 축적되어온 노이로제의 역사라고 처음으로 피력한 이래, 프로이트도 이 노이로제의 역사 속에서 억압 때문에 야기된 죄의식이 점차 커져가고 있음을 간파했다.[11] 이따금 심리학 용어로 사용되고 있는 수치(羞恥)문화와 죄(罪)문화는 두 유형의 도덕 행위를 구별하기 위해 몇 사람의 인류학자가 만들어낸 말이다.

수치문화에서 개인의 도덕 행위는 외부 지향적이며, 도덕 권위는 외적인 것으로 사회적인 억압으로서 넓게 정의할 수 있다. 도덕 행위의 기초가 되는 외적인 권위는 부모나 사회적·영적인 질서를 대표하는 자들에게 부여된다. 도덕 행위의 가장 강력한 심리적인 억압은 자신이 타자에 의해 인정받지 못하고 비난받거나 조소당하지 않나 하는 두려움이다. 한편 죄문화에서 개인의 도덕 행위는 내부지향적이며 도덕 권위는 사회적인 윤리가 아닌 내적인 양심이다. 도덕 행위의 메커니즘은 개인 영혼의 내적인 갈등을 전제로 한다. 개인이 도덕적인 행동을 하지 못한다는 것이 죄의식의 전조가 되어 자아비난은 적극적으로는 속죄(贖罪), 소극적으로는 후회(後悔)로 경험된다.[12]

스위스의 심리학자인 장 피아제는 어린아이의 성장과정을 두 단계로 설명하고 있는데, 그의 이론적인 설명은 여기서 이야기했던 수치문화와 죄문화에 쉽게 비교될 수 있다. 이 심리학자에 따르면 6세까지의 어린아이들의 성장단계에서 그들의 도덕 행위는 외적인 것에 의해서 결정되며, 그 후에 그들의 행위는 내적인 양심에 의해서 좌우된다. 이처럼 사회적·

---

11) Norman O. Brown, *Life Against Death: The Psychoanalytical Meaning of History* (Connecticut: Wesleyan UP, 1959), 15쪽.
12) 수치문화와 죄문화에 대한 자세한 설명은 Zevedei Barbu, *Problems of Historical Psychology* (New York: Grove Press, 1960), 96~112쪽을 볼 것.

도덕적인 규범을 내면화하는 과정은 커뮤니티의 역사적인 발전에 똑같이 적용될 수 있다. 커뮤니티를 구성하는 개개인은 그들의 도덕 행위가 사회적·외적인 규범에 의해서 결정되는 단계에서 개인의 내적인 양심에 의해서 결정되는 단계로 옮겨지게 된다. 이것이 수치문화에서 죄문화로 변천하는 과정이다.

고대 그리스의 호메로스 시대와 그 후의 시대는 각각 수치문화와 죄문화로서 특징 지어지고 있다.[13] 호메로스의 세계에서 인간 최고의 선은 도덕적인 양심을 즐기는 데 있는 것이 아니라 티메(time), 즉 사회적인 존경을 얻는 데 있었다. 『일리아스』의 아킬레우스나 헥토르가 죽음을 마다않고 꽃다운 젊음을 희생한 것도 이 '티메' 때문이었다. 호메로스의 주인공에게 가장 강한 도덕적인 힘은 신을 향한 두려움이 아니라, 사회가 그들의 행위를 어떻게 규정하고 평가하는가였다. 수치 없는 삶, 이것이 호메로스의 주인공이 갈구했던 존재이유였다. 사회의 윤리적인 억압에서 생겨난 수치의식은 호메로스 시대를, 내적인 양심에서 나온 죄의식은 그 후 그리스 시대를 특징 지었던 이래, 그때부터 현대까지 서구문화는 수치의식과 죄의식에서 파생된 노이로제의 연속이다. 단적으로 동양의 전통 윤리관은 수치의식에, 서양의 기독교 윤리관은 죄의식에 젖어 있다고 규정하기는 위험하지만, 한국의 전통 윤리관은 이 수치의식에 깊이 뿌리박고 있는 것이 사실이다.

이 수치의식과 죄의식이 바로 프로이트의 심리용어인 초자아(super-ego)다. 이 초자아에서 해방되고자 하는 것이 요한 하위징아가 명명한 '놀이꾼'(homo ludens)으로서 인간 본연의 본능이며, 놀이의 가장 본질적인 형식 가운데 하나가 이 석학이 강조했던 페스티벌이다. 하위징아가

---

13) E.R. Dodds, *The Greeks and the Irrational* (Berkeley: U of California Press, 1951), 17쪽.

놀이를 어떤 물질적·공리적인 이해관계를 초월하는 순수한 자발행위로 정의했을 때,[14] 그는 놀이, 즉 페스티벌을 포함해서 모든 문화적·종교적인 의식의 본질을 부분적으로 정확하게 포착했지만, 이 놀이는 이해관계가 얽혀 있지 않은 자발적인 행위, 저 놀이는 공리주의적·실용주의적인 행위다라고 확연히 구별 지을 수 있는 인간행위란 사실상 존재하지 않는다. 하위징아와 그의 추종자 가운데 한 사람인 아돌프 옌센이 인간의 문화적·종교적인 창조, 즉 신화와 제의에 나타나 있는 놀이의 요인(play-motif)을 밝혀줌으로써[15] 인간의 본질을 이해하는 데 공헌한 바가 크지만, 놀이의 기능을 공리적인 이해관계를 떠난 순수한 행위로서 보는 점에서 그들은 오류를 범했던 것이다.

피아제가 놀이의 본질에 대해 연구한 것이 이 문제에 관한 한, 지금까지의 연구 가운데 가장 진실에 가깝다고 볼 수 있다. 이 심리학자가 설정한 동화(同化, assimilation)와 조정(調整, accommodation)의 범주는 놀이의 참된 본질을 이해하는 데 매우 큰 도움이 된다. 원숙한 인간의 의식적(意識的)인 행위, 예컨대 인간은 노동 행위에서 자신의 근본적인 요구를 조절시켜 외적인 현실의 요구에 따름으로써, 자신과 외적인 현실사회에 적응관계를 세우는데 이것이 '조정'이다. 한편 어린아이의 놀이·예술·꿈에서, 인간은 외적인 세계의 요구를 조절시켜 자신의 근본적인 요구에 더욱 순응케 함으로써 눈앞의 외적인 현실에서 자신을 자유롭게 하고, 자신과 세계 사이에 다른 종류의 적응관계를 갖게 되는데, 이것이 '동화'다.

---

14) Johan Huizinga, *Homo Ludens: A Study of the Play-Elements in Culture* (Boston: Beacon Press, 1955), 13쪽.
15) 같은 책, 46쪽과 기타 여러 군데. Adolf E. Jensen, *Myth and Cult among Primitive Peoples*, Marianna Tax Choldin & Wolfgang Weissleder 옮김 (Chicago: U of Chicago Press, 1963), 48쪽, 기타 여러 군데.

장 피아제에 따르면 인간의 모든 행위는 조정과 동화 두 가지 요소를 다 소유하고 있다. 문제는 어떤 경우에는 조정이 동화를, 다른 경우에 동화가 조정을 지배하는 것이다. 조정이 동화를 지배할 때 인간 행위는 노동이며, 만일 동화가 조정을 지배할 때의 행위는 놀이라 일컬어질 수 있다. 그러나 인간의 모든 행위는 조정과 동화의 두 요소, 즉 놀이와 노동의 두 형식을 다 포함하고 있다.[16]

부언하자면 장 피아제에게 놀이는 인간이 외적인 현실에 적응하고자 하는 과정에서 동화가 조정을 지배할 때 일어난다.[17] 노동과 같은 행위가 동화의 요소를 지니고 있듯이, 놀이 역시 조정의 요소를 갖고 있는 것이다. 중요한 것은 이 심리학자가 놀이를 전체 적응과정의 일부분으로서 보고 있다는 것이다. 그는 놀이를 외적인 현실에 적응하고자 하는 인간의 노력과 독립된 것으로 간주했던 하위징아와 그의 추종자들의 오류를 결코 범하지 않는다. 하위징아와 그의 추종자들이 놀이와 적응을 각각 대립 관계에 둠으로써, 그들은 인간이 자신을 놀이꾼답게 표출하고 싶어하는 충동과, 한편 외적인 현실에 적응하고자 하는 노력이 어떻게 위대한 종교적·문화적인 창조에서 다같이 나타나고 있는가를 간파할 수가 없었다. 장 피아제의 공헌은 놀이의 본질 가운데 하나인 적응행위를 결코 무시하고 있지 않다는 것이다.

놀이의 한 형식인 축제나 굿이 갖는 정신은 초자아에서 벗어나 순간적이나마 본능의 자유를 만끽하는 데 있다. 어쩌면 이 정신은 철학자 마르틴 하이데거가 뜻한 바의 그 '일상성'에서 탈피하고자 하는 인간의 본능적인 충동의 고향인지 모른다. 거침없이 놀고 싶어하는 무의식적인 욕구의 실현으로서 그 고유의 본질을 지닌 축제나 굿의 '에토스'는 하위징아

---

16) Jean Piaget, *Play, Dreams and Imitations in Childhood* (New York: Norton, 1962), 163쪽.
17) 같은 책, 169~212쪽.

와 그를 따르는 자들이 강조했던 것—어떤 공리적·물질적인 이해관계를 초월하는 순수한 자발적인 행위, 즉 장 피아제의 용어인 동화의 범주—에만 국한되는 것은 아니다.

앞에서 지적했듯이, 축제가 진행되는 동안 기존의 질서가 송두리째 뒤집어지고 있다. 가령 권력자들이 힘 없는 민중에 의해서 조롱당한다든가, 여자들이 남자들 위에 군림한다든가, 종들이 주인에게 모반한다든가 하는 등 현실적으로 불가능한 일이 제의기간에 일시적으로 이루어졌다. 지배계급에 대한 두려움 등 일체의 정신적인 압박에서 마음껏 해방된 채 기존질서가 붕괴되는 것이 축제나 제의에서 이루어졌다. 이는 중세의 '바보제전'에서와 마찬가지로, 글러크먼이 지적했듯이,[18] 남부 아프리카 반투족의 많은 왕국에서 전통적인 첫 추수기간 축제 때 두드러지게 드러나고 있다. 제의가 계속되는 동안, 왕은 공공연하게 조롱당하고, 여성들은 뻔뻔스럽게 남성의 역할을 행하는 등 기존의 모든 권위가 적어도 일시적으로 뒤집어진다. 이런 축제나 제의를 통해 정치권력들은 평상시 하층계급의 불만을 일시적으로 달래줌으로써 그들의 불만을 행동으로 유도하지 못하게 하여 자신들의 권력을 공공하게 했다.

억압적인 모든 공식적인 제도·관습·터부 등이 일시적으로 중지되고, 공식적인 가치와 질서가 전도되는 이런 전통적인 제의 속에 들어 있는 모반적인 요소를 글러크먼은 불만과 불평을 해소하는 제도화된 안전판으로 보고 있다. 이리하여 왕권에 도전하고, 그것을 공격하는 것처럼 보이는 축제나 제의는 사실상 그 왕권을 튼튼히 해주고 영속시키는 데 이바지하고 있는 것이다. 가면극으로 발전된 한국의 풍농굿이 굿을 통해서 양반을 풍자하는 이면에는, 착취 대상인 민중의 저항의식을 고취하는 다분히 이

---

[18] M. Gluckman, *Order and Rebellion in the Tribal Africa: Collected Essays* (London: Routledges & Kegan Paul, 1963).

데올로기적인 색채가 짙음을 부인할 수 없다. 지배체제에 대한 저항의식을 조장할 수 있도록 이해가 얽혀 있는 것에 놀이, 즉 축제의 다른 일면이 있는 반면, 축제나 굿이 평소에 누적된 감정을 실제행동으로 이르게 하지 않고 해소시키는 일종의 '카타르시스'의 역할을 하는 데 한층 더 중요한 존재이유가 있다. 이것이 장 피아제의 '조정'으로서의 적응행위 가운데 한 사례다.

우리는 축제정신을 한마디로 프로이트가 뜻한 바의 초자아와 온갖 일상성에서 순간적이나마 해방된 기분이라고 말했다. 그렇다면 이 축제정신과 희극은 그 본질적인 특성에서 어떤 상관관계가 있는가. 간단히 말해서 희극 역시 '초자아로부터의 휴일'[19]이라고 정의될 수 있다. 희극은 축제가 가지고 있는 분위기를 함께하고 있기 때문이다.

베르그송이 강조했듯이, 어떤 사회를 생동적인 것으로 함에 있어 웃음이 그것을 방해하는 고정적·기계적인[20] 인간을 교정하기 위한 반응, 그것도 사회적으로 또는 집단적으로 요구되는 적극적인 반응인 이상, 두 현상, 즉 희극과 페스티벌은 이 집단적인 웃음 속에서 하나의 동질적인 육체 반응을 가진다고 할 수 있다. 이 경우에 웃음이나 조롱의 대상이 되고 있는 인물은 응당 축제정신을 함께 나눌 수 있는 자격이 없는 자들이다. 벤 존슨이 '편집성'(偏執性, humour)이라고 일컬었던 것, 가령 고정관념이나 고정사고방식에 빠져 탄력성 없이 생활하는 기계적인 인간이다. 이를테면 플라우투스·벤 존슨·셰익스피어·몰리에르 등이 그들을 정죄하고 희극의 세계에서 추방하고 있듯이, 축제정신에 가장 배치되는 물질적인 탐욕에만 빠져 있는 에우클리오·볼폰·샤일록·아르파공 같은 인물

---

19) Ernst Kris, *Psychoanalytic Explorations in Art* (New York: Schocken Books, 1964), 38쪽.
20) Henri Bergson, *Le Rire* (Paris: PUF, 1961), 38쪽.

이다.

  일상성의 표본인 이 수전노들은 너무나 지나친 공리주의적인 태도에 집착하고 있기 때문에, 단 한순간의 쾌락과 마음의 휴일을 받아들일 수 없는 자들이다. 벤 존슨의 볼폰이 보통 수전노와 다른 것은 그의 행동이 오직 탐욕에 의해서만 자극되지 않기 때문이다. 그는 재물을 바라지만, 재물 자체는 물론 그것을 얻는 수단에 의해서도 쾌락 얻기를 원한다. 감옥에서 처음 도망나온 뒤 그가 갈망하는 것은 단순히 재물에 대한 탐욕이 아니라, 다른 사람을 속여서 그것을 얻는 데서 오는 쾌락 그 자체다. 이런 의미에서 볼폰은 수전노보다 이상심리의 도박꾼에 더 가깝다. 현대의 전형적인, 이른바 부르주아 수전노들은 탐욕 그 자체보다 볼폰처럼 이 이상심리의 도박꾼에 더 가깝다는 것에 우리 사회의 문제가 있다.

  볼폰이나 그의 후예들이 특수한 유형의 수전노이든 아니든 간에 놀이, 즉 축제가 물질적인 이해관계에서 떠나 있으며 그것으로부터 어떠한 이익을 얻을 수 없는 자유로운 행위라고 지적했던 하위징아의 관점[21]을 긍정적으로 받아들인다면, 탐욕과 배금사상의 화신이 되고 있는 수전노들과 그들과 유사한 자들은 응당 희극의 축제정신에 위배되는 것이다.

  축제정신에서 이탈하고 있는 자들은 이들만이 아니다. 전통적인 관습과 윤리의 철저한 신봉자인 근엄한 '퓨리턴'이나, 삼강오륜을 극히 존중하는 한국의 양반과 같은 부류도 그렇다. 이들은 바로 초자아의 표상들이다. 영국 무대에서 가장 유명한 퓨리턴은 셰익스피어의 『십이야』에 등장하는 멜볼리오다. 이 심각하고 근엄한 인물은 일상적인 속박에서 떠나 자유롭게 흥청거리고 싶어하는 토비 벨치의 패들과 대조되는 자다. 이 패들은 실생활의 도덕적 미덕에 대한 모든 생각을 떨쳐버리고자 하는 충동을 노래를 부르며 그들의 장난 섞인 농담으로 주고받는다. 광대 페스티가 노

---

21) Johan Huizinga, 앞의 책, 13쪽.

래 한 곡을 부르도록 요청받을 때, 그는 어떤 노래가 그의 청중에게 가장 즐거움을 주겠는가를 묻는다.

페스티: 연애타령을 할까요? 또는 수신가를 할까요?
토비: 연애타령을 해 봐, 연애타령 말이야.
엘드루: 그럼! 그럼! 수신가는 질색이야.(II. iii. 32~35)

마음과 행실을 바르게 닦아 수양하는, 이른바 도덕적인 삶에 대한 생각은 축제 분위기에 적합하지 않다. 사실 수치의식과 죄의식을 강조하는 삶이란 언제나 마음속에 우울을 낳고, 이 우울에서 우리가 본능적으로 해방되고 싶어하는 충동을 갖게 한다. 멜볼리오를 비롯해서 많은 작품 가운데 등장하는 퓨리턴들은 일순간이라도 초자아라는 그 억압적인 메커니즘에서 빠져나올 수가 없기 때문에 사랑에 취한다든가, 술에 취한다든가 하는 쾌락의 논리를 이해하지 못한다. 구속으로부터의 해방이 아니라, 행동의 자제와 속박을 요구하는 퓨리턴들은 결코 희극의 세계에서 인기가 없다. 따라서 그들이 이따금 가혹한 벌을 받는 것은 당연하다.

챔버스는 중세시대의 축제에 관한 한 연구에서 축제 때도 자기 일에만 몰두하는 현실주의자들이 항상 심한 취급을 받았던 것을 지적하고 있다. 그는 시골의 많은 축제 때에 행해졌던 관습, 예컨대 물속에 사람의 머리를 가차 없이 담그는 행위를 논의하면서, 이와 같은 관습은 페스티벌에 참여하지 않고 자기 일에만 관계한다든가, 참여한다 하더라도 흥을 깨뜨리는 자들에 대한 일종의 벌의 형식으로 행해졌다는 것을 상기시키고 있다.[22] 이때 희생의 으뜸은 물론 수전노와 같은 일상성의 노예들이지만,

---

22) E.K. Chambers, *The Medieval Stage* (London: Oxford UP, 1925), 1: 122, 152~153쪽.

멜볼리오와 같은 퓨리턴들도 예외가 아니었다. 멜볼리오가 토비 패들의 조롱의 대상이 되어 벌을 받는 이유도 그가 청교도와 유사한 인물이라는 것이다.

> 토비: 얘기 좀 해봐, 얘기를. 그 녀석의 성격 말이야.
> 머라이어: 글쎄요. 때로는 청교도 같답니다.
> 앤드루: 저런, 내가 그걸 알았더라면 개 패주듯이 그놈을 패줄 걸.
> 토비: 무엇이라고? 청교도라고 패주겠다니? 무슨 묘한 이유라도 있는가, 이 사람아?
> 앤드루: 묘한 이유야 없지만, 이유는 충분히 있지.(II. iii. 127ff.)

한국의 가면극에 나타나는 양반들도 그들이 유교 윤리, 이를테면 삼강오륜을 철저히 신봉하고 있다는 점에서는 일종의 퓨리턴들이다. 자기들의 지위와 위엄에 대해 상민(常民)들은 변함없는 존경을 주리라는 일방적인 착각과 고정관념에 빠져 있는 편집광들이 바로 그들이다. 초자아의 틀에 박혀 자기를, 그리고 자기의 세계를 기계화하는 자들은 언제나 우리의 웃음의 과녁이 된다. 예의나 도덕을 무엇보다도 존중하고 자칭 그것의 실현자로서 자부하지만 표면에 나타나는 거짓된 행동의 모순으로 한국의 퓨리턴들은 한층 무자비하게 공격당하고 있다.

가면극은 풍농굿에서 유래하여 농민의 농촌 가면극으로 오랜 역사를 가지고 있다가, 조선 후기에 상업도시가 성립되면서부터 상인·이속(吏屬)의 도시 가면극으로 발전했던 것은 잘 알려진 사실이다. 정도의 차이는 있겠지만 농촌 가면극과 도시 가면극 둘 다 양반을 풍자하고, 그 풍자 가운데 양반의 지배에서 벗어나고자 하는 이데올로기적인 의지가 투영되고 있는 것은 의심의 여지가 없다.

특히 희극의 테크닉 가운데 가장 기본적인 것의 하나인 지배·복종관계의 전도(轉倒)를 생각할 때 우선 고려될 수 있는 것은 한국 가면극의 말뚝이라는 종과 양반 간의 관계다. 말뚝이는 상민의 입장을 대변하는 양반 풍자의 주역이다. 그는 우스꽝스럽고 꼴사나운 모습으로 등장하는 양반과 벌인 대결에서, 후자와는 정반대로 위엄과 체통을 지닌 채 가소롭게 우쭐대는 그 퓨리턴을 궁지에 몰아넣고, 종국에는 돌이킬 수 없는 패배를 맛보게 한다. 현실에서는 도저히 불가능한 사건들이 이처럼 희극에서는 가능하며 이것이 이 장르가 독특하게 갖고 있는 미학이다.

주종의 신분이 전도되는 희극적인 테크닉은 누구보다도 로마의 플라우투스의 작품들에서 유감없이 발휘되고 있는데, 사실 그리스나 로마에서는 종이란 하나의 개체로서 인간이 아니라 무생물과 자리를 나란히 하는 도구에 지나지 않았다. 따라서 그들은 어떤 권리도 인정되지 않았으며, 주인의 명에 따라 죽음도 마다하지 않았다. 플라우투스와 테렌티우스 시대에 종의 지위가 얼마나 천했는가를 생각할 때 주종 관계의 전도라는 희극적인 모티프가 다른 면에서 중요한 성격을 내포한다는 것을 고려할 필요가 있다.

사실상 로마의 페스티벌들이 일시적이나마 종들에게 주인과 동등한 권리를 줄 수 있었던 유일한 기회였다는 것은 공인된 사실이다.[23] 앞서 지적한 바와 같이 종의 신분으로서 대담하게 양반을 조롱 풍자하는 한국의 풍농굿이나 가면극이 한때 계속 존재한 이유도 상민의 누적된 불만과 울분을 이때 내뱉게 함으로써, 바꾸어 말하면 잠재적인 저항의식을 개념화·행동화할 수가 없게끔 이 기회에 그들의 억압당한 감정을 중화시킴으로써 지배체제를 효용 있게 유지하는 데 도움을 삼았다는 설명도 나오고 있는 것이다.[24]

---

23) Erich Segal, 앞의 책, 103쪽을 볼 것.
24) 예용해, 『인간문화재』 (서울: 어문각, 1963), 111쪽.

현존하고 있는 가장 오래된 희극작품 가운데 하나인 아리스토파네스의 『개구리』에서 버나드 쇼의 『캔디다』에 이르기까지 대표적인 희극작가의 작품에 나타나는 지위·신분의 전도는 희극적인 분위기의 중요한 모티프로서 희극정신의 본질적인 부분이지만, 주종 전도의 또 하나의 형식인 부자간 관계의 위치가 전도된 것 또한 그렇다. 가장 논란의 초점이 되고 있는 작품들 가운데 하나인 J.M. 싱의 『서쪽 나라의 플레이보이』는 이런 관계를 보여주는 가장 전형적인 현대극 가운데 하나다. 이 작품에서 주인공은 자기 아버지를 죽인 살인자의 역할 덕분에 다른 지방의 아가씨들의 사랑을 독차지할 수 있는 매력의 대상이 된다. 그러나 죽었다고 생각한 아버지가 그를 찾기 위해 다시 나타났을 때 다시 한 번 삽으로 그를 뻗게 하는데, 의식을 되찾은 아버지는 마침내 패배를 자인하고 가정의 권위를 상징하는 망토를 기꺼이 아들에게 넘겨준다.

이와 같은 불경한 태도는 현실 세계에선 전혀 용납될 수 없는 것이다. 루소는 몰리에르를 위대한 작가로서 인정하면서도 그의 작품들에 자주 나타나는 신분의 전도에 대해서 공격하는 것을 잊지 않는다. 그가 이 작가의 극을 악과 부도덕의 학교라고 비난한 것은 무리가 아니다. 왜냐하면 루소의 눈에는 이 희극작가가 사회의 근저가 되는 가장 전통적인 인간관계를 거꾸로 뒤집고 있기 때문이다.

프로이트는 아버지에 대한 아들의 적의에 찬 감정이 바로 '토테미즘'과 '터부'의 기원이며 인간사회는 형제를, 그리고 아버지를 살인하는 행위로부터 시작되었다고 주장했다.[25] 이러한 죄가 역사적인 사실로서 일어났다고 가정하는 점에서 이 심리학자의 주장은 옳지 않지만, 아들과 아버지의 관계에서 '오이디푸스 콤플렉스'의 잠재적인 충동을 희극과 관련시킬

---

25) Sigmund Freud, "Totem and Taboo", 183쪽, *Standard Editions of the Complete Psychological Works of Sigmund Freud*, James Strachey 편역 (London: Hogarth Press, 1961), 183쪽.

때 한층 의미는 깊다. 그 까닭은 구속과 제약에서 벗어나는 것이 희극정신인 이상 그 '터부'는 공격되어야 하기 때문이다.

버나드 쇼의 희극에서 신분의 전도는 다른 양상을 가진다. 여자가 강자의 위치에 서서 남자를 지배·조종하는 경우가 그렇다. 『캔디다』에서 『인간과 초인』에 이르기까지 암컷이 수컷보다 우세하고 다양한 신분 전도의 광경을 펼쳐 보여준다. 가령 『인간과 초인』에서 자신을 뛰어난 존재로 여기는 남성은 결국 그를 능가하는 미래의 초인인 여성의 노리개 구실밖에 못 하고 있다.

그러나 이 전도는 인간과 인간 사이의 관계에만 국한되는 것이 아니다. 희극을 낳는 충동의 하나인 위트는 우리가 중히 여기는 제도나 도덕적·종교적인 도그마를 공격한다고 프로이트는 말했다.[26)] 한국 가면극에서 양반이 무엇보다도 존중하는 유교윤리, 즉 초자아의 가치가 여지없이 전도되는 한 장면을 보자.

둘째양반: 네 머리에 쓴 것이 개잘량이란 말이다.

맏양반: 이것이 개잘량이라 생각허느냐. 개잘량이 아니라 용수관(龍鬚冠)이다. 개잘량이라 해도 가이도 오륜(五倫)이 있다.

둘째양반: 그래 가이도 오륜이 있다 허니 어디 들어보자.

맏양반: 들어봐라. 지주불폐(知主不吠)허니 군신유의(君臣有義)요, 모색상사(毛色相似)하니 부자유친(父子有親)이요, 일폐중폐(一吠衆吠)하니 붕우유신(朋友有信)이요, 잉후원부(孕後遠夫)허니 부부유별(夫婦有別)이요, 소불적대(小不敵大)허니 장유유서(長幼有序)라, 이만허면 가인들 오륜이 상당치 않느냐.

• 「강령탈춤」 제5과장 양반춤

---

26) 같은 책, "Jokes and Their Relation to the Unconscious," 108~109쪽.

머리에 개잘량을 썼다고 말하니까 체면이 말이 아니므로, 그 체면을 높이려고 가이(개의 황해도 발음), 즉 개도 오륜(五倫)이 있다고 할 수밖에 없다. 오륜이란 결국 개의 생리에 불과하다는 것을 두 양반의 다툼을 빌어 드러내고 있다.

초자아의 극단적인 상징인 신의 권위도 희극에서 이따금 부정되고 있는데, 이를테면 아리스토파네스의 『새』와 『구름』에서 제우스신은 자신의 직위에서 쫓겨나며 플라우투스의 『암피트리오』에선 유피테르 신과 메르쿠리우스 신이 세속적인 인간으로 변형되어 욕정에 사로잡힌 채 수치스러운 행동을 하며, 따라서 로마의 시민권까지도 거절당하는 우스꽝스러운 존재로 나타나고 있다. 한국 가면극의 모체인 부락굿에서 섬기는 신도 이 극에서 기존의 권위가 무시되고 있다. 이것은 그야말로 프랑스 철학자 로제 케유아가 축제정신을 특징 지었던 '난장판의 분위기'다.[27] 희극에서 그와 같은 분위기는 모든 도덕적·종교적인 구속, 틀에 박한 관습이나 '터부'에서 벗어나서 이날만은 모든 것이 허용된 채 마음껏 흥청거리고 싶어하는 축제정신과 동질적인 것이 아니겠는가?

잠의 노래

한마디로 희극정신이 일시적이나마 수치의식과 죄의식의 초자아에서 해방되는 흥겨운 축제정신으로 정의된다면, 이 글의 첫머리에서 제기되었던 문제, 즉 호라스 월폴의 그 이원적인 삶의 태도에 배치되는 것처럼 동로마 제국의 학자들이 왜 희극을 밤의 창조물이라고 했는가 하는 문제

---

27) Roger Caillois, *Man and the Sacred*, Meyer Barash 옮김 (Illinois: The Free Press of Glencoe, 1959), 99~103쪽; Sigmund Freud, 같은 책, "Totem and Taboo", 140, 183쪽: "……축제 기분은 일반적으로 금지된 것을 자유롭게 행하는 것에서 나온다."

로 마침내 돌아갈 차례다. 희극의 어원에서 처음 고려되었던 것은 다소 추정적이기는 하지만 코미디가 잠을 뜻하는 그리스어인 '코마'와 노래를 뜻하는 '오이데'의 합성어인 '코모이데'였다는 사실이다. 그렇다면 이 '잠의 노래'란 무엇인가? 이 '잠의 노래'는 바로 꿈이 아니겠는가.

우리는 프로이트로부터 꿈은 무의식 욕구의 은밀한 충족이라는 것을 배웠다. 삶의 원초적인 목적은 행복, 말하자면 쾌락이다. 이것 역시 무의식 욕구의 본능적인 목적이다. 쾌락의 추구, 이른바 프로이트의 쾌락의 원리는 현실세계, 즉 현실의 원리와 언제나 갈등을 갖는다. 꿈이란 현실의 원리에 일시적인 이 쾌락의 원리의 승리다. 본능이 긴장의 해소를 통해 쾌락을 추구하고자 하는 무시간적인 충동이라면, 꿈은 이 본능을 충족시켜주는 노래다.

프로이트가 깊이 이해했던 바, 무의식적인 본능이 "억압적인 문화에 대한 개인적인 방어"[28]라면 꿈은 현실의 원리의 모체인 이 억압적인 문화의 폭정에서 개인을 순간적이나마 보호하고자 하는 피난처다. 이런 의미에서 꿈은 동질적인 특징을 지닌 '시골'의 원초적인 이미지와 깊은 상관관계를 갖고 있다. 따라서 희극이 그 어원상 '잠의 노래' '시골의 노래' '잔치의 노래'라고 불릴 수 있는 소치도 여기에 있다. 이와 같이 꿈과 희극이 개인적인 본능의 억압에 그 본질을 두어 왔던 현실의 원리, 초자아의 등가물인 수치의식과 죄의식의 문화에서 잠시나마 해방을 찾으면서 불가능한 욕구가 충족되고 동시에 쾌락을 맛보는데 그들의 존재이유가 있는 것이다.

프로이트는 그의 『문명과 불만』에서 예술을 우리가 엄청난 고통과 환멸을 견뎌내기 위해서 사용하는 일시적인 진정제로 보고 있다.[29] 프로이

---

28) Philip Rieff, *Freud: The Mind of the Moralist* (New York: Anchor Book, 1961), 29쪽.
29) Sigmund Freud, *Civilization and its Discontents*, Joan Riviere 옮김 (New

트의 관점은 예술이라는 것이 어느 정도 현실의 억압에서 우리를 도피시켜주는 욕구충족의 대용물이기 때문에, 희극은 어떤 문학 장르보다 죄의식으로 우리를 지쳐 버리게 하는 초자아[30]의 권위를 일시적이나마 무시할 수 있는 해방감을 준다는 것이다. 동로마 제국의 학자들이 희극을 밤의 창조물이라고 일컬었던 것은 결코 비합리적인 것이 아니다. 희극은 그 어원상 '잠의 노래'로서 바로 꿈의 기능과 동일시되고 있기 때문이다.

희극의 윤리

꿈과 희극은 욕구충족의 형식을 공유하고 있지만, 전자가 시간과 장소의 제한을 초월하는 욕구충족의 절대형식을 취하는 반면에, 후자는 그 충동을 통제할 수 있는 경험의 질서화를 전제로 한다. 이 경험의 질서체계가 문학 용어를 빌리면 플롯이다. 작가의 인간관과 삶의 비전에 따라——물론 문학적인 관습도 중요하지만——이 플롯은 작가마다 상대적으로 강조의 차이를 표출하는 바, 희극을 인간의 유행과 악을 가능한 한 경멸·풍자하는 데 목적을 두었던 필립 시드니의 정신에 동조하는 작가들은 희극정신에 위배되는 방해꾼들을 끝까지 벌의 형식으로 매도한다든가 또는 추방 형식으로 내쫓고 있다. 이와 반대로 그 방해꾼들을 고정된 사고방식과 초자아의 노예에서 탈피시켜 화해와 축제의 세계에 참여케하는 작자들도 있다. 이밖에 희극의 형식을 전개시키는 데 여러 가지 방법이 있고, 그 방법에 따라 다양한 종류의 희극이 가능할 수 있지만, 이 문제는 이 글의 영역 밖에 속한다.

앞서 일찍 이야기되었던 방해꾼들의 역할과 그들에 대한 작가의 태도

York: Anchor Book, 1958), 14쪽.
30) 같은 책, 81쪽.

에 따라서 어떤 작품을 풍자적이다 또는 낭만적이다 하는 카테고리는 설정할 수 있다. 장르 이론에서 가장 야심적인 비평가 가운데 한 사람인 프라이가 희극을 풍자와 로맨스 사이에 두고 있는 것은[31] 꽤 설득력 있는 관점인데, 이것은 희극이 풍자다 또는 로맨스다 하는 식의 뜻으로 해석되는 것은 물론 아니다. 왜냐하면 프라이가 풍자와 로맨스를 각각 겨울과 여름의 신화적인 플롯에 한정시키고 있기 때문이다.[32] 말하자면 희극은

---

31) Northrop Frye, *Anatomy of Criticism* (Princeton: Princeton UP, 1957), 177쪽.
32) 프라이는 잘 알려진 바와 같이 장르 이론에서 가장 야심적인 비평가 가운데 한 사람이다. 문학은 언어의 질서로서 "자연의 질서 전체를 모방한다"(같은 책, 96쪽)는 가정 아래 그는 예술의 내용으로서의 자연과, 예술의 대상으로서의 자연을 구별하고 있다. 예술의 대상으로서 자연, 특히 인생은 많은 잠재적인 문학형식, 즉 문학의 플롯을 낳는 데 종자 구실을 하며, 예술의 내용으로서 자연은 "인간의 욕망의 완전한 충족에서 욕망의 철저한 부정"에 이르기까지 실제세계의 패턴이 아니라 인간의 상상의 패턴을 따른다는 것이다(*The Well-Tempered Critic* [Bloomington: Indiana UP, 1963], 121쪽 이하).
프라이는 그의 『비평의 해부』에서 4계절 순환의 자연의 질서에서 그 상상적인 패턴의 모험을, 즉 희극을 봄, 로맨스를 여름, 비극을 가을, 아이러니와 풍자를 겨울의 플롯(mythos)에서 찾고 있다. 그러나 4계절과 문학 장르 사이의 상호관계에서 프라이가 범하는 모순은 일찍 발견된다. 예컨대 초기의 논문집 『문학의 제 원형』(*The Archetypes of Literature*, 1951)에서 이 비평가는 희극을 여름, 로맨스를 봄의 '미토스'에 연관시키는 반면, 주저인 『비평의 해부』에서는 희극을 봄, 로맨스를 여름의 '미토스'에 관련시키고 있기 때문이다.
이 모순을 분명히 해결하지 않고 그 후의 저서인 *A Natural Perspective: The Development of Shakespearean Comedy and Romance* (New York: Harcourt, Brace & World, 1965)에서 프라이는 비극과 아이러니를 탄생에서 죽음, 봄에서 겨울, 새벽에서 암흑으로, 다른 한편 희극과 로맨스를 죽음에서 재생, 타락에서 부활, 겨울에서 봄, 암흑에서 새벽으로 움직이는 것으로 특징 짓고 있다(119쪽 이하). 자연의 순환과 문학 장르들 간의 관계에서 프라이의 통일성 없는 모순을 강조한다고 해서 우리는 그가 구축한 문학작품의 세계와 신화적인 원형 사이의 유추관계의 본질을 무시하는 것이 아니다. 이 비평가가 겨울의 플롯으로서 아이러니와 풍자를 비극과 희극의 중간형으로 설정한 사례가 문학의 이해에 적극적인 공헌을 한 것은 차치하고, 희극에 대한 그의 이론과 그 이론의 구체적인 작품들에서 적용한 것은 이 장르를 연구하는 데 획기적인 것만은 틀림없다.

각각 풍자와 로맨스에 의해 영향을 받고 있다는 것이다.

이따금 우리는 고대 그리스인들의 두 희극, 즉 아리스토파네스로 대표되는 구희극(舊喜劇)은 풍자적인 데, 메난드로스와 로마의 희극작가들인 플라우투스, 테렌티우스로 대표되는 신희극(新喜劇)은 낭만적인 데 주조를 두고 있다고 듣는다. 아리스토파네스의 작품들이 풍자적이라고 특징 지어지느냐를 두고 논란이 일어날 수가 있다. 그를 두고 소수 독재정치를 옹호한 보수주의자다, 아니, 오히려 소수 독재정치를 반대한 민주주의자다, 또는 범(汎)그리스의 통일에 목적을 두었던 평화주의자다 등등 모럴리스트로 이야기하는 쪽이 있는가 하면, 현실적인 경험과 정치에서 떠난 공상적이고 '그로테스크'한, 이른바 순수 예술가로 딱지 붙이는 자들도 많다.[33]

그러나 아리스토파네스의 극들은, 예거가 지적했듯이, 풍자 요소가 공상적인 알레고리(寓喩) 형식을 취하고 있음을,[34] 말하자면 희극의 공상 요소가 비판적인 내용이 되도록 이바지하는 데 두고 있음—'우유적'(寓喩的)이라는 말로 강조되는 사실[35]—을 부인할 수가 없다. 풍자 요소를 가진 희극작가 모두에게 정치적·도덕적인 작가라고 규정하는 것은 위험하기 짝이 없다. 하지만 희극이라는 것이 처음부터 강력한 교육적인 사명

프라이에게 희극은 겨울에 대한 봄의 승리와 이어지는, 이른바 신-인간의 갈등·죽음·부활의 제의의 신화적인 패턴을 갖고 있다. 물론 그의 희극론을 위해서 선택된 전형적인 인물은 셰익스피어다. 프라이가 셰익스피어의 낭만적인 희극, 예를 들면 『베로나의 두 신사』 『한여름 밤의 꿈』 『좋으실 대로』 『유쾌한 아낙네들』 『겨울이야기』 등을 '푸른 세계의 극'이라고 일컫는 소치도 죽음에서 부활, 타락에서 재생, 암흑에서 여명, 겨울에서 봄으로 율동하는 제의적인 주제를 내포하기 때문이다.

33) Cedrich H. Whitman, *Aristophanes and The Heroic Hero* (Cambridge/M.A.: Harvard UP, 1964), 1~20쪽을 볼 것.
34) W. Jaeger, *Paideia*, G. Highet 옮김 (New York: Oxford UP, 1945), 1: 367, 369쪽.
35) Northrop Frye, *Anatomy of Criticism*, 89쪽 이하를 볼 것.

을 가진, 문화 비평가[36]로 출발했다고 바라보는 관점을 우리가 건전한 것으로 일단 받아들인다면, 이런 면에서 아리스토파네스는 희극을 교시적(敎示的)인 사명을 가진 인생비평의 한 장르로 개척한 최초의 극작가임에는 의심할 여지가 없다.[37]

아리스토파네스가 희극을 교시적인 사명을 가진 인생비평의 한 장르로 개척한 이상, 논리적으로 그의 작품정신은 풍자적인 것으로 귀결될 수 있다. 이와 같은 전통에 서 있는 극작가들을 대략 손꼽으면—결코 절대적인 기준은 아니지만—벤 존슨 · 미들턴 · 몰리에르 · 콩그리브 · 쇼 · 브레히트와 한국의 가면극을 낳은 자들이 아니겠는가. 어떤 작가를 고정 카테고리에 집어넣어 그를 풍자적인 작가다, 낭만적인 작가다 하는 것만큼

---

36) W. Jaeger, 앞의 책, 358쪽.
37) 아리스토파네스의 희극은 사실상 그 후예를 잇지 못하고 있다. 오늘날 우리에게 희극이라는 것은 아리스토파네스적인 것은 아니다. 희극이 전적으로 그리스에서 유래된 것이기는 하지만 아리스토파네스적인 구희극에서가 아니라, 신희극에서 전해져 왔기 때문이다.
Francis M. Cornford(앞의 책, 85~93쪽)에 의해서 설정된 아리스토파네스의 희극의 근본적인 구조는 다음과 같이 도식화될 수 있다.
(1) 첫 주된 에피소드는 주인공과 안타고니스트의 대립 또는 다툼과, 그의 승리.
(2) 그다음으로는, '산 제물'을 바치고 '잔치'를 축하하는 동안, 주인공이 그의 승리의 결과를 만끽.
(3) 마지막으로, 주인공이 승리의 행진— '코모스'—을 하고 어떤 종류의 결혼을 한다든가, 또는 어떤 종류의 부활을 경험함.
N. Frye의 말(앞의 책, 43~44쪽)을 인용하면, "보통 아리스토파네스의 중심인물은 강한 반대를 무릅쓰고, 자신의 사회를 건설한다. 이 인물은 자신 앞에 나타나는 방해자나 착취자를 차례차례로 물리치고, 최종적으로 자신이 사랑하는 여인을 얻는 것으로 마지막 영웅적인 승리를 쟁취하게 된다. 그에게는 종종 이 승리에서 다시 태어난 신(神)의 영예가 부여된다. 비극에 공포와 연민의 '카타르시스'가 있듯이, 구희극에도 그에 대응되는 희극적인 감정, 즉 공감과 조소의 '카타르시스'가 있다. 희극의 주인공은 그의 행위가 현명한 행위이든 어리석은 행위이든 간에, 혹은 정직한 행위이든 악한 행위이든 간에, 언제나 승리를 쟁취하게 된다. 이리하여 구희극도 동시대의 비극과 마찬가지로 영웅적인 것과 아이러니적인 것의 혼합체가 되는 것이다."

위험한 것은 없다. 토마스 쿤의 패러다임을 유의해서 하는 말이 아니다. 가령 몰리에르와 쇼 같은 극작가를 풍자 작가로만 볼 수 없다는 것이다. 그들을 아리스토파네스의 전통에 입각해 있는 풍자 작가라고 규정할 수 있는 것은 그들의 작가정신을 대충 파악할 수 있는 이른바 비트겐슈타인이 뜻했던 '가족적 유사성'(family resemblance)을 각자의 작품들에서 우리가 추출할 수 있기 때문이다.

삶을 무대, 무대를 삶의 재현으로서 강조해온 이 유명한 토포스(topos) 이면에 작가들은 숙명적으로 사회의 기존가치와 규범을 보존시킨다든가 또는 변화시킨다든가 하는 양자택일의 요구에 끊임없이 도전을 받아왔다. 왜냐하면 삶을 무대, 무대를 삶의 재현으로 간주한 이 이중적인 비전 자체가 함축하듯이, 현실과 문학의 한 양식인 극과의 관계는 서로 밀접할 수밖에 없기 때문이다. 따라서 문학의 사회적인 기능을 부정하는 사람들은 이 함수관계를 무조건 간과해서는 안 된다. 사실 문학 그 자체를 위한 문학이란, 문학이 사회에 어떤 영향을 행사할 수 없을 때만 일어날 수 있는 개념이 아니겠는가.

문학의 사회적·교시적인 기능을 강조하는 자들은 저마다 정도의 차이는 있겠지만 축제 세계의 방해꾼들, 일상성의 노예들, 그리고 그들이 표상하는 온갖 사상·체제·윤리 등을 부정·풍자하는 데 과격할 수밖에 없다. 현실을 부정하고 개혁시키고자 하는 강력한 충동에 의해서 지배될 때, 이 경우에 전형적인 한국의 가면극이나 브레히트의 극처럼 정치 이데올로기 색채를 짙게 띨 수 있다. 문제는 한국의 가면극이 지배계급에 대한 민중의 저항의식을 눈에 띄게 조장하고 있다거나, 한 사람의 작품이 아닌 집단적인 민중 전체의 작품이라는 데 이 극의 전통을 계승할 수 없었던 비극이 있다. 희극이라는 한 문학 장르의 불완전성 때문이 아니라 희극의 축제정신——그것이 어떤 이데올로기에 입각한 저항의식을 노출한다 하더라도——을 이해하지 못하고 억압하는 정치라는 초자아, 그 방해꾼 때문에 한국 가면극의 존재이유는 상실된 것 같다.

아리스토파네스식의 구희극(舊喜劇)의 전통과 대비되는 것으로서 신희극(新喜劇)은 로맨스적인 정신에 젖어 있는 극으로 일컬어진다. 플라우투스와 테렌티우스에 의해서 전해지는 신희극의 플롯 구조는 그 자체가 하나의 형식이라기보다, 오히려 하나의 공식으로서 오늘날까지 대부분의 희극의 기초가 되어왔다. 이 희극에서 보통 잘 일어나는 사건은 젊은 총각이 그가 좋아하는 처녀와 결혼하고 싶어하지만, 방해꾼——이때 방해꾼은 일반적으로 총각의 아버지나 그에 대응하는 나이 많은 사람, 또는 돈 많은 허풍선이 등——이 똑같은 처녀를 원하기 때문에 장애에 부딪치게 된다. 그러나 결말 가까이에 와서 어떤 역전(逆轉)이 일어나, 극은 최종적으로 주인공과 여주인공의 결합을 축하하는 파티나 잔치로 마무리된다. 이 경우에는 희극적인 결말을 방해해온 자들이 대부분 마음을 고쳐먹고 주인공과 여주인공의 결혼을 축복하는 화해의 세계에 참여하는 것이다. 희극에서는 화해를 할 수 없는 인물을 희생시키는 속죄양의 추방 의식(儀式)이 자주 행해지고 있으나, 방해꾼이 당하는 폭로와 치욕은 비애와 비극적인 감정을 낳는 경우도 흔하다.

말하자면 전통적으로 희극은 메난드로스의 『중재』든, 셰익스피어의 『폭풍우』든 간에 화해와 용서로 끝나지만, 그렇지 않을 경우, 가령 벤 존슨의 『볼폰』의 볼폰이나 셰익스피어의 『베니스의 상인』의 샤일록처럼, 벤 존슨이 일컬었던 그 '유머'에 끝까지 단단히 굳어진 채 있는 방해꾼들은 희극적인 결말을 위해 그 축제의 세계에서 쫓겨나고 있다. 이런 점에서 방해꾼은 콘포드가 그리스 희극의 희극적인 인물에 비유시켰던 원시제의의 속죄양(pharmakos)을 닮고 있다.[38] 플라우투스나 테렌티우스의 로마

---

38) Francis M. Cornford, *The Origin of Attic Comedy*, Theodore Gaster 엮음 (New York: Anchor Book, 1961), 131쪽과 기타 여러 군데. '속죄양에' 대한 선구적인 연구는 J.M. Frazer의 *The Golden Bough* (London: Macmillan, 1913) 중 "The

희극, 몰리에르나 영국 왕정복고시대의 극작가들, 한국의 가면극에서 방해꾼들, 즉 초자아와 일상성의 노예들이 패배 또는 이따금 화해의 길을 걷지만, 셰익스피어의 작품에서는 벤 존슨의 『볼폰』, 몰리에르의 『수전노』, 한국의 가면극과는 달리, 한 사회가 다른 하나의 사회에 의해서 패배당하는 것을 강조하지 않는다. 이 극작가의 강조는 용서와 화해요, 따라서 그의 희극의 에토스는 갈등의 구조에서 화해의 구조로 이르게 하는 축제정신이다.

극작가들이 그 방해꾼들을 통해 사회의 부조리와 모순을 풍자·공격할 때 풍자적인 작가와 낭만적인 작가들은 때론 동일한 목적을 갖지만, 그 방법은 다르다. 벤 존슨의 볼폰, 몰리에르의 아르파공이나 타르튀프, 멜볼리오, 가면극의 양반과 같이, 축제정신에 위배되는 탐욕·위선·이기·초자아의 화신(化身)들을 무자비하게 공격·풍자하여 그들을 희극의 푸른 세계에서 쫓아내는 것만이 진정한 의미에서 희극의 본질을 구현한다고 볼 수 없다.

희극의 참다운 미학은 방해꾼들과 그와 유사한 족속들의 악과 잘못을 심판관의 입장에서 정죄하여 그들을 추방하는 것보다 그들이 깨닫지 못하는 자기이해의 부족을 알게 하여, 그들로 하여금 스스로 축제의 세계에 참여케 하는 것이 희극의 윤리인 동시에 현실의 윤리가 아니겠는가. 다시 말해서, 화해의 세계나 벌의 세계를 작가들이 저마다 달리 강조하는 것은 그들의 인간관, 삶의 비전에 따라 결정되는 작가정신의 차이다. 또한 우리가 이 두 세계 가운데 어느 한 세계에 배타적이 될 수 없다든가 한편만 강조한다는 것은 메를로-퐁티가 의미한 그 '존재양식', 삶의 비전을 우리 각자가 달리 가질 수 있기 때문이다.

자기이해의 부족에 속하는 자들은 볼폰·아르파공·타르튀프, 한국의

Scapegoat", 252쪽 이하를 볼 것.

양반 같은 탐욕과 위선에 젖어 있는 자들만이 아니다. 몰리에르의 『인간을 싫어하는 자』의 주인공 알세스트는 이 작가의 다른 희극이나 극작가들의 작품에서 찾아볼 수 없을 만큼, 예외적으로 우리의 동정을 사고 있다. 현실의 세속 가치와 규범에 타협할 수 없는 그의 삶에 대한 너무나 정직한 태도를 조소할 수가 없다. 타르튀프가 정직한 사람들의 세계에 존재하는 유일한 위선자라면, 알세스트는 어떤 의미에서 위선자들만이 사는 세계에서 혼자 삶의 절대순수를 외치다 패배하는 인간이다. 아르파공이나 아르놀프 같은 족속은 희극의 봄의 제전에서 타의에 의해 추방당하지만 알세스트는 기꺼이 자신을 자기와 공존할 수 없는 사회 밖으로 추방하는 것이다.

행복한 결말을 위해 자기이해와 자기희생을 하여 화해와 타협의 세계에 참여할 수 없는 편집광들은 마땅히 쫓겨날 수도 있지만, 알세스트를 다른 방해꾼과 달리 독특한 존재로 만드는 것은 그가 현실사회와 타협할 수 있다는 것을 스스로 의식하지만, 그 현실사회는 알세스트가 자기희생을 할 만큼 자기보다 높거나 동등한 가치를 가지고 있지 못하기 때문에 스스로를 자아의 '사막'으로 추방하는 데 있다.

그가 몰리에르의 돈 후안과 다른 것이 있다면, 그것은 그가 돈 후안의 여성에 대한 행위를 합리화시키고자 하는 키르케고르식의 그런 미학적인 위선을 도덕적인 관점에서 행사할 수는 없다는 데 있다. 알세스트의 사회의 부조리와 위선에 대한 정죄가 옳다 하더라도, 그의 잘못은 그리스의 비극작가 에우리피데스의 히폴뤼토스처럼 사랑의 미학을 인식할 수 없다는 데 있다. 현실에서 영원한 유토피아를 구한다는 것은 잘못이다. 현실은 갈등구조로서 항존하고 있다. 이것이 현실 자체의 존재다. 자기 세계, 자기 원칙에만 집착하는 인간은 자아를 때때로 폭넓힐 수 있는 이중의 비전(la vision double)이 결핍되어 있다. 희극의 방해꾼들 가운데 끝내 추방당하는 자들은 일상성과 초자아의 쇠사슬에 묶인 채, 화해·타협의 세계에 참여를 가능케 할 수 있는 이 이중의 비전을 소유하지 못하고 있기 때문이다.

철학자 카시러가 위대한 희극은 때때로 쓰디쓴 맛을 준다고 했을 때, 이 말은 다소 과장인지 모른다. 베르그송 역시 웃음 속에 나타나는 어떤 악마적인 요소는 인간의 잘못된 점을 교정할 수 있는 웃음의 사회적·도덕적인 기능[39]과 모순임을 인정하고 있는데,[40] 이것은 보들레르의 "어떤 악마적인 요소를 갖고 있는 예술은 천사를 쓰러뜨리는 악마를 보여준다"[41]는 주장과 동일한 사상이다. 베르그송은 도덕적인 무기로서 웃음의 사회적인 필요성을 강조하지만, 그의 『웃음론』의 결론에서 웃음이란 반드시 즐거운 것만이 아니라는 것을 마지못해 인정하고 있다. 여기서 웃는 사람의 마음까지도 다치게 하는 사탄의 웃음을 암시함으로써 보들레르와 더불어 현대 부조리극을 분명히 예고하고 있지만, 참다운 희극이 요구하는 웃음은 결코 쓴웃음이 아닐 것이다.

카시러가 "희극적인 예술은 가장 높은 정도로 모든 예술이 공유하고 있는 능력, 이른바 공감의 비전을 갖고 있다"[42]고 했을 때 그의 주장은 옳다. 아무리 몰리에르 같은 위대한 극작가라 할지라도 『인간을 싫어하는 자』와 같이 예외적으로 '쓴' 작품은 독자나 청중으로부터 그것이 희극작품이라고 모두가 생각하고 느껴지게 하는 공감적인 비전을 요구할 수 없다. 그 작품의 결말은 무의식적으로 우리 마음에 비통한 파문을 일으키게 하기 때문이다. 알세스트를 우스꽝스러운 인물로 만드는 것이 있다면, 그의 절대순수, 절대정직의 신앙이 주물숭배적(呪物崇拜的)이라는 것밖에

---

39) Henri Bergson, 앞의 책, 106쪽. 베르그송은 사회적인 이상과 도덕적인 이상은 본질적으로 같다고 주장한다.
40) 같은 책, 15~16쪽과 153쪽.
41) C. Baudelaire, *Oeuvres complètes* (Paris: Gallimard, 1961), 20쪽.
42) Ernst Cassirer, *An Essay on Man* (New York: Anchor Book, 1953), 192쪽.

는 없다. 그의 이와 같은 삶의 원리가 사회에 적용된다면, 다변적인 구조를 갖고 있는 사회에서 인간 사이의 교제는 끝장이 날 것이다. 몰리에르는 이 점을 중요시해서 그의 주인공이 가치의 혼란을 가져오기 때문에 자기 추방을 가능케 한 것 같다.

요컨대 알세스트 같은 인물형도 정도의 차이는 있지만 다른 방해꾼들과 마찬가지로 희극정신의 방해꾼들이다. 그러나 이 모든 인물을 추방이라는 벌의 형식으로서가 아니라 오히려 그들을 단일 비전에서 화해의 세계에 참여케 하는 이중의 비전을 가질 수 있게끔 하는 것이 희극이 요구하는 미학이 아니겠는가.

어쨌든 방해꾼들을 추방하든, 그들을 화해의 세계, 축제의 세계에 참여시키든 간에 희극의 구조는 일종의 욕구충족의 패턴을 갖고 있다. 고정된 삶의 기계화와 때로는 일상성 및 초자아의 표본인 방해꾼들이 웃음의 대상이 되어 추방될 때, 그들이 자기이해의 부족에서 깨어나 화해의 세계에 참여할 때, 정도의 차이는 있지만 우리는 비극의 그것과는 또 다른 카타르시스를 맛보게 된다.

이 카타르시스가 넓게는 이 글의 주조가 되었던 욕구충족의 일종이다. 그러나 그 방해꾼들이 이따금 우리 자신일 수도 있으며, 그들을 보고 웃고 있는 동안 우리는 우리의 웃음·조소의 대상과 동일시되고 있다는 데에 문제가 있다. 그들이 우리를 대신하는 속죄양으로서 추방당할 때 그것은 바로 우리가 우리를 추방하는 것이 될 수 있다. 쾌락의 원리가 현실의 원리에 종속되지 않을 때 우리는 쓴웃음이 아닌 티 없는 웃음을 웃는다. 이와 같은 웃음을 위해 희극의 미학은 단일 비전에서 화해와 용서의 세계에 참여하게끔 하는 이중의 비전을 희극정신의 방해꾼들뿐만 아니라 우리에게도 요구하는 것이다.

비극적 비전

그리스적인 것

문학의 한 장르로서 비극을 이야기할 때, 우리는 지금까지 모든 비극이론이 아리스토텔레스가 말한 비극이론의 가장자리를 벗어나지 못하고 있음을 볼 수 있다. 따라서 비극에 관한 아리스토텔레스의 비극적 형식에 대한 일체의 논의를 다시 거론하지 않을 수 없는 위험에 빠지게 된다.

아리스토텔레스는 비극의 형식에 주로 관심을 가졌기 때문에 그가 말하고 있는 하나하나가 문제시되고 있다. 가령 행위의 모방으로서 비극을 정의할 때 아리스토텔레스가 의미하고 있는 그 행위는 사실상 무엇이며, 비극의 효과인 공포와 연민의 감정을 '카타르시스' 하는 것이라고 했을 때 그가 일컫고 있는 이 말은 의학적이거나 윤리적 측면, 아니면 플롯 자체에 바탕을 두고 하는 말인지, 그리고 비극 주인공의 파멸을 초래하는 '하마르티아'(harmartia)의 본질은 무엇인지 등 그 하나하나가 문제시되고 있다. 논란의 초점이 되고 있는 이와 같은 큼직큼직한 문제들을 이 자리에서 다시 조명하고자 하는 것은 아니다.

• 1981

소포클레스의 『오이디푸스 왕』을 토대로 해서 아리스토텔레스가 개진하는 그 비극 형식이 모든 비극작품에 일률적으로 적용될 수 있는 보편적인 형식이 될 수 없듯이, 아리스토텔레스의 비극이론은, 비극이 하나의 문학장르로서 그리스 문화에서만 그 독특한 기원을 가져올 수밖에 없었다는 사실에 입각해보면, 그만큼 '그리스적'이라고 말할 수 있다. 우리가 하나의 문학장르로서 비극이 그리스에서 그 독특한 기원을 가져올 수밖에 없었다고 말하는 것은 그리스 문화가 본질적으로 비극문학을 낳을 수 있는 비극정신을 처음부터 갖고 있었기 때문이다. 개인의 가치에 대한 인식에서부터 그 역사가 시작되었다는 점에서 동양 문화권과는 근본적으로 다르다.

고대 그리스의 이상은 개인의 자유를 강조하는 서구의 현대적인 이상, 바로 그것이었다.[1] 비극이 비극적 주인공인 개인과 그 개인과 대립관계에 있는 모든 것—그것이 신이든 우주이든 그리고 사회이든 간에—과의 갈등을 전제로 한다면, 개인의 개체의식을 강조하면서 출발한 그리스 문화는 비극정신을 가능케 하는 근원적인 바탕을 잉태할 수밖에 없었던 것이다. 초기 그리스 철학자 헤라클레이토스가 개인의 "성격이 바로 운명"[2]이라고 한 말은 이와 같은 사실을 전적으로 대변해주고 있다.

이따금 우리는 동양 그리고 동양의 전통적인 문화권에 속한 한국에는 비극정신이 실제로 존재하지 않았고, 존재할 수 없었다는 말을 듣고 있다. 만물에서 중용을, 무위와 자연으로의 복귀를, 자아의 부정을 통한 의식의 소멸을 주장하고 있는 유교·도교·불교 문화권에 속한 동양에서는 엄격한 의미에서 비극정신은 가능할 수 없었을 것이다. 상제(上帝)든 천

---

1) Werner Jaeger, *Paideia: The Ideals of Greek Culture*, Gilbert Highet 옮김 (New York: Oxford UP, 1945), 1: xix.
2) 『미완유고』 119 DK.

제(天帝)든, 그 어떤 이름으로 불리든 간에, 신에 대한 믿음은 일찍이 중국사상에 나타나고 있지만 이 신은 전체로서의 국가라든가 개개인의 인간에게 역동적인 믿음의 초점이 되지 못한 것 같다. 전통적인 중국사상은 인간의 삶을 위협하는 고통과 악에 대한 첨예한 의식은 가졌지만, 『구약』「욥기」의 저자나 마호메트처럼, 인간에 대한 하나님의 뜻을 정당화시키고자 했던 열의와 긴박성도 결코 가지지 못했다. 인간의 도덕적인 책임은 깊이 인식하고 있었지만, 셈 족의 일부 종교나 기독교와는 달리 신에 대한 죄의식 같은 것도 발전시키지 못했다.

도교와 불교의 일부 민간형식의 신앙을 제외하고는 영적인 구원에 대한 생각도, 영적인 구원을 가져올 수 있게 하는 영적인 존재를 필요로 하는 의식도 없었다. 전통적인 중국사상에서 신의 개념은 이상하게도 비인성적인 것 같다. 신은, 인간이 신에 종속되어 있고 신의 일부가 되지만, 신과 그 자신이 인간적인 관계를 맺을 수 있는 것으로 생각될 수 없는 음양의 우주 과정의 원리로서 의미 지어졌던 것 같다. 따라서 신이 이처럼 비인성적인 개념으로 나타나는 한, 다른 민족의 신앙에서 찾아볼 수 있는 인간의 운명과 창조자의 관계에서 야기된 문제도 있을 수 없었다. 인간은 우주의 일부분으로서 특별한 개체의식과 개인적인 운명을 가지지 못하고, 인간의 죽음은 이른바 음·양의 영원한 리듬 속에 있는 우주 과정의 한 현상으로 이해되고 있기 때문에, 가장 비극적인 사건 가운데 하나인 죽음까지도 개인적인 운명의 한 사건으로 인식될 수 없었다. 우주를 이와 같이 일원론적으로 보기 때문에 다른 민족의 사상과 힘을 크게 지배했던 사후의 영혼불멸이나 환생을 이야기할 근거도 사라진 것이다.

우주를 일원론적으로 보는 한 비극적인 세계가 존재할 터전은 상실된다. 비극정신은 세계를 이원론적으로 인식할 때만 가능하기 때문이다. 개인과 그 개인 밖의 모든 것과의 관계에서 오는 대립과 갈등, 이것은 개인의 개체의식이 함몰되지 않는 한 가능하다. 개인과 집단, 또는 개인과 사회의 관계를 두고 말할 때도, 우리는 고대 중국을 비롯해서 이집트·바빌론·페르시아를 포함하는 고대 근동 국가에서 개인은 집단적인 삶 속에 하나의 '참여자'로서 스스로를 인식했고, 개인의 개성은 집단의 구조 속에 함몰되어버렸던 것을 알 수 있다. 집단 속에서 개인의 행위는 개인의 내적 동기와는 관련 없이 집단이 인정해왔던 행위의 사회 규범에 얼마만큼 훌륭히 따르고 있는가에 의해서 평가되었던 것이다.

이와 같이 도덕 행위가 개인의 내적 양심이 아닌 집단적인 인정에 의해서 평가되는 문화가 일반적으로 수치문화라고 일컬어져오고 있으며, 개인의 도덕 행위가 집단·사회 규범에 의하여 통제되는 단계에서 개인의 내적 양심에 의해서 지배되는 단계로 접어들 때 이 과정은 수치문화에서 죄문화로 옮겨가는 과정으로 해석되고 있다.[3]

어떤 국가의 문화를 일반적인 의미에서 죄문화나 수치문화에 속하는 것이라고 단정하기는 쉬울지 모른다. 과거 터키의 지배 아래 있었던 동지중해 연안의 국가나 한국·중국·일본과 같은 동양권의 나라들은 수치문화로 특징 지을 수 있는 반면, 프로테스탄트 윤리가 강한 영국·미국·유럽 각국은 죄문화에 젖어 있었다고 볼 수 있다. 그러나 어느 한쪽의 요소가 상대적으로 매우 강하게 느껴질 수는 있겠지만 다른 한쪽의 요소를 포함하지 않는 유형의 문화의 예를 사실상 찾아보기란 어렵다.

그렇다 하더라도 과거 동양문화권의 나라들이, 개체의식이 집단의식 속에 매몰되는 수치문화의 전형을 이루었던 것은 부인할 수 없다. 개체의식이 배제되는 문화에서 비극이 가능할 수 없는 것은 비극이 개인과 그 개인과 대립관계에 있는 모든 것과 일으키는 갈등을 전제로 하기 때

---

3) E.R. Dodds, *The Greeks and The Irrational* (Berkeley: U of California Press, 1951), 17~18쪽을 참조할 것.

문이다. 고대 그리스인은 최초로 인간을 하나의 개인으로 의식할 수 있게 한 문명의 한 유형을 형성했던 것이다. 그리스 비극의 역사는 수치문화로 특징 지어지는 호메로스의 시대부터 개인의 개체의식과 자유의지를 강조하는 죄문화로 변천하는 과정에서 나온 하나의 부산물로 보아도 무방하다.

문학 장르로서 비극이 개인주의적인 사회로 전환하는 시기에 일어난 사회학적인 사실에 주목한다는 것도 중요한 일이다. 기원전 5세기의 그리스, 16세기의 영국, 17세기의 프랑스는 이와 같은 특수한 관점에서 볼 때 거의가 동일하다. 이것은 이상할 만큼 비극의 심리적인 패턴이 전환기의 똑같은 역사적·정신적 상황 속에 뿌리박고 있음을 암시한다. 골드만의 견해를 굳이 따르지 않는다 할지라도 비극적인 비전은 인간과 세계 사이에 깊은 위기가 감도는 시대에만 발전한다. 말하자면 비극은 이른바 '방향을 상실한 인간'(l'homme désaxe)의 실존적인 조건을 표현해왔다. 그것은 외적·종교적인 권위에 엄격히 기초를 두고 있는 조직화된 초자아의 세계에서 자유로 도피한 인간의 기쁨과 불안을 동시에 표현해왔다.

이런 특수한 의미에서 비극은 신 또는 운명에 반항하는 인간의 갈등과 투쟁을 보여주었지만, 동시에 전환기의 세계에서 삶의 새로운 의미와 새로운 질서를 찾는 인간의 모험과 그 위대성을 재현해주었던 것이다. 역사가 부르크하르트는 개인의 자의식이 대두된 중요한 역사적인 시기를 그리스의 기원전 6세기, 이스라엘의 예언자들의 시대, 유럽의 르네상스 시대로 보고 있다.[4] 이 가운데 가장 중요한 역사적인 시기라고 생각할 수 있는 그리스의 기원전 6세기와 5세기는 역사상 최초로, 기존의 전통적인

---

4) Z. Barbu, *Problems of Historical Psychology* (New York: Grove Press, 1960), 72쪽에서 재인용.

질서의 점차적인 해체와 더불어 개인을 자유로운 행위자로서, 합리적인 존재로서 지각하는 자의식이 대두된 시기다.[5] 그리스 비극은 개인의 자유의지를 강조하는 이와 같은 역사적·문화적 배경과 함께 태어났던 것이다.

일반적으로 동양 전체를 통해서 의지의 메커니즘은 인간이 추구하는 궁극적인 행복의 적으로 간주되고 있다.[6] 의지의 메커니즘이 거부되는 세계에는 갈등과 대립의 논리는 존재하지 않으며 갈등과 대립이 없는 세계에는 비극 또한 존재하지 않는다. 문학의 한 형식인 비극은 그리스 문화가 낳은 독특한 산물이며, 독특한 산물이었기 때문에 그만큼 비극을 이야기할 때 그 당시의 비극작품들을 모형으로 해서 비극의 본질이나 형식적인 구조 또는 비극적인 비전에 관해서 논의하는지 모른다.

빌라모비츠가 이미 수세기 전에 '비극'이라는 용어는 그리스 시인에 의해서 씌어졌고, 그리스 페스티벌에서 그리스 관중 앞에 공연된 작품을 포함시키기 위해 적용되어야만 한다고 말한 것을 기억하고 있다. 이것은 일종의 명목론자적인 편견에서 나온 말이지만 여러 학자로부터 공감을 받고 있는 것도 그만큼 비극의 정의 자체가 어렵다는 것을 예증하는 것이리라. 그러나 에우리피데스의 『타우리스의 이피게네이아』는 포함하면서 셰익스피어의 『리어 왕』을 배제하는 어떠한 종류의 비극의 정의도 우리에게 거부감을 일으킬 수 있듯이, 빌라모비츠의 실질론적인 정의는 극단을 달리고 있다.

모든 시대에 걸쳐 비극작가들은 언제나 인간의 의지로써는 바꿀 수도 피할 수도 없는 운명과, 그 운명과 대결하는 가운데 초래되는 인간의 궁

---

5) Bruno Snell, *The Discovery of the Mind: The Greek Origins of European Thought*, T.G. Rosenmeyer 옮김 (New York: Harper, 1960)을 볼 것.
6) Arthur C. Danto, *Mysticism and Morality: Oriental Thought and Moral Philosophy* (New York: Basic Books, 1972), 118.

극적인 패배와 죽음을 다루어왔다. 비극시인들은 안팎으로 우리 인간에게 밀어닥치는 피할 수 없는 파괴적인 힘을 받아들일 수밖에 없다는 것에서 삶의 비극적인 인식을 시작하고 있다. 그러나 역사의 모든 비극적인 사건에서 뿐만 아니라 비극작품들에서 우리가 얻는 경험은 인간이 그 파괴적인 힘을 받아들일 수밖에 없다는 사실만을 말해주는 것은 아니다. 인간의 의지로서는 피할 수도 바꿀 수도 없는 것이기는 하지만, 그 운명에 투쟁하다 패배하는 역사적 주인공과 비극적 주인공의 영웅적인 자세도 말해주는 것이다. 비극에서 극적인 것의 원천은 한계상황에 직면한 주인공이 자신의 존재조건을 시험하고자 하는 대결의식과 투쟁 그 자체다. 비극적 주인공들의 위대성은 그들 실존의 참된 본질이라고 느끼는 것을 억압하는 모든 것과 대결하면서 자아를 실현시키고자 하는 영웅적인 자세에 있는 것이다.

이러한 의미에서 오늘날의 비극은 그 종언을 고했다고 이야기되고 있는 것도 무리가 아닐지 모른다. 현대에 와서 비극이 가능할 수 없는 것은 신의 영광, 인간의 영광이 모두 사라져버렸다는 사실에 초점을 두고 비극의 죽음을 거론하는 자들이 많다. 신의 죽음을 이야기하고, 인간을 무의식의 노예, "정신적 자유의 환상"만[7] 즐기는 존재라고 보는 프로이트식의 어두운 인간관, 인간을 역사의 비인간적·외적인 힘의 노예로 보는 마르크시즘 인간관, 이와 비슷한 결정론적인 인간관이 지배하는 시대에 비극은 엄격한 의미에서 사라져버렸다고 이야기될 수 있을지 모른다. 이와 같은 시대에 우리가 비극작품들에서 얻을 수 있는 경험은 비극적인 것이 아닌 파토스적인 것인지도 모른다. 이에 무엇이 본질적으로 비극적인 것, 비극적 비전인가 하는 문제가 자연적으로 따르게 된다.

---

7) S. Freud, *A General Introduction to Psychoanalysis*, Joan Riviere 편역 (New York: Garden City, 1943), 45쪽.

비극이 그리스 문화가 낳은 독창적인 문학 장르라면 그리스 비극에 표출되고 있는 비극적인 비전은 어떠한 것이며, 그것이 보편적인 비전으로 적용될 수 있는가의 논의가 수반될 수밖에 없다. 이 문제를 위해서 우리는 진정한 의미에서 비극적인 비전이 무엇인가를 고찰한 후, 비극작품 가운데 하나의 원형으로 인정되고 있는 소포클레스의 『오이디푸스 왕』을 다루고자 한다. 아리스토텔레스는 앞서 말한 바와 같이 비극의 구조적인 형식에 주로 관심을 가졌기 때문에 비극의 본질적인 문제, 즉 비극정신이라든가 비극적인 비전에 대한 논의는 거론하지 않고 있다. 그러나 그가 비극의 형식을 이야기하면서 『오이디푸스 왕』을 토대로 한 것은 이 문제와 관련시켜서 볼 때 우연만은 아닌 것 같다. 그만큼 소포클레스의 작품은 진정한 의미에서 비극적인 비전이 무엇인가를 보여주고 있기 때문이다.

비극적 비전

우리가 문학작품에 나타난 비극적인 비전을 말할 때 그것은 비극작가가 이 세계를 어떻게 인식하고 있는가를 염두에 두고 하는 말이다. 그러나 비극적인 비전은 누구에게나 무의식 속에 잠재되어 있다가 어떤 개인적인 경험에 의해서 환기될 수 있는 우리의 삶과 존재에 대한 비극적인 지각이다. 이것은 논리적인 사유 이전의 개인의 직감적인 경험에 속한다고 볼 수 있다. 말하자면 철학가 우나무노가 일컬었던 바와 같이, "다소 형식화되거나 의식화된"[8] 것이기는 하지만 우리의 삶, 우리의 존재에 대한 직감적인 지각인 것이다. 따라서 어떤 특수한 상황과 조건 아래 경험

---

8) Miguel de Unamuno, *Tragic Sense of Life*, T.E. Crawford Flitch 옮김 (New York: Dover, 1954), 170쪽.

하게 되는 인간 존재와 삶에 대한 비극적인 인식은 개인마다 다를 수 있기 때문에 비극적인 비전은 일차적으로 개인적인 것이다. 개개인의 개인적인 경험들을 상상적인 측면에서나 개념적인 측면에서 조직화하여 통일된 하나의 세계관으로 옮겨놓는 자들이 문학가와 철학가라면, 그들이 표출하고 있는 비극적인 비전은 개인적이면서 동시에 보편적인 비전을 지향할 수 있다.

우리가 그 비전이 개인적인 동시에 개인적인 것을 초월하는 보편적인 비전을 지향한다고 말할 때, 그것이 각 시대 각 나라의 사람에게 한결같이 동일한 비전으로 통용될 수 있다는 뜻은 아니다. 인간의 존재와 삶에 대한 비극적 인식은 각 나라 각 시대의 역사·문화 상황에 따라 그 내용과 형식에서 정도의 차이가 있듯이, 또 이와 같은 정도의 차이가 각 민족의 특성을 가늠할 수 있는 척도가 될 수 있듯이,[9] 개개의 문학가·철학가들이 경험하는 지각의 내용은 그들이 각각 속한 특수한 사회의 역사적 현상에 의해서 영향을 받고 있는 것이다.

인간정신은 그것이 특수한 사회의 역사 발전에 의해서 그 구조가 규정된다는 점에서 하나의 사회 현상이라고 일컬어질 수 있다. 다른 말로 하자면, 각 개인이 세계와 삶을 지각하는 방식은 그 개인이 가지고 있는 근본적인 이해와 신념, 또한 그가 집착하고 있는 가치에 따라 좌우될 수 있고, 지각 과정에서 각 개인은 그가 경험하는 많은 자극 가운데 일부를 강조하고 다른 부분은 일종의 방어 메커니즘의 형식으로 배제함으로써 지각의 장을 조직한다. 그리고 지각의 장을 조직하는 과정은 개인이 속한 사회·문화 배경에 의해서 직접 영향을 받고 있는 것이다.[10]

따라서 비극적인 비전을 논의할 때 우리는 개인뿐만 아니라 그 개인이

---

9) 같은 책, 170쪽.
10) Z. Barbu, 앞의 책, 5~21쪽을 참조할 것.

속한 집단이 경험하는 세계를 어떤 특수한 방식으로 지각하는가를 알기 위해서, 그 집단의 이해와 신념과 가치뿐만 아니라 그들의 역사적인 시대를 특징 짓고 있는 정신구조의 유형도 함께 고려해야 할 것이다. 말하자면 지각방식의 역사적인 변수를 고려해야 할 것이다. 현대의 고전적인 비평서로 알려진 한 책에서[11] 파스칼의 『팡세』와 라신의 비극작품 속에 나타난 비극적인 비전을 다룬 골드만을 염두에 두고 하는 말은 아니다.

인간의 존재와 삶에 대한 비극적인 비전이 때로는 개인마다, 때로는 각 시대 각 나라마다 동일한 차원으로 머무를 수 없는 것은 여러 가지 내적 · 외적인 변수가 개재되고 있기 때문이다. 그러나 문학가들이 보여주는 비극적인 비전이 여러 변수로 인해 내용과 형식에서 다양하다 할지라도, 그것이 불러일으키는 일차적, 원초적인 물음은 인간 존재에 관한 물음이라는 데서 공통적이다. 그것은 자기 밖에서 들이닥치는 파괴적인 악의 힘, 죽음과 같은 어떤 궁극적인 위협에 고통당하는 인간이 카를 야스퍼스가 의미하는 '한계상황'에 직면할 때, 그로 하여금 그전의 어느 누구에 의해서도 그와 같은 상황이 경험되지 못한 것처럼 욥의 "인간이란 무엇인가", 또는 리어 왕의 "인간은 한갓 이런 것에 불과한가" 하는 실존적인 물음에 대면케 한다.[12]

비극적인 비전은 피할 수 없는 실존적인 고통을 경험케 함으로써 제임스 조이스가 일컫고 있는 고통의 "은밀한 원인"[13]으로 인한 원초적인 공포의식을 불러일으켜주는 것이다. 고통의 은밀한 원인에서 오는 원초적

---

11) Lucien Goldmann, *The Hidden God: A Study of Tragic Vision in the Pensées of Pascal and the Tragedies of Racine*, Philip Thody 옮김 (London: Routledge & Kegan Paul, 1964).
12) Richard B. Sewall, *The Vision of Tragedy* (New Haven: Yale UP, 1959), 5쪽.
13) James Joyce, *A Portrait of The Artist as a Young Man* (New York: Viking Press, 1964), 204쪽.

인 공포의식과 더불어 한계상황에 직면해 있는 인간으로 하여금 '나'의 존재에 대한 회피할 수 없는 실존적인 의문을 불러일으키는 비극적인 비전은 비극적인 인간이 당하는 부당한 고통——우리는 이와 같은 고통을 악의 존재라고 부를 수 있다——의 문제를 환기시킨다. 인간은 사랑을 통해서가 아니라 고통에서 오는 두려움을 통해 형이상학적 또는 윤리적인 세계로 들어간다.

왜 '나'는 고통을 당해야만 하는가 하는 의문은, 비극적인 주인공이 고뇌하는 윤리적인 물음인 동시에 형이상학적인 물음이다. 이와 같은 물음은 어떤 논리에 의해서도 해결될 수 없기에 고통 그 자체는 신비 영역에 속한다. 그것이 인간의 잘못에 대한 벌의 형식 또는 믿음을 시험하거나 구속(救贖)을 전제로 하는 어떤 초월자의 뜻으로 이해되든 간에, 고통의 은밀한 원인은 사실상 그 어느 종교적·형이상학적 논리에 의해서도 규정되어질 수 없기에, 고통은 바로 신비 그 자체인 것이다.

모든 비극이 그 주인공이 당하는 고통을 다루지만 아이스퀼로스의 『오레스테이아』 이래로 위대한 비극작품들이 고통의 형이상학·종교 문제에 특히 관심을 쏟고 있는 것은 사실이다. 만약 우리가 우리의 모든 경험을 어떤 틀에다 맞추어 설명할 수 있는 형이상학 세계관을 이미 가지고 있다면, 우리는 일정한 세계관에 근거해서 고통의 문제에 접근할 수가 있다. 그러나 위대한 비극작가들은 도식적인 세계관에 입각해서 비극적인 주인공의 고통을 밝히려고 하지 않는다. 고통이나 악의 문제는 이론적인 설명이 불가능한 논리적인 사고 밖에 있는 것으로 보고, 우리의 눈앞에 고통이나 악의 현상을 첨예하게 보여줌으로써, 우리 스스로가 어떤 해답을 구하게끔 커다란 물음표를 던져주는 것이다.

고통이나 악의 실체는 설명이 불가능하다는 점에서 그것은 바로 신비 자체라고 말한 바 있다. 철학가 마르셀은 '신비'와 '문제'를 구별하면서 문제는 순전히 이론적인 것과 분석에 의해 설명될 수 있는 반면, 신비는 이론적인 것과 분석을 초월하는 것으로 해석하고 있다. 신비를 문제로 타락시키는 것은 근본적으로 사악한 사고방식이므로, 그것의 온상을 일종의 지적인 타락에서 찾을 수 있다고 말하는[14] 마르셀은 정확하게 신비가 어떻게 문제로 타락할 수 있는가를 밝히고 있지 않지만, 그의 '악'의 문제에 대한 언급은 그것이 무엇인가를 분명히 해주는 것 같다.

가령 누가 악을 창조했는가, 악은 어디에서부터 오는가, 만일 하나님께서 전지전능하다면 왜 악을 창조했는가 하는 물음은 해결이 가능한 '문제'가 아니라 해결이 불가능한 '신비'에 속하는 문제기 때문이다. 비극적인 비전이란, 주인공이 당하는 고통이 어떤 형식 논리에 의해서도 설명될 수 없기에 그 고통은 무서운 신비이며, 인간조건은 그 어느 순간 예기치 않게 닥쳐올 무서운 신비에 지배되고 있기 때문에 공포와 불안일 수밖에 없고, 동시에 그것은 부조리일 수밖에 없다는 것을 보여준다.

루카치는 "운명은 밖에서부터 오는 것"[15]이라고 말하고 있다. 자기 밖에서 자신의 존재조건을 제약·구속하는 피할 수 없는 힘이 운명이라면, 이 운명은 수학적인 용어로서 일종의 '여집합'(complementary set)[16]이라고 규정할 수 있다. 비극은 주인공의 자유의지에 따라 이루어지는 그의 결정과 행동과 주인공의 자유를 제약·구속하는 여타의 여집합 간의 총체적인 관계다. 따라서 비극은 언제나 갈등과 대립을 표출한다. 그 갈등과 대립은 우리가 필연이라고 일컫고 있는 피할 수 없는 힘과 이 피할 수 없는 힘에 반응하는 자유의지와의 갈등과 대립이다.

---

14) Gabriel Marcel, *The Mystery of Being*, G.S. Fraser 옮김 (Chicago: U of Chicago Press, 1950), 211~212쪽.
15) Jan Kott, *The Eating of the Gods: An Interpretation of Greek Tragedy*, Boleslaw Taborski & Edward J. Czerwinski 옮김 (New York: Vintage Books, 1974), 243쪽에서 재인용.
16) 같은 책, 242~243쪽.

비극적인 주인공은 관념적인 인간이 아니라 행동적인 인간이다. 행동적인 인간은 자신의 존재조건을 위협하는 파괴적인 힘에 대립의 윤리를 스스로 창조하는 자다. 인간이 한계상황에 놓여 있을 때 욥처럼 허무주의에 빠져 자기 부정으로 돌아갈 수도 있고, 프로메테우스처럼 반항을 통한 자기긍정으로 나아갈 수도 있다. 비극적인 비전이 요구하는 주인공은 그가 직면해 있는 한계상황 가운데서 자신의 본질을 실현시키고자 하는 행동적인 인간이다.

비극은 엄격히 말해서 헉슬리가 "본질적인 공포"라고 이야기한 절망과 더불어 출발한다. 그 절망의 최초 표현은 어떠한 내용의 말이 아니라 바로 울부짖음이다. 밖에서부터 밀어닥치는 까닭 모를 파괴적인 힘에 비극적인 인간이 반응하는 최초의 표현은 절망적인 울부짖음 이외에 아무것도 아니다. 절망적인 울부짖음은 차츰 '나의' 존재에 대한 물음을 가져오고 다시 인간이란 무엇인가 하는 전체 인간 존재의 물음으로 나아간다.

키르케고르는 인간의 삶에서 비극적인 것은 그것이 보편적인 인간의 문제로 여겨질 때 독특한 표현을 갖게 된다고 말한다.[17] 사실 비극의 기원을 가져왔다고 인정되고 있는 종교적인 의식이 인간의 고통과 공포를 창의적으로 처리한 최초의 시도라면,[18] 그것은 인간 존재의 물음에 대한 처절한 반응이라고 볼 수 있다. 비극은 서사시와 달리 인간 존재—우리는 그것에 대하여 일정한 해답을 가지고 있지 않다—에 대한 고뇌에 찬 물음의 세계다.

부조리 가운데 살 수 있지만 부조리를 받아들이면서 살 수 없다는 앙드레 말로의 『정복자』에 등장하는 가린의 말처럼, 부조리한 인간조건을 어쩔 수 없는 '신비'로 돌리지 않고 그것을 자신과 동시에 인간 전체의 궁극

---

17) *Søren Kierkegaard's Journals and Papers*, Howard V. Hong & Edna H. Hong 옮김 (Bloomington: Indiana UP, 1967), 1: 1626쪽.
18) Richard B. Sewall, 앞의 책, 7~8쪽.

적인 '문제'로 생각하고 그 문제의 표피를 꿰뚫어보려는 '문제적'인 행동인을 비극적인 비전은 요구한다. 두꺼운 표피를 찢어서 그 신비의 속을 벗겨보고자 하는 비극적인 주인공은 위안을 약속할 미래도, 행동의 길잡이가 될 과거도 없이, 행동과 그 행동의 결과에 대한 전 책임을 자기에게 맡기며 시공을 초월한 고립 속에서, 다시 말하면 "전율에 찬 진공"[19] 속에서 홀로 행동하는 자다.

"비극적인 주인공이 자기 앞에서 발견하는 것은 오직 '무한한 공간의 영원한 침묵'이다."[20] 때로는 신으로부터, 때로는 같은 인간으로부터 완전히 소외된 가운데, 자기를 억압하는 모든 것과 대면하면서 자기 본질이라고 느꼈던 모든 것을 실현시키고자 하는 비극적인 주인공은, 다른 인간들과 달리 자아를 파멸로 이끌어 간다. 그러나 그것 때문에 자기를 확인하고 주장할 수 있는, 아리스토텔레스가 이야기하는 오만(hubris)[21]을 그의 존재이유의 근거로 제시해주는 자다. 자기를 억압하는 모든 것과 대면해서 싸우고자 하는 영웅 기질, 이것이 오만이다.

비극적인 주인공의 오만은 그것이 도전을 내포하고 있기 때문에 위험하지만, 비극적인 견지에서 볼 때 도덕적으로 선하다 악하다 할 수 없는 모든 비극적인 행동의 창조적인 원동력이다. 우리가 왜 그것을 창조적이라고 부르는가 하면, 오만은 인간을 파멸로 이끌 수 있지만 그것 없이는 인간은 행동할 수도 없고 자기를 주장할 수도 없기 때문이다.[22] 비극적인

---

19) Bernard M.W. Knox, *The Heroic Temper: Studies in Sophoclean Tragedy* (Berkeley: U of California Press, 1966), 5쪽.
20) Lucien Goldmann, 앞의 책, 69쪽.
21) hubris는 여기서 '오만'이라는 뜻으로 사용했지만, 다각적인 뜻으로 쓰이고 있다. 이 문제에 대해서는, Richmond Lattmore, *Story Patterns in Greek Tragedy* (Ann Arbor: U of Michigan Press, 1964), 23~25쪽을 볼 것.
22) Richard B. Sewall, 앞의 책, 34~36쪽; Northrop Frye, *Anatomy of Criticism* (Princeton: Princeton UP, 1957), 208~210쪽을 볼 것.

주인공이 우리의 찬탄을 불러일으키는 것은 그가 파멸과 죽음 가운데서도 화해나 패배를 거부하며 끝까지 자신을 의식하는 정신의 위대성 때문이다.

이 정신이 아리스토텔레스가 일컫고 있는 '영혼의 위대성'과 같은 것으로, 자기가 대면한 극한상황을 올바르게 인식하기 위해 어떠한 종류의 회피나 가식 없이 인간조건의 실체가 되는 고통이나 공포를 받아들이면서, 이 고통을 통해 자기의 존재조건을 시험할 수 있게 하고, 이 고통을 통해 자기의 존재이유를 확인할 수 있게 하는 용기가 바로 오만의 외적인 표시다. 이와 같은 용기의 원천이 비극적인 주인공을 특징 짓는 오만인 것이다.

비극은 그 승리가 언제나 여집합——그것이 운명이든 신이든 그밖에 무엇이든 간에——에 돌아간다는 점에서 다른 형식의 극들이 보여주는 대립 및 갈등과는 다르다. 바꿔 말하자면 비극은 갈등과 대립 가운데서 주인공의 종국적인 파멸을 전제로 한다. 그러나 주인공의 전락과 파멸은 종국적인 승리를 쟁취한 여집합의 힘의 위대성을 상대적으로 인정하게끔 한다 할지라도 그 여집합의 위대성이 물리적인 힘의 위대성이라면 주인공의 그것은 정신의 위대성이다. 인간은 파멸하지만 패배하지 않는다는 헤밍웨이의 에토스, 이것이 바로 비극적인 주인공의 존재이유가 된다. 이것이 왜 비극의 행위가 창조적이면서 동시에 파괴적이며, 비극은 왜 절망이면서도 동시에 성취인가를 설명해준다. 비극은 비극적인 갈등과 그 결과가 이와 같이 복합적이고 역설적이라는 점에서 서사시와는 다르다.

따라서 비극적인 비전이 주인공에게 요구하는 것은 위엄이다. 고통에 의해서 파멸한다 할지라도 그것을 회피하지 않고 위엄 있게 받아들이기를 요구한다. "그 자체의 파멸을 통해 그 자체를 성취하는 가치, 비극정신은 이런 의미에서 희망보다 위엄을 더 높은 곳에 둔다."[23] 비극적인 비전은 위엄을 요구하기에 어떤 희망도 보상도 배제된 순수한 자아희생을 요구한다. 비극 주인공은 어떠한 형식의 죄든 자기 것만이 아닌 죄를 자신의 것으로 받아들이고, 그가 프로메테우스나 오이디푸스 또는 햄릿이든 간에 그의 사회로부터 저주나 악을 쫓아내기 위해 자기를 희생함으로써 자기희생의 진정한 영광 속에 살아 있는 자다. 우리가 비극의 기원을 가져온 종교 의식을 고려한다면, 비극 주인공의 파멸과 죽음은 처음부터 자아 희생이었다.

문제적인 비평서를 자주 내놓고 있는 르네 지라르에 따르면, 종교의 근본적인 역할은 어떠한 형식의 폭력에 의해 사회질서가 위태로워질 때 그 사회질서를 회복시키는 한 방법으로 종교 의식이 행해지며, 이때 속죄양(贖罪羊, pharmakos)──그것이 사람이든 동물이든 간에──을 택해서 그를 폭력의 책임을 떠맡는 한 작인으로 희생시킴으로써 폭력을 사회내부에서 도사리지 못하게 하는 데 있었다고 말하고 있다. 비극 주인공은 이 희생제의의 대리인으로서 그 요구를 성취시키고 그렇게 희생이 됨으로써 그 자신은 그 후 예배의 대상이 되었던 것이다.[24]

종교 의식이 지배적인 사회, 가령 유대사회나 고전시대의 그리스 사회에서 희생제물은 거의 언제나 동물이었지만, 인간이 희생제물이 되는 사회도 있었다. 위대한 비극시인들을 맞이했던 그리스 아테네에서도 인간이 희생제물로 대리되는 사례는 완전히 사라지지 않았던 것처럼 보인다. 속죄양의 형식으로 기리어졌던 그 희생제의는 아테네 시의 비용으로 유지되었고, 희생제물인 인간은 시가 재앙에 처해 있을 때뿐만 아니라 지정된 페스티벌 때도 대리죽음을 당했던 것이다. 인간이 희생제물로 바쳐졌던 흔적들을 면밀히 추적해보면, 그리스 비극은 이와 같은 사실을 입증하

---

23) Angelos Terzakis, *Homage to the Tragic Muse*, Athan H. Anagnostopoulos 옮김 (Boston: Houghton Mifflin, 1978), 25쪽.
24) René Girard, *Violence and the Sacred*, Patrick Gregory 옮김 (Baltimore: Johns Hopkins UP, 1977).

는 극적 형식을 많이 취하고 있음을 알 수 있다.[25]

테바이 시민에게 닥친 재앙을 전적으로 자기 혼자 책임지고 있는 오이디푸스는 인간이 희생제물이 되는 속죄양의 전형적인 예가 되고 있다. 소포클레스의 극『오이디푸스 왕』의 마지막 부분에 와서 오이디푸스는 그의 시민들에게 시에 만연하고 있는 모든 재앙은 오로지 대리희생물의 책임이며, 그 희생물로서 자기 혼자만이 이 모든 재앙의 결과를 떠맡지 않으면 안 된다고 확신시키고 있다. 비극의 주인공은 자신이 한 행위에 대해 스스로 책임이 있다는 것과, 그의 행위가 자신의 선택의 직접적인 결과임을 인식하지 않는 한 결국 존재할 수 없다.

우리가 왜 이와 같은 이야기를 하고 있는가 하면, 비극 주인공은 자기의 것만으로 볼 수 없는 죄도 자신의 것으로 인정하고, 결과에 대한 모든 책임까지 떠맡으면서 자기희생을 회피하지 않는 '인간적'인 자세를 가진 자이기 때문이다. 감정이입이라는 비극적 연민의 최초 씨앗 속에는 자기 본위적인 요소가 무의식적으로 잠재해 있지만, 그것은 자기 사랑이 아닌 인간 전체의 사랑으로 나아가는 것이다. 비극 주인공의 고통은 남아 있지만, 그 고통은 주인공이 자기 사랑을 초월하기 때문에 위대한 것이다. 자기 사랑을 초월하는 이와 같은 특성을 우리는 '인간적'이라고 부를 수 있으며, 비극적인 비전은 주인공에게 이 특성을 요구하는 것이다.

『오이디푸스 왕』

비극은 하나의 게임…… 신이 지켜보는 하나의 게임이다. 그러나 그 신은 구경꾼에 지나지 않는다. 주인공들의 행위에 어떤 말로도, 그리고 어떤 행동으로도 결코 개입하지 않는다. 오직 그의 눈만이 그들에게 머

---

25) 같은 책, 9~11쪽과 제3장 "Oedipus and Surrogate Victim"을 볼 것.

무르고 있다.
- 게오르크 루카치

위대한 문학작품일수록 그만큼 그것을 바라보는 해석의 폭이 넓으면서도 다양한지 모른다. 로마의 시인인 호라티우스는 그것이 씌어진 후 한 세기 동안 계속 읽히는 작품을 고전이라 말한 바 있다.[26] 시공을 초월하면서 어떤 도식적인 해석의 모델이 될 수 없을 만큼 언제나 또 다른 해석의 여백을 제공하는 작품이 고전이라 일컬어질 수 있을 것이다. 구조주의자의 입장을 굳이 따르지 않는다 할지라도 우리는 텍스트와, 어떤 제한된 특정 해석을 경험한 후에, "항상 잉여(surplus)를 보여주는 시니피에의 체계"[27]로서 이해할 수 있다. 레비-스트로스가 샤머니즘과 관련해서 처음으로 '시니피에의 잉여'라는 용어를 썼지만, 고전이란 우리로 하여금 확정적인 해석을 거부하면서 다시 그것을 새겨볼 수 있게끔 유혹하는 해석의 잉여공간을 언제나 마련해주고 있는 책인지 모른다.

어느 문학작품보다 여러 각도에서 계속 논의의 중심이 되어온 소포클레스의 『오이디푸스 왕』은 해석의 잉여성이 넘쳐흐르고 있는 가장 문제적인 작품 가운데 하나라고 볼 수 있다. 이 때문에 『오이디푸스 왕』이 제기하는 굵직굵직한 문제가 한두 가지가 아니다. 우리는 이 여러 가지 문제 가운데 중심적인 몇 가지로 그 범위를 좁히기 위해서 영국의 고전문학 연구로 이름난 도즈의 경험을 소개하는 것으로 시작해보자.[28] 그는 학사학위를 얻기 위한 공식적인 자격시험에 임하는 옥스퍼드 대학 학생들에

---

26) 호라티우스, 서정시 『에포디』, II, i, 39.
27) Frank Kermode, *The Classic* (London: Faber & Faber, 1975), 135쪽.
28) E.R. Dodds, "On Misunderstanding the *Oedipus Rex*", Michael J.O'Brien 엮음, *Twentieth Century Interpretation of Oedipus Rex* (Englewood Cliffs: Prentice Hall, 1968), 17~18쪽.

게 『오이디푸스 왕』에 관계되는 문제 하나를 던져주었다. 그것은 "어떤 의미에서 …… 『오이디푸스 왕』은 인간에 대한 신의 길을 정당화시키고자 하는가"였다. 이 문제에 대한 그들의 대답 유형은 각각 세 그룹으로 나뉘었다.

첫째 그룹—이 그룹이 가장 많은 수의 학생을 포함하고 있음—은 그 작품이 신의 뜻을 정당화시킨다고 대답했다. 그들 가운데는 오이디푸스의 성격에 초점을 두고, 크레온을 다루는 그의 불손한 태도를 보아도 그는 나쁜 사람이 틀림없다고 간주하면서, 신이 그를 벌로 정죄하는 것은 마땅하다고 주장하는 학생들이 있었다. 그런가 하면, 다른 일부에서는 그렇게 나쁜 사람이 아니라 어떤 면에서 고상한 면도 있지만, 오이디푸스도 모든 비극 주인공들이 가지고 있는 치명적인 하마르티아를 가졌기 때문에 신의 은총을 기대할 수 없는 게 당연하다고 답변하는 자들도 있었다.

두 번째 그룹은 『오이디푸스 왕』은 "운명의 비극"이라고 주장하면서 이 작품이 보여주고자 하는 것은, 인간은 자유의지를 갖지 못한 채 신들의 뜻에 조종되는 한낱 꼭두각시에 지나지 않는다는 것이었다. 이와 같은 답변에서 그들은 인간을 한낱 꼭두각시로 취급하는 신의 처사를 소포클레스가 정당화시키고 있는지에 대해서는 분명한 답변을 제시하지는 못했다.

극소수에 속하는 마지막 세 번째 그룹은 소포클레스는 '순수한 예술가'이므로, 신의 뜻을 정당화시키는 데에는 관심을 갖지 않았다고 주장했다. 그들의 의견에 따르면, 소포클레스는 오이디푸스에 관한 이야기를 그가 알고 있는 자료에서 선택하여 그것을 손에 땀을 쥐게 하는 극으로 만들었으며, 이 극에 등장하는 신은 극적인 전개를 위한 하나의 역할로서 기능을 하는 데 불과하다는 것이다.

아리스토텔레스는 그의 『시학』 13장에서 가장 훌륭한 종류의 비극 주인공은 높은 존경과 번영을 누리다가 어떤 중대한 '하마르티아' 때문에 불행에 빠지는 사람이라고 말하고 있다. 아리스토텔레스는 오이디푸스의 불행을 하마르티아 때문에 초래됐다고 본다.[29] 이 하마르티아만큼 일찍이 많은 오해와 논란을 불러일으킨 말도 별로 없는 것 같다.[30] 일반적으로 하마르티아는 주인공의 성격적인 결함에서 초래되는 도덕적인 잘못으로 이해되어왔다. 『시학』 13장이 주로 비극 주인공의 도덕적 성격에 관심을 가지고 있기 때문에, 과거의 많은 학자가 오이디푸스의 하마르티아는 어떤 도덕적인 잘못으로 해석되어야만 한다고 생각했던 것이다.

따라서 그들은 오이디푸스의 도덕적인 잘못을 찾기 위해 그의 성격 결함에 초점을 두었던 것이다. 오만에 차 있고, 지나치게 자신의 힘과 지혜를 과신하고, 격해지기 쉬운 기질과, 테이레시아스와 크레온이 함께 공모하여 자신의 왕위를 찬탈하려 한다는 부당한 의심을 품고 크레온을 무자비하게 다루는 등 이 모든 성격 결함을 바로 오이디푸스를 파멸로 이끈 하마르티아로 간주했던 것이다. 이 하마르티아를 오이디푸스의 성격 결함과 동일시하는 것이 옳은가를 논하기 전에, 우리는 먼저 오이디푸스의 그와 같은 성격을 도덕 결함이라고 볼 수 있는가를 잠시 살펴볼 필요가 있다.

오이디푸스는 자신의 힘으로 왕위에 오른 자이므로 본질적으로 행동적인 인간이다. 항상 소극적인 점이라고는 전혀 없이 행동하는 것이 그의 성격에서 자연스럽게 표현되고 있다.[31] 행동으로 향하는 그의 부단한 의

---

29) 아리스토텔레스, 『시학』, 53a7~18.
30) hamartia의 뜻에 관계되는 증거와 이전 학자들의 견해를 철저하게 검토하려면 J.M. Bremer, *Hamartia* (Amsterdam: Adolf M. Hakkert, 1969)를 볼 것. 그는 hamartia의 비도덕적인 해석을 지지하는 쪽이 도덕적인 해석을 지지하는 쪽을 압도한다고 결론 내리면서, "잠깐 동안 아리스토텔레스가 시적 정의를 요구하는 일반적인 필요성에 희생되고 있다"고 말하기도 한다(14~15쪽).
31) 행동(dran, prassein)을 나타내는 단어가 오이디푸스가 스스로 한 말이나 다른 사람들이 그를 두고 하는 말에서 자주 나타나, 그의 성격이 행동적이라는 것을 보여

지는 어떠한 두려움이나 주저에 의해서 방해받지 않는 용기 그 자체에 기초를 두고 있다. 이 용기와 자기 신뢰는 제우스 신의 사제가 밝히고 있듯이 스핑크스를 패배시키고 테바이 시민을 고통에서 구한 그의 경험(작품 45행)에 근거하고 있는 것이다. 과거의 그 성공적인 경험이 테바이 시가 현재 커다란 재앙에 몸부림치고 있을 때 오이디푸스에게 미래에 대한 자신과 희망을 불러일으켜주는 것이다. 이 자신과 희망은 오만이라고 할 수 없다.

오이디푸스는 첫 장면에서부터 이상적인 통치자로서 테바이 시민에 대한 책임과 의무에 깊이 젖어 있는 자로서 등장하고 있다. 고통받고 있는 시민들에게 연민을 느끼면서(작품 13행), 통치자에게 부과된 책임을 충분히 깨닫고 있다. 예언자 테이레시아스가 라이오스 전왕을 죽인 자의 정체를 밝히는 것을 거부할 때, 오이디푸스가 격노하여 그를 매도하는 것은 다른 사람들에 대한 그의 이와 같은 의무감과 책임감 때문이다.

라이오스 왕을 죽인 자를 찾아내 그를 추방시킨다든가 죽이지 않고는 그 시가 재앙에서 벗어날 수 없다면, 그 자의 정체를 거부하는 예언자에게 오이디푸스가 격분하여 "그대는 우리를 배신하고 이 시를 파멸시킬 작정인가"(작품 330~331행) 하고 그를 꾸짖는 것은 당연하다. 또 이 말에 똑같이 화가 난 테이레시아스가 오이디푸스가 찾는 살인자가 바로 오이디푸스 자신이라고 그를 정죄했을 때 그 예언자와 크레온이 공모하여 자신을 왕위에서 쫓아내기 위해 그런 거짓말을 하는 것이라고 의심하는 것도 무리는 아니다. 왜냐하면 테이레시아스를 부르게끔 권고했던 자가 크레온이기 때문이다.

그 예언자를 호되게 꾸짖는 것도, 크레온을 의심하여 그를 죽이려 하는 것도 그가 사랑하는 테바이 시민들을 재앙에서 해방시키고자 하는 통치

주고 있다. 가령 dran은 작품 72, 77, 145, 235, 640, 1327, 1402행에, 그리고 prassein은 작품 69, 287, 1403행에 나타나고 있다.

자로서의 책임감에서 나온 것이다. 중요한 사실은 그가 다른 사람들과 의견이 일치하지 않는 고립된 상태에 스스로 있다는 것을 알 때는, 이오카스타와 코로스의 청원에 의해서 크레온을 용서할 수 있듯이, 자신의 노여움을 억누를 수 있는 탄력성 있는 인간이라는 점이다.

오이디푸스를 파멸로 이끈 성격적인 결함이란 도대체 무엇인가. 우리가 고찰했듯이 오이디푸스의 노하기 쉬운 기질이라든가, 오만이라든가, 남에 대한 의심, 이 모든 것이 그를 파멸로 이끈 도덕적인 잘못이 아님은 분명하다. 그렇다면 소포클레스는 오이디푸스를 어떤 인물로서 우리에게 부각시키고자 하는가.

이 작품에 등장하는 인물들의 말을 음미해보면 우리는 그가 오이디푸스를 훌륭한 사람으로 인정하고 있다고 말할 수 있다. 첫 장면에 등장하는 제우스 신 사제의 눈에는 오이디푸스가 모든 인간 가운데 가장 위대하고 고결한 자, 신의 도움으로 스핑크스로부터 테바이 시를 구원한 가장 지혜로운 자로 비치고 있다(작품 31행 이하). 코로스도 그와 똑같은 생각을 가지고 있다(작품 504행 이하). 종국에 가서 오이디푸스 왕에게 파멸이 왔을 때도 그들은 그것이 그의 성격 결함 때문이라고 말하지 않는다. 성격 결함 때문이 아니라면, 오이디푸스가 하마르티아 때문에 파멸을 초래했다고 했을 때 아리스토텔레스는 어떤 의미에서 하마르티아라는 말을 그의 파멸과 연관시키는 것인가.

오늘날에 와서 도즈를 비롯한 다수의 학자들은 아리스토텔레스의 『시학』에 나오는 하마르티아란, 그가 윤리학과 수식학에서 사용하고 있는 '하마르테마'(hamartema),[32] 즉 자신도 모르는 가운데 저지른 도덕적인 잘못—따라서 어떤 악에서도 벗어나 있는—과 같은 뜻으로 쓰인 것이

---

32) 아리스토텔레스, 『니코마코스 윤리학』, 1135b12, 『수사학』, 1374b6.

라고 말하고 있다.[33] 오이디푸스가 자기도 모르는 가운데 저지른 잘못, 즉 하마르티아는 자신의 아버지를 죽이고 자신의 어머니를 아내로 맞이했다는, 아리스토텔레스가 그의 윤리학에서 의도적인 행위와 비의도적인 행위를 구별하면서 말하는, 고의성이 전혀 없는 도덕적인 잘못을 말한다.[34] 오이디푸스는 아리스토텔레스뿐만 아니라 플라톤에 의해서도, 가장 무서운 하마르티아를 초래한 자로 일컬어지고 있다.

오이디푸스가 처한 이와 같은 비극 상황이 비극에 특히 적합한 것이라고 아리스토텔레스는 말하고 있다. 오이디푸스의 의도 자체는 악에서 완전히 떠나 있는 순수한 것이지만, 그는 자신의 아버지를 죽이고 자신의 어머니를 아내로 맞이한 무서운 하마르티아를 범했던 것이다. 그리스 비극에서 인간적인 차원에서 저질러진 수치스러운 행위가 그 행위자의 동기와 의도와는 전혀 관계없이 이루어졌다 할지라도, 그것은 신이 지배하는 우주 질서를 더럽힌 행위와 같다. 오이디푸스의 동기와 의도는 좋다 할지라도 또는 적어도 악한 것은 아니라 할지라도, 그가 자기도 모르게 범한 하마르티아는 사실상 우주 질서를 더럽힌 것이나 마찬가지다.

그리스인들에게 결정적으로 중요한 것은 의도가 아니라 행위와 그 행위의 결과다. 파괴된 우주 질서가 다시 확인된다든가 회복되기 위해서는 그 행위자가 어떠한 형식으로든 간에 희생되어야 한다는 것이다. 이것이 그리스 비극의 근본 패턴이다. 철학가 화이트헤드가 그의 『과학과 현대세계』에서 그들의 도덕 질서는 가령 뉴턴의 법칙과 똑같은 비인성적인 보편성을 가지고 작용하고 있다고 생각했기 때문에, 그리스 비극시인들을 "과학적 상상의 최초 순례자"라 부르면서 "비극적 사건을 피할 수 없는 결과로 몰고 가는 비정하고 냉혹한 운명에 대한 그들의 비전은 과학이 갖

---

33) E.R. Dodds, 앞의 책, 19쪽을 볼 것.
34) 아리스토텔레스, 앞의 책, 『니코마코스 윤리학』, 1135a15~113a9.

고 있는 비전이다. 그리스 비극에서 운명은 현대적인 사고에서 자연의 질서가 되고 있다"[35)]고 한 것은 정곡을 찌른 말이다.

오이디푸스가 자신의 의도적인 행위라든가 성격 결함 때문이 아니라, 그가 태어나기 전에 결정된 운명적인 조건에 의해서 희생되었기 때문에 이 극은 '운명의 비극'인가. 몇 가지 고대 주석과 신화에 관한 책들에 따르자면, 펠롭스는 아름답기로 유명한 나이 어린 왕자 크뤼십포스라는 아들을 가졌다. 그러한 미모 때문에 왕자는 라이오스뿐만 아니라 제우스 신과 테세우스까지도 매혹시켰다. 이륜마차를 모는 방법을 가르친다는 구실로 라이오스는 왕자를 납치하여 테바이로 데려왔다. 크뤼십포스는 자살하고, 그의 아버지 펠롭스는 라이오스를 저주했다.[36)] 아폴론 신은 라이오스에게 이 잘못에 대한 벌로서 자식을 갖지 못하도록 명하면서, 만약 자식을 낳으면 그 자식이 그를 죽일 것이라고 말했던 것이다. 라이오스는 명령을 거역했기 때문에 아폴론 신은 그와 그의 자식들을 무서운 운명으로 저주했다.

따라서 오이디푸스의 고통은 단순히 그의 아버지의 죄에 대한 대가로 부각되었던 것이다. 소포클레스는 이와 같은 전통 소재에서 다른 사람들이 강조했던 사실을 완전히 무시하고 있는 것처럼 보인다. 즉 그는 다른 그리스 비극작가(아이스퀼로스와 에우리피데스)들이 강조했던 점,[37)] 말하자면 오이디푸스의 죄는 아버지의 죄를 이어받고 있다는 점에 대해서 어떠한 시사도 하지 않고 있는 것이다.[38)] 소포클레스에게 아폴론 신의 신

---

35) A.N. Whitehead, *Science and the Modern World* (New York: Macmillan, 1926), 15쪽.
36) H. Lloyd-Jones, *The Justice of Zeus* (Berkeley: U of California Press, 1971), 120쪽 이하를 볼 것.
37) 아이스퀼로스, 『7인의 전사』, 742행 이하; 에우리피데스, 『페니키아 여인들』, 13행 이하.
38) 그러나 H. Lloyd-Jones는 앞의 책(109~124쪽)에서 아버지로부터 물려받은 저주

탁은 단지 파국을 예언하는 것이지 그것을 벌로서 가하고 있지는 않다. 이보다 더 중요한 사실은 소포클레스에게 아폴론 신의 신탁은 무조건적이라는 것이다.

아폴론 신이 오이디푸스에게 준 신탁은 그가 자신의 아버지를 죽이고 자신의 어머니를 아내로 맞이할 것이라는 무조건적인 예언이다(작품 790행). 오이디푸스는 이 엄청난 운명을 피하기 위해 그가 진짜 양친이라고 믿었던 자들 곁으로 돌아오지 않으려고 코린도스를 떠나지만 처음부터 그의 노력은 헛된 것이었다. 이와 똑같이 라이오스 왕에게 준 신탁도 무조건적이다(작품 711행 이하). 아폴론은 라이오스가 자기가 낳은 자식의 손에 죽음을 당하고 말 것이라고 예언했던 것이다.

우리가 조금 전에 살펴본 아이스퀼로스 등의 경우에는 조건적이었다. 즉 '만일' 라이오스가 자식을 낳으면 자식이 그를 죽이리라는 조건적인 것이었다. 그가 아폴론 신의 명령에 순종하여 자식을 낳지 아니했더라면 그 비극은 피할 수 있었을 것이다. 그러나 소포클레스에게는 이 비극이 '만일'이라는 가정이 없는 무조건적이었다. 소포클레스는 오이디푸스가 '만일'이라는 가정이 없는 그 피치 못할 운명에 의해 희생되기 때문에 그를 죄에서 벗어난 자로서 강조하고 있는 것 같다. 오늘날 대다수의 비평가들은 이런 점에서 오이디푸스가 도덕적으로 잘못이 없다는 것을 지적하고 있다.[39] 따라서 오이디푸스가 피할 수 없는 무조건적인 운명에 의해서 희생된 자라면, 소포클레스의 작품은 인간의 자유를 부정하는 '운명의 비극'으로 간주될 수 있을 것이다.

『오이디푸스 왕』이 '운명의 비극'이라는 근본적인 오해는 누구나 알고 있듯이 프로이트의 논평에 의해 주어진 것이다.

가 그의 파멸에 결정적인 요인이 될 수 있다는 것을 강력하게 논증한다.

[39] Brian Vickers, *Towards Greek Tragedy* (London: Longman, 1973), 497쪽을 볼 것.

『오이디푸스 왕』은 운명의 비극이다. 이 극의 비극적인 효과는 전능한 신의 뜻과 비참한 불행으로 위협받는 인간 존재의 부질없는 노력 사이의 갈등에 좌우되고 있다. 신의 뜻에 따르는 체념과 자신의 무력함의 인식이 이 극에서 깊은 감동을 받는 관객이 얻을 수 있는 교훈이다…… 오이디푸스의 운명은 그것이 우리 자신의 것이 될 수 있기에, 우리가 태어나기 전에 우리에게 던져진 신탁은 오이디푸스에게 닥친 바로 그 저주일 수 있기에, 우리 마음을 움직인다. 아마도 우리 모두는 우리가 느끼는 최초의 성적인 충동을 우리의 어머니에게, 최초의 증오와 폭력의 충동을 우리의 아버지에게 향하게끔 운명지어진 존재일 것이다. 우리의 꿈은 우리가 그렇게 운명지어진 존재임을 확신시키고 있다.[40]

이 유명한 말은 '오이디푸스 콤플렉스'의 이론적인 가치를 평가할 때, 현대사상에서 하나의 이정표가 되지만, 그가 이 극을 '운명의 비극'이라고 규정한 것은 옳지 않으며 실제로 여러 각도에서 비판을 받아왔다.

아이스퀼로스에서 에우리피데스에 이르기까지 그리스 비극작품들을 보면 위대한 주인공들은 어떤 행동을 결정하는 데 종국적으로 자신의 자유의지에 따르고, 그 행동에 스스로 책임을 지고 있다. 그리스 비극에서 개인의 자유의지에 기초를 둔 인간행위의 문제들을 처음으로 뚜렷하게 부각시킨 학자는 독일의 스넬 교수였다. 스넬 교수는 1928년에 낸 한 책에서[41] 아이스퀼로스의 비극을 이해하는 데서 중심적인 것은, 하나의 독립된 개체로서 주인공이 행동할 때 그 행동결정이 개인적인 것이라고 말한 바 있다. 아이스퀼로스는 그의 비극 세계에서 주인공은 행동 선택을

---

40) S. Freud, *The Interpretation of Dreams*, A. A. Brill 옮김 (New York: Modern Library, 1950), 108~109쪽.
41) Bruno Snell, *Aischylos und das Handeln im Drama*, Philologus Supplementband 20. I. Leipzig, 1928.

하는 데 자유롭다고 견해를 밝혀왔다. 그 후 그이 견해는 근래 많은 학자에 의해서 논란의 초점이 되고 있지만, 이와 같은 문제가 지금까지 어떻게 논의되어왔는가에 대한 역사를 이 자리에서 검토할 수는 없을 것 같다. 왜냐하면 그 문제는 이 글의 영역을 충분히 벗어날 만큼 아주 중요한 문제이기 때문이다.[42]

그리스 역사는 휴머니즘에 입각한 문명의 한 모델로 남아 있으며 역사 발전의 패턴은 동양과 달리 분명히 인간중심적인 것이라고 약술한 바 있다. 그리스 역사는 우주에서 인간이 중심적인 인물로 등장하는 것과 더불어 인간세계에서 개인의 자아의식의 가치가 점차 증대되어 간 것으로 특징 지을 수 있다. 그리스인은 역사상 최초로 자신을 하나의 개인으로 의식할 수 있게 한 문명을 쌓아올린 자들이며, 그들의 비극은 개인의 자의식이 차츰 어떻게 그 밀도가 짙어져가는가를 보여주는 전형적인 모델로서 나타나고 있다.

소포클레스는 엄격히 말해서 최초로 개인의 '영혼'을 인간 삶의 중심으로 인식하고, 모든 인간의 행동은 이 영혼으로부터 나오는 것이라고 강조한 자다.[43] 그의 비극에서 운명은 배경 속으로 빠져들어가고 있으며 주인공들의 성격이 상황을 통제하고 있다. 비극적 효과는 비극시인이 단지 외적인 사건이나 죄의 사실을 보여주는 데 있는 것이 아니라 사건에, 그

---

[42] 스넬 교수의 견해를 두고 찬반에 참가하는 학자가 수없이 많다. 이에 그리스 비극 연구에 고전적인 비평서라고 할 만한 Albin Lesky, *Die Tragische Dichtung der Hellenen* (Göttingen: Vandenhoeck & Ruprecht, 1972), 116~132쪽을 참조할 것. 그리고 1963년에 나왔지만 뛰어난 논문으로 평가되고 있는 프랑스의 André Rivier의 논문 "Eschyle et le tragique," *Etudes de Lettres VI* (1963), 73~112쪽을 볼 것. 이곳에서 그는 스넬 교수의 의견과 달리하는 그의 입장을 명쾌하게 밝히고 있다. 필자도 미국 Indiana 대학 학위논문 *Mythological Figures in Ancient Greek and Modern Drama* (1975)의 제2장 "Orestes: Aeschylus and Sartre"에서 그 문제를 진지하게 다룬 바 있다.

[43] Werner Jaeger, 앞의 책, 279쪽.

리고 그 자신의 행동에 대처하는 주인공의 도덕적인 태도를 보여줄 때 나타나는 것이다. 아리스토텔레스가 그의 『시학』에서 운명에 관해서 입을 다물고 있는 사실은 이 철학자가 운명이 비극에 있어서 지배적인 동기가 아님을 믿고 있는 것 같기 때문이다. 비극 주인공이 그의 운명의 주인이라는 등식은 소포클레스 비극의 주인공들에게 한정될 수 있을 것 같다.

『오이디푸스 왕』은 운명의 비극이라고 규정할 수 없을 만큼 주인공은 자의식의 화신으로 설정되고 있다. 이 극의 중요한 극적 행위는 사실상 예언과는 별로 큰 관계가 없다. 아폴론은 오이디푸스가 알고자 한 진실의 발견이라든가, 이오카스타의 자살이라든가, 오이디푸스 스스로가 자신의 눈을 멀게 한 행위, 그 어느 것도 예언하지 못했다. 모든 사실이 알려질 때까지 극적인 행위는 오이디푸스의 의지에 의해서지 그밖의 누구에 의해서도 전개되지 않는다.

테이레시아스의 예언은 오이디푸스의 도발적인 행위에 대한 반응에서 나왔고, 그 후에 행해진 그의 행동에 어떠한 영향도 주지 않는다. 그의 행동의 자율성은 라이오스 왕을 죽인 자를 찾고자 하는 그의 노력을 중지하기 위해 많은 사람이 개입되고 있다는 사실에서 강조된다. 그는 네 번씩이나 그 조사를 중지하라는 권고를 받는다. 한 번은 극의 처음에 테이레시아스에 의해서(작품 320~321행), 두 번은 극의 중간에 이오카스타에 의해서(작품 848과 1060행 이하), 또 한 번은 극의 마지막에 양치기에 의해서다(작품 1165행). 매번 그는 그와 같은 권고를 거부하고 끝까지 자신의 의지에 따라 행동하고 있다.

오이디푸스가 파멸한 직접적인 원인은 운명이나 신이 아니다. 그것은 우리가 일찍이 인용한 헤라클레이토스의 "성격이 바로 운명"이라는 명제를 염두에 두고 있다면, 오이디푸스의 성격, 그 자신의 힘과 용기, 통치자로서 테바이 시민에 대한, 무엇보다도 진실에 대한 그의 충성이다. 소포클레스 비극 연구에 관한 한 지금까지 가장 권위 있는 교수로 알려진 녹스가 "오이디푸스의 행동은 자유로운 행위자의 행동일 뿐만 아니라 이 극에서 일어난 사건의 원인이다. 그 주인공은 자유로운 존재일 뿐만 아니라 플롯을 구성하고 있는 사건에 전적으로 책임이 있다"[44)]고 하는 것은 무리가 아니다.

주인공의 의지에 의해서 가장 확연하게 표출하고 있는 극적 행동은 그의 자유의지의 정점을 상징하는, 말하자면 자기 눈을 자기 손으로 찔러 보이지 않게 하는 행위다. 자신의 아이덴티티가 마침내 적나라하게 드러났을 때 "고통은 아폴론 신이 나에게 가져왔지만, 나의 눈을 찌른 것은 나의 손 이외에 그밖에 누구 것도 아니다"(작품 330~331행)라고 내뱉는 울부짖음은 그의 자유의지를 최종적으로 확인해주고 있는 것이다.

자기라는 존재가 적나라하게 벗겨진 새롭고 무서운 상황에 대면하는 태도도 그가 전에 보여주었던 똑같은 용기로 가득 차 있다. 그에게 엄청난 고통을 가져다 준 신에게 항변하는 그의 자세에서 우리는 오이디푸스가 불가사의한 고통의 신비에 몸부림치면서 인간 존재의 조건에 도전하는 "모든 인간의 하나의 패러다임"[45)]으로서 나타나고 있음을 볼 수 있다. 오이디푸스는 자신에게 부과된 모든 결과의 책임을 받아들이고 어떠한 타협도 거부하면서 자기가 선택한 자아추방을 강행하는 것이다.

그 사회적인 기능에서 비극의 제의(祭儀)에 대한 관계는 역시 비극의 신화에 대한 관계에도 적용된다. 그의 논문 「신화의 구조」에서 레비-스트로스가 말하고 있듯이, "신화의 목적은 모순을 극복할 수 있는 논리적인 모델을 제공해주는 데 있으며"[46)] 이 경우에 모순은 양극 사이의 화해 과정에 의해서 극복된다. 비극의 소재를 제공해준 신화는 대립의 해결을

---

44) Bernard M.W. Knox, *Oedipus at Thebes* (New York: Norton, 1971), 12쪽.
45) 같은 책, 195쪽.
46) Claude Levi-Strauss, *Structural Anthropology*, Claire Jacobson과 Brooke Gerundfest Schoef 공역 (New York: Garden City, 1967), 226쪽.

향해 움직이지만, 비극 그 자체는 화해를 복잡하게 한다든가, 부인하기 위해서 신화를 재조명한다. 롤랑 바르트가 지적했듯이, "신화는 모순에서 출발하여 모순의 화해를 향해 나아가지만, 반대로 비극은 화해를 거부하고, 대립을 공공연하게 하는 것이다."[47]

오이디푸스처럼 자신의 잘못이 아닌 다른 사람의 잘못에서 희생되는 비극 주인공들을 대면하게 될 때, 신의 행위는 폭력이지 더 이상 은총이라고 불릴 수 없다는 비감을 갖게 된다. 이런 경우에 비극은 우리에게 부조리, 일종의 현기증(malaise)을 낳게 하며, 우리의 도덕적인 의식은 유린당하지 않는다 할지라도 최소한 도전을 받게 된다.

아이스퀼로스와 달리 소포클레스의 비극에는 고통에 의미를 줄 수 있는 어떤 역사적인 전망도 없는 것처럼 보인다. 우주 질서의 궁극적인 정의(dike)를 소포클레스가 회의하고 있는지 아닌지를 이곳에서 거론할 생각은 없다. 잔인한 우주의 희생이 되는 인간에게 줄 수 있는 유일한 위안이 있다면, 그것은 위엄 있게 고통을 받아들이고 그 고통을 자기 운명의 일부로 경험하면서 자기를 잃지 않는 영웅 기질을 가지는 것밖에 없다는 것인가. 소포클레스는 오이디푸스와 같은 인간의 영웅 행위는 그와 같은 주인공에게 때때로 고통을 통해서 자기를 확인할 수 있는 승리를 가져오지만, 패배이자 동시에 승리인 파멸도 가져오는 역설적인 비극 세계를 창조하고 있는 것이다.

비극 주인공의 위대성은 그를 억압하는 모든 것을 '홀로'(monos) 대면하면서 자기를 실현시키기 위해 자신의 자유의지에 따라 행동하며, 그 행동에 따르는 결과의 책임을 전적으로 떠맡는 자세에 있다고 말한 바 있다. 이와 같은 의미에서 우리는 오이디푸스를 오늘날 이야기하고 있는 실존주의적인 인간으로 해석할 수 있을까.

---

47) Roland Barthes, *Sur Racine* (Paris: Éditions du Seuil, 1963), 67쪽.

실존주의 인간의 하나의 원형적인 모델로서 오이디푸스를 이해할 의향은 없다. 그러나 인간의 실존 문제는 실존주의 철학에서 비로소 시작된 것이 아니라 히브리인이나 그리스인의 삶의 철학에서 출발한 것이다. 사실 실존주의가 억압적인 외적 세계와 대면하는 인간으로 하여금 운명에 종속되지 않는 독립된 개체로서 자아의 가치를 실현시키도록 도와주는 철학이라면, 오이디푸스는 이와 같은 면에서 현대 철학이 요구하는 인물이라 해도 과장된 말은 아니다. 또한 실존주의가 신과 우주 자체를 설명해주는 것이 아니라 그 목적이 인간으로 하여금 신 또는 우주와 대면케 하도록 도와주는 철학이라면, 이와 같은 점에서 『오이디푸스 왕』은 실존주의 문학작품이라 해도 과장된 말은 아니다.

그러나 여기서 소포클레스의 『오이디푸스 왕』을 실존주의를 예고한 최초의 문학작품이라고 말하고 싶지는 않다. 『오이디푸스 왕』은 운명의 비극일 뿐만 아니라 자유의지의 비극이다. 신의 불가사의한 뜻에 희생되고 있는 인간의 절망과 패배를 보여준다는 점에서 운명의 비극이지만, 동시에 파멸 가운데서 신이 전적으로 지배할 수 없는 자아의 자유의지에 따라 행동하고 있다는 점에서 자유의지의 비극이다. 신의 불가사의한 힘에 의해 오이디푸스가 패배하는 것을 보여줌으로써 소포클레스는 신의 세계에 절대적인 힘을 부여하고 있지만, 동시에 패배 가운데 오이디푸스가 신 또는 그밖의 그 무엇과도 화해하지 않고 '자기 자신과 화해'함으로써 인간에 대한 가치를 부정하지 않는다는 것이다. 신의 가치와 인간의 가치, 이 어느 하나도 거부할 수 없는 소포클레스의 내면적인 고민에서 나온 작품이 『오이디푸스 왕』인 것 같다.

위대한 비극작품에는 운명과 자유라는 대립적인 긴장의 논리가 존재한다. 운명은 그 운명이 성취되기 위해 자유의 행동을 요구한다는 것을 최초로 인식한 사람들이 그리스인이다.[48] 모든 비극적 행동과 비극적 갈등은 자유가 운명의 조건이라는 것을 전제로 하고 있다. 여기에 비극의 오리지널리티가 있는 것이다.

오이디푸스는 카를 야스퍼스가 뜻하고 있는 그 피할 수 없는 '한계상황'에 직면하면서 자기를 억압하는 자기 밖의 절대적인 세계와 대면하는 가운데 자기 존재의 조건을 시험하는 자유인으로서 행동했다. 오이디푸스의 이와 같은 행위는 비극적인 주인공의 피할 수 없는 속성인 오만의 구체적인 표현이지만, 이 자체를 도덕적으로 잘못이라고 규정할 수 없다. 주인공의 행위가 도덕적으로 어떤 중요한 의미와 영향을 주는가를 보여주는 것은 비극 시인들의 일차적인 관심이 아니다. 욥, 오이디푸스, 리어왕, 파우스트, 멜빌의 에이햅과 같은 비극 주인공들을 심판하는 것은 종교가나 도덕가가 할 일이지, 비극시인이 할 일은 아니다. 비극은 비극 주인공의 행동과 경험이 어떤 개념적인 세계관이나 인간관에 입각해서 도덕적으로 설명될 수 없다는 점에서 존재론적인 세계에 속하는 것이다.

신학자 니부어는 인간 존재 자체가 존재론적으로 죄를 범할 수밖에 없으며 죄를 범할 수밖에 없는 죄의 존재론적 불가피성, 이것은 역설적으로 바로 인간이 자유로운 존재임을 가정하는 것이라고 말한 바 있다.[49] 이와 같은 의미에서 『오이디푸스 왕』은 인간 존재의 이러한 역설적인 조건을 가장 첨예하게 밝혀주고 있는 것이다. "전통이 새로운 비전을 인도할 때 그 비전은 그것을 시험하고 그것의 초점과 방향을 바꾸고 범위를 확충시키지만",[50] 우리가 지금까지 이야기한 비전은 변치 않는다. 이 비전이 변치 않는 한, 인간의 권위와 가치가 소멸되어가고 있는 오늘날에 진정한 의미의 비극이 다시 그 부활을 맞이할 수도 있을 것이다.

---

48) Octavio Paz, *The Bow and the Lyre*, R.L.C. Simms 옮김 (New York: McGraw Hill, 1973), 188~189쪽.
49) Reinhold Niebuhr, *The Nature and Destiny of Man* (New York: Scribner's, 1964), 263쪽.
50) Richard B. Sewall, 앞의 책, 8쪽.

죽음의 미학
안티고네의 죽음

죽음

죽음의 문제를 떠나 철학적인 사유가 가능할 수 있을까. 가능할 수 없다는 쇼펜하우어의 생각은 철학사를 통해 대체로 입증되는 것처럼 보인다. 하지만 죽음이란 것은 우리 삶의 경험과는 전혀 차원이 다른 특수한 현상의 하나이기 때문에 죽음의 문제는 철학적인 사유의 대상이 될 수 없다고 강력하게 주장하는 학자도 많다. 가령 쾌락주의자인 에피쿠로스나 합리주의자인 라이프니츠 같은 이들이 철학의 본질은 죽음이 아닌 삶에 있어야 한다고 말하고 있는 것을, 그리고 분석철학자인 비트겐슈타인이 "죽음은 삶에 있어서 하나의 사건이 아니다. 우리는 죽음을 경험하기 위해서 사는 것이 아니다"[1]라고 표명하는 것을 십분 이해할 수 있듯이, 현실주의자인 공자의 태도도 이들과 일치하는 것이 무리는 아니다.

제자 계로(季路)가 공자에게 죽음에 대해서 물었을 때, 그는 "삶을 모를진대, 어찌 죽음을 알 수 있겠는가"라고 대답했다. 공자는 개인의 현실적

• 1978
1) Ludwig Wittgenstein, *Tractatus Logico-Philosophicus*, D.F. Pears & B.F. McGuinness 옮김 (London: Routledge & Kegan Paul, 1974), 147쪽(6. 4311).

인 삶과 개인의 현실적인 삶의 사회적인 의미가 가장 중요한 문제 가운데 하나라고 인식했기 때문에 그의 관심의 영역을 이 현세의 삶에 한정시켰던 것이다. 따라서 그가 죽음에 대해서 여하한 이야기도 하지 않았던 것은 그리 놀랄 만한 일이 못 된다.

전통적인 중국사상에서 인간은 특별한 개인적인 운명을 가지고 있지 못하며, 인간의 본질은 이른바 음양 우주 원리의 작용에 종속되어 있기 때문에 죽음은 우리 인간의 가장 개인적인 운명의 한 사건으로 결코 인식되지 못하는 것 같다. 죽음이 우리 각자의 피할 수 없는 가장 개인적인 운명의 한 사건으로 인식될 때, 그것은 철학적인 사유의 구체적인 대상으로 더욱 문제시되는 것 같다. 프로이트의 통찰력을 굳이 따르지 않는다 할지라도 어느 누구도 자신의 죽음을 피할 길 없는 하나의 사건으로 받아들이기를 본능적으로 거부하고 있다.[2] 죽음을 삶의 한 경험으로서 심각하게 고려할 때 우리는 가장 근본적인 실존의 한 신비에 마주치게 된다.

우리시대에 와서 철학정신은 어느 면으로 논리실증주의의 강력한 영향 아래 과학화되어가고 있다. 전통적인 형이상학 문제들이 과학·실증정신에 의해서 따돌림당할 때 죽음과 같은 인간 존재의 신비는 철학적인 사유의 틀에서 사라져갈 수밖에 없다. 하지만 요즘 와서 반과학적·실증적인 철학의 흐름이 전통적인 형이상학적 문제들을 다시 중요한 것으로 인식하고 있는 것을 보면, 마르셀이 철학은 과학과 달리 과학적·객관적인 논리에 의해서 이해될 수 없는 '신비'에 속하는 문제들에 관심을 돌려야 한다[3]고 주장한 사실을 우리는 다시 한 번 유의할 필요가 있다.

---

2) Sigmund Freud, "Thoughts on War and Death," *The Complete Psychological Works of Sigmund Freud*, James Strachey 편역 (London: The Hogarth Press, 1957), 14: 289쪽. 그리고 Martin Heidegger, *Sein und Zeit* (Tübingen: Max Niemeyer, 1953), 253, 258쪽. Karl Jaspers, "Reply to My Critics", *The Philosophy of Karl Jaspers*, P.A. Paul Schilpp 엮음 (New York: Tudor Publications, 1957), 821쪽을 볼 것.

철학의 본질은 과연 무엇일까. 철학은 과학과 달리, 제기된 온갖 문제에 대해 해답을 주는 것에 본질을 두는 것은 아닐 것이다. 실존주의 철학가들의 뜻에 따르지 않는다 할지라도 철학의 본질은 해답을 주는 데 있기보다는 오히려 어떻게 하면 새로운 방법으로 문제를 제기할 수가 있는가에 있는지 모른다. "위대한 철학가들은 의심스러운 문제들을 물어보는 새로운 방법을 발견하는 자들이다."[4] 죽음이란 무엇인가, 한결같은 하나의 대답이 가능할 수 없는 이 영원한 물음에 해답을 주는 것보다, 죽음이 왜 우리에게 문제시되어야 하는가에 대한 그 물음이 철학적인 사유의 본질이 될 수 있기 때문이다.

죽음의 의식(意識)이 생물학적인 종(species)으로서 인간의 근원적인 특성 가운데 하나지만[5], 동물들도 그들의 죽음에 대한 일종의 예감을 가지고 있음은 잘 알려진 사실이다. 그렇지만 인간은 죽음과 하나의 관계를 맺음으로써, 하이데거의 말을 빌린다면, "죽음의 문제성"[6]에 늘 대면함으로써 근본적으로 자기 존재가 결정된다는 점에서 동물과 다른 것이다. 고대부터 현대에 이르기까지 많은 사람이 죽음의 '문제성'에 늘 관심을 가져왔던 바, 우리가 이 문제와 관련해서 다루게 될 문학가는 현대 프랑스 작가 장 아누이다. 이 극작가는 작품 『안티고네』를 통해서 죽음을 존

---

3) Gabriel Marcel, *Being and Having: An Existentialist Diary*, K. Farr 옮김 (New York: Harper, 1949), 8~9쪽과 *The Mystery of Being*, G.S. Fraser 옮김 (Chicago: Regnery, 1950~51), 2: 211~212쪽을 볼 것.
4) Paul Ricoeur, *Histoire et vérité* (Paris: Éditions du Seuil, 1955), 78쪽; Theodor Oizerman, *Problems of the History of Philosophy* (Moscow: Progress Publishers, 1973), 247쪽에서 재인용.
5) T. Dobzhansky, *The Biology of Ultimate Concern* (New York: New American Library World, 1967), 72쪽.
6) Martin Heidegger, *An Introduction to Metaphysics*, Ralph Manheim 옮김 (New Haven: Yale UP, 1959), 158쪽; Eberhard Jüngel, *Death: The Riddle and the Mystery*, Iain & Ulte Nicol 옮김 (Philadelphia: The Westminster Press, 1975), 7쪽에서 재인용.

재의 절대적인 가치로서 미화시킨 가장 심각한 작가 가운데 한 사람이기 때문이다.

아누이의 안티고네와 소포클레스의 안티고네

아누이는 현대 극작가들 가운데 비극적인 마스크를 어려움 없이 착용할 수 있는 유일한 작가인 것처럼 보인다. 그의 작품 『안티고네』는 몇 가지 세목들을 제외하고는 같은 제명인 소포클레스의 작품에 나오는 플롯과 인물들을 무리함 없이 모방하고 있기 때문이다. 그러나 이 두 작품의 세계를 뚜렷이 대별시켜주는 것이 있다면, 이 프랑스 작가의 여주인공이 크레온에게 반항적인 행동을 하는 동기가 전적으로 소포클레스의 안티고네의 그것과는 다르다는 점이다. 얼핏 보면 안티고네가 크레온의 왕명에 도전하여 오빠인 폴뤼네이케스를—다시 말하자면 왕권을 탈취하기 위해서 다른 나라의 군대를 끌어들이면서까지 자신의 나라를 파국으로 치닫게 했던 그를—매장하는 표면적인 동기가 소포클레스의 여주인공의 동기와 완전히 일치하고 있다.

고대 그리스인들은 매장당하지 않은 채 아무렇게나 내던져진 사자(死者)의 영혼은 그의 죽은 몸이 매장될 때까지 명부(冥府)의 문턱 가장자리에서 방황하며, 매장이 된 후에야 비로소 영원한 휴식을 취할 수 있다고 생각했다. 영혼과 육체는 함께 나서, 죽은 후에도 무덤 속에 함께 묻히는 것으로 그들은 믿었다. 그리스인이 장례를 치르는 것은 죽은 자들을 향한 그들의 슬픔을 표현하기 위해서보다 그것을 행함으로써 죽은 자들에게 영원한 휴식을 주기 위해서였다.[7] 따라서 그들이 죽음 그 자체보다 죽은

---

[7] 호메로스, 『오뒤세이아』 21. 72; 에우리피데스, 『트로이아 여인들』, 1085행; Herodotos, 5. 92행을 볼 것.

후에 매장당하지 못하는 것을 더욱 두려워했던 것도 무리는 아니다. 소포클레스의 안티고네가 크레온의 명령에 반항하면서까지 폴뤼네이케스를 매장한 것은 바로 이와 같은 매장의 전통적인 의미와 오빠에 향한 본능적인 사랑(eros)에 동기를 뿌리박고 있었기 때문이다.

아누이의 안티고네도 전자와 똑같은 동기에서 크레온의 명령에 도전하여 폴뤼네이케스를 매장하는 인상을 우리에게 던져주고 있지만,[8] 안티고네와 크레온 사이에 논쟁이 전개됨에 따라 우리는 차츰 매장의 의식적인 중요성이 안티고네의 진짜 동기를 감추고 있는 하나의 가면이라는 것을 간파할 수가 있다. 아누이의 『안티고네』에는 이 작품의 해석에서 열쇠인 것처럼 보이는 중요한 구절이 나타나 있다. 안티고네가 파수병에 끌려 사형장으로 나갈 때 크레온은 코로스에게 다음과 같은 말을 하고 있다.

> 그녀가 그를 아는지 모르는지 간에 죽음이 그녀의 목적이었다. 폴뤼네이케스는 한갓 구실에 지나지 않았다…… 그녀는 단 한 가지, 삶을 거부하고 죽는 데만 골몰했던 것이다.[9]

안티고네 자신도 매장당하지 않는 시체 때문에 죽는다는 것을 부조리하다고 받아들이면서, 크레온이 누구 때문에 죽어야 하는가 물었을 때, "누구를 위해서가 아니라 나 자신을 위해서"[10]라고 대답한다. 이 말은 크레온의 "폴뤼네이케스는 한갓 구실에 지나지 않았다"는 앞의 진술과 모순 없이 어울리고 있다. 아누이가 이 작품을 발표하기 훨씬 오래전에 키르케고르는 소포클레스의 안티고네와 대비되는 현대의 안티고네를 예견하여 "그녀는 아무도 모르게 마음속 깊이 은밀히 숨겨져 있는 비밀을 안

---

8) Jean Anouilh, *Antigone* (Paris: La Table Ronde, 1947), 47쪽을 볼 것.
9) 같은 책, 69쪽.
10) 같은 책, 52쪽.

고 있다"[11]고 피력한 바 있다. 그렇다면 크레온의 명령에 도전해 스스로 죽음을 부르는 이 현대의 안티고네가 그녀의 마음속 깊이 아무도 모르게 은밀히 숨기고 있는 참된 반항의 동기, 말하자면 "그녀를 불태웠던 그 열병의 이름"[12]은 무엇인가?

라인하르트가 지적했듯이, 이 현대 안티고네의 원형인 소포클레스의 안티고네도 우리의 이해를 초월하고 있는 수수께끼 같은 면을 가지고 있다.[13] 그것은 이 여주인공이 죽음 자체에 깊이 사로잡혀 있다는 점이다. 사실 그리스 비극에서는 자살이나 희생의 제물로 죽었던 많은 여인이 죽음의 신이 거하고 있는 명부의 신부(新婦)로 일컬어지고 있다. 이를테면 소포클레스의 안티고네 외에도 에우리피데스의 이피게니아,[14] 카산드라,[15] 헬레네[16] 등의 경우가 바로 그렇지만, 우리가 알고 있는 한, 소포클레스의 안티고네만큼 죽음에 그렇게 접신상태에 젖어 있는 여인을 어느 곳에서도 찾을 수 없다. 자신을 명부의 신부로서 이름하면서까지 죽음의 신들을 사랑하고 싶어하는 그 배타적인 애착을 볼 때 소포클레스의 안티고네는 아마도 죽음의 새인지 모른다.

안티고네가 크레온의 아들 하이몬과 약속된 결혼의 희망을 완전히 단념하고 죽음의 현장으로 끌려갈 때, 그녀가 "오 무덤이여, 오 신부의 방이여"[17] 하면서 내뱉었던 마지막 말은, 죽음 자체를 극단적으로 연모한다

---

11) Sören Kierkegaard, *Either-Or*, David F. Swenson 옮김 (New York: Anchor Book, 1959), 115쪽.
12) Jean Anouilh, 앞의 책, 85쪽.
13) Karl Reinhardt, *Sophokles* (Frankfurt am Main: Klostermann, 1947), 88쪽 이하.
14) 에우리피데스, 「아울리스의 이피게니아」, 461행.
15) 에우리피데스, 앞의 책, 「트로이아 여인들」, 445행과 307행 이하.
16) 에우리피데스, 「오레스테스」, 1109행.
17) 소포클레스, 「안티고네」, 891행.

는 것을 뚜렷이 밝혀주고 있기 때문이다. 아누이는 소포클레스의 안티고네가 죽음 자체에 하나의 강박관념처럼 집착하고 있는 사실에 깊이 관심을 갖고, 여기에서 그의 작중인물인 안티고네의 반항 동기를 구체적으로 찾고 있는 것처럼 보인다.

우리가 그의 작품에 여하한 철학적인 해석을 가할 자세를 미리 배제하고자 하는 시도에서인지, 이 현대 작가는 그의 작품이해에 필요한 일종의 사상적인 배경 밝히기를 단호히 거부했다. 그러나 다수의 비평가들[18]이 이 극작가를 니체와 도스토옙스키 이래 우리시대의 지적 분위기를 한동안 주도해왔던 실존주의 또는 부조리의 작가로 규정하는 것은 옳다. 어떤 작가의 작품에다 특수한 철학사상의 틀을 가한다는 것은 위험하지만, 그리고 괴테가 지적했듯이 때때로 철학이 문학작품 또는 "시를 파괴한다"[19]는 것은 사실이지만, 각 시대는 각 시대의 사람들끼리 공유하고 있는 특정한 사상의 스타일, 메를로-퐁티의 용어를 빌리면 '존재양식'(manière d'être)[20] 또는 세계관을 가지고 있다.

---

18) 가령 R.M. Albérès, *La révolte des ecrivains d'aujourd'hui* (Paris: Editions Correa, 1959), 164~165쪽; *L'aventure intellectuelle du XXe siecle*, (Paris: Editions Albin, 1963), 314~317쪽; Leo Aylen, *Greek Tragedy and the Modern World* (London: Methuen, 1964), 279쪽; Kay M. Baxter, *Contemporary Theatre and the Christian Faith* (New York & Nashville: Abinton, 1964), 65쪽; Pierre de Boisdeffre, *Metamorphose de la litteráture* (Paris: Éditions Alsatia, 1951), 72~80쪽; Edward Owen Marsh, *Jean Anouilh: Poet of Pierot and Pantaloon* (New York: Russelle, 1953), 193~194쪽; Brigitta Coenen-Mennemeier, *Einsamkeit und Revolt* (Lensing: Dortmund, 1969), 80~108쪽; Leonard C. Pronko, *The World of Jean Anouilh* (Berkeley: U of California Press, 1961), 73~75쪽; Pierre-Henri Simon, *Théâtre Destin: La signification de la renaissance dramatique en France an XXe siecle* (Paris: A. Colin, 1959), 146쪽 이하.

19) Viktor Pöschl, *The Art of Vergil: Image and Symbol in the Aeneid*, Gerda Seligson 옮김 (Ann Arbor: U of Michigan, 1962), 57쪽에서 재인용.

20) Maurice Merleau-Ponty, *Sens et non-sens* (Paris: Nagel, 1948), 309쪽.

자기부정의 철저함, 어떤 선택된 행위에 자신을 바치고자 하는 순수성의 철저함에 있어서 아누이는 베케트 · 카프카 · 키르케고르와 유사하지만, 모든 현대 사상가 가운데 그는 누구보다도 하이데거와 어떤 공통적인 존재양식, 즉 세계관을 함께하고 있는 것처럼 보인다. 왜냐하면 아누이의 안티고네의 죽음에 대한 열망은 하이데거의 『존재와 시간』에 나타난 근본적인 철학원리 가운데 하나인 "죽음으로 향하는 존재"(Sein-zum-Tode)와 바로 일치하기 때문이다.[21] 이 문제를 위해서 우리는 하이데거의 철학사상 가운데 세계 내의 존재, 죽음의 문제, 존재 가치로서 양심에 대해 잠시 언급할 필요가 있다.

하이데거와 '죽음'

하이데거에 따르면 인간은 자기 자신과 관련을 맺고 있으며 자기 자신을 실현시킬 수 있는 가능성을 가진다는 의미에서 실존한다. 인간의 실존은 그의 가능성에 의해서 정의된다. 따라서 인간의 조건은 결코 정적인 것이 아닌 동적인 것으로 특징 지어지고 있다. 실존의 근본 성격을 하이데거는 '세계 내의 존재'라는 말로 포괄하고 있으며, 인간 존재와 세계의 관계를 표시하는 용어로서 '관심'이라는 말을 사용하고 있다. 세계 내에 존재한다는 것은 인간이 단지 돌과 같이 그 가운데 자리를 차지한다는 것이 아니라, 그가 그 속에 존재하는 세계에 늘 관심을 가지고 있다는 것을 의미한다. 세계 내에 존재하는 인간의 가치는 자신을 어떤 가능성의 존재

---

[21] Käte Hamburger, *From Sophocles to Sartre*, Helen Sebba 옮김 (New York: Frederick Ungar, 1962), 160쪽. 이 독일 여류비평가는, "안티고네의 죽음에 향하는 존재는 하이데거의 『존재와 시간』에 나타나 있는 실존주의적인 근본원리 가운데 하나다"라고 말함으로써 아누이의 안티고네를 하이데거의 죽음에 향하는 존재와 연결시킨 유일한 비평가다. 그러나 이 비평가는 위에 인용된 진술 이외에는 구체적으로 전혀 설명을 가하지 않고 있다.

로서 어떻게 실현시킬 수 있는가에 따라서 그가 참된 존재인가 아닌가를 결정한다.

하이데거는 인간이 참된 존재인가 아닌가 여부를, 그 인간이 죽음에 대해 어떤 태도를 가지고 있는가에 따라서 구별한다. 이 철학가에 따르면, 죽음은 일상적인 개념으로 볼 때 세계 내의 존재 상실로서 인간의 유한성의 조건이 되지만, 한편 그것은 하나의 가능성으로서 이해되고 있다. 하이데거는 이따금 죽음을 가장 개인적인 실존의 가능성, 좀더 어려운 말을 골라 쓰면 "현존재(Dasein)의 절대적인 불가능성의 가능성"[22]으로서 말하고 있다. 그 까닭은 우리가 자기 존재의 유한성, 즉 더 이상 존재할 수 없는 존재의 불가능을 의식할 때 죽음은 우리로 하여금 다시 한 번 자아와 대면케 하여 참된 존재로 변모시킬 수 있는 가능성을 제공해주기 때문이다.

따라서 각자는 자기가 얼마만큼 참된 존재인가를 결국 자아의 참된 존재를 실현시킬 수 있는 죽음을 두려워하지 않고 기대하는 자세에서 찾을 수 있는 것이다. 하이데거는 죽음이 인간 존재의 전체를 결정하고, 자아를 변화시킬 수 있는 인간의 가능성 가운데 가장 절대적·최종적인 가능성이라는 의미에서 인간의 존재를 '죽음으로 향하는 존재'라고 말한다. 물론 하이데거는 '종말론적'이라는 말을 쓴 적은 없지만 그는 이와 같은 말을 염두에 두었으리라고 본다.

엄밀한 의미에서 보면 하이데거의 철학에서 죽음은 키르케고르의 하나님과 동등한 권위,[23] 말하자면 우리가 참된 존재인가 아닌가를 심판하는 최고 권위자로서 나타나고 있다. 후자와 달리 하이데거에게 우리 존재의 결정적인 순간은 하나님 앞에 있는 순간이 아니라 죽음 앞에 있는 순간이

---

[22] Martin Heidegger, *Sein und Zeit* (Tübingen: Max Niemeyer, 1953), 234, 250쪽.

[23] George Huisinger, *Kierkegaard, Heidegger, and the Concept of Deatht* (stanford: Standford UP, 1968), 70쪽을 볼 것.

다. 죽음을 자기 존재로 하여금 참된 존재로 실현시켜줄 수 있는 가능성으로 인식하지 못하는 '군중'(das Man)은 존재의 유한성, 즉 죽음의 확실성에서 한결같이 자신을 회피시키고자 하는 존재이며, 죽음의 불안을 대면할 수 있는 용기가 없는 존재다. 이와 같은 회피를 하이데거는 "죽음에 대한 참되지 못한 존재"[24]라고 부른다. 그러나 우리의 존재는 우리가 죽음을 회피하는 것이 아니라 그 죽음을 우리로 하여금 자아를 가장 참되게 변화시킬 수 있게 하는 가능성, 어느 순간에 닥쳐올지 알 수 없으므로 우리가 늘 의식하고 기대해야 할, 그리하여 우리로 하여금 자아를 가장 참된 존재로 실현시킬 수 있게 하는 최종적인 가능성으로서 받아들일 때 참된 존재가 되는 것이다.

말을 바꾸자면, 죽음을 예상하고 기대하는 자세에서 우리는 일상적인 삶의 제한된 관심으로부터 떠나 자신의 존재의 가장 개인적인 가능성을 실현할 수 있는 기회를 갖게 되는 것이다. 아무도 나의 죽음을 대신할 수 없다는 그 죽음에 대한 불안을 거리낌 없이 받아들이고 기대함으로써 우리는 하이데거가 일컫고 있는 "죽음에 향하는 자유"[25]를 얻는 것이다. 이

---

24) Martin Heidegger, 앞의 책, 259쪽.
25) 같은 책, 266쪽. 좀더 말을 덧붙인다면 하이데거는 죽음이란 이런 것이라고 어떤 개념적인 정의를 내리는 것이 아니라 인간의 유한성을 늘 상기시키는 죽음의 의식을 통해서 우리로 하여금 일상적인 삶의 가치를 변화시켜 참되게 자신의 삶을 실현시킬 것을 요구한다. 그러나 죽음에 향하는 존재로 해서 인간이 진정 자기 자신에게 진실되고 자유롭게 될 수 있다는 그의 주장은 어쩌면 Regis Jolivet가 피력한 바처럼, 죽음 그 자체를 영광화시키는 것인지 모른다(Regis Jolivet, *Le problème de la mort: chez M. Heidegger et J.P. Sartre* [Paris: Édition de Fontenelle, 1950], I장, 19~35쪽을 볼 것). 이와 같은 죽음의 영광화는 하이데거가 죽은 후의 피안의 세계의 가능성을 마음속에 전제로 한 것인지는 알 수 없지만, 이 철학자가 그의 저서에서 피안의 가능성을 논의하는 것을 거부한다고 해서 그 가능성을 부인한다고 해석할 수는 없는 것 같다. 그러나 하이데거에게 중요한 것은 피안의 가능성 그 자체가 아니라, 우리가 죽음을 초연한 태도로 받아들일 수 있는 하나의 삶의 조건으로 인식하면서 우리의 존재를 참된 존재로 실현시킬 수 있는 최종적인 가능

와 같은 예상과 기대가 모든 부질없는 세속적인 가치의 추구로부터 우리를 해방시켜주는 것이다. 우리가 자신에게 참되고, 자유롭게 되기 위해 일상적인 삶의 가치에서 초월할 수 있는 것은 '죽음으로 향하는 존재'로서 우리의 존재를 실현하는 데 있다.

따라서 하이데거에게 죽음은 삶의 한 현상·사건일 뿐만 아니라 인간 존재의 구조 자체, 곧 '관심'의 구조를 반영하고 있는 것이다. 죽음을 인간 존재의 가치 척도로서 생각하고, 그 죽음을 늘 의식하고 기대하는 가운데 우리의 존재를 변화시킬 수 있다고 주장하는 하이데거는 절망의 철학가인지 모른다. 왜냐하면 그는 우리의 삶의 전체를 죽음의 기대, 죽음의 지배 아래에 두고 있기 때문이다.

자신의 존재가 참된 존재인가 아닌가를 돌아볼 수 있게 하는 또 하나의 현상은 '양심'이다. 전통적인 의미에서 양심은 인간행위의 윤리적인 가치를 인식케 하는 도덕의 주관적인 조건 가운데 하나지만 하이데거는 양심을 조금 달리 이해하고 있다. 이 철학가에게 양심은 우리가 어떠한 존재가 되어야 하는가를 밝혀주는 세계 내의 구체적인 존재의 결정자로 나타나고 있다. 그것은 '부름'의 성격을 갖고 있으며 이 부름은 군중 속에서, 세속적인 세계에서 방황하고 있는 참되지 못한 자아를 참된 자아로 부르는 것이다. 실존주의적으로 말하면 양심은 바로 관심의 부름인 것이다.

그렇다면 양심으로 부르는 자는 누구인가. 그자는 나 외에 그밖의 누구도, 어떤 외적인 힘도 아니다. 우리 자신이 부르는 자이며 부름을 받는 자다. 부르는 자는 참된 자아이고 부름을 받는 자는 참되지 못한 자아다. 이러한 까닭에 자기 자신과 구체적인 관계를 맺게 함으로 해서 양심은 인간

성으로 대면할 수 있는 우리의 마음 자세인 것이다. 이렇게 볼 때 하이데거의 입장은 Dorf Sternberger의 주장처럼 니체의 '운명애'(amor fati)를 상기시켜준다(Dorf Sternberger, *Der Verstandene Tod: eine Untersuchung zu M. Heideggers Existential-ontologie* (Leipzig: S. Hirzel, 1934), 47쪽).

존재의 구조 그 자체에 속하는 것이다. 참된 자아의 부름은 참되지 못한 자아와의 관계에서 불만을 낳게 되고, 그 결과 참되지 못한 자아를 세속적인 가치에 집착하고자 하는 태도에서 벗어나게 하여 참된 존재로 향하는 가능성을 추구하게 한다. 여기서 우리는 양심과 죽음간의 직접적인 연관을 볼 수 있다. 왜냐하면 일상적인 자아를 해방시켜 참된 자아와 마주치게 해주는 것이 가장 자기다운 가능성으로서 죽는 것이기 때문이다.

아누이의 안티고네의 반항은 양심의 부름, 자아의 자아로의 부름을 통해서 이 세계 내에 상실된 인간의 조건, 곧 참된 존재를 되찾고자 하는 하나의 실존적인 반항이다. 안티고네는 그녀의 실존적인 반항의 실현을 참된 존재의 절대적인 심판자인 죽음, 말하자면 하이데거가 의미하고 있는 그 '죽음으로 향하는 존재'에서 찾는 것이다.

아누이의 『안티고네』

우리는 앞서 크레온의 명령에 도전하여 오빠인 폴뤼네이케스를 매장시키는 행동의 동기가 그 누구를 위해서가 아니라 그녀 자신을 위해서라고 말한 고백을 인용하면서, 매장당하지 못한 시체 때문에 죽는다는 것은 부조리하다고 안티고네 자신이 크레온에게 인정했던 사실을 언급한 바 있다. 이와 같은 사실은 매장의 종교적·의식적인 중요성이 안티고네의 반항의 동기가 되지 못함을 뚜렷하게 제시해주고 있다. 그 매장의 중요성은 안티고네가 세계와의 관계에서 자신의 존재를 시험할 수 있도록 선택의 자유를 가능케 해주는 일종의 장(場), 하이데거의 말을 빌리면 일종의 '활동범위'(Spielraum)로서 제공되고 있다. 말을 바꾸자면 그것은 안티고네의 반항 동기가 되지 못하고, 실존적인 인간이 어떤 궁극적인 위협에 대면할 때, 그와 같은 상황 속에서 자신의 존재의 가능성을 시험해보는, 이를테면 야스퍼스가 뜻했던 '한계상황' 가운데 하나에 지나지 않는다.

매장의 문제가 절대적인 위협을 수반했을 때——왜냐하면 크레온은 조국을 배반한 폴뤼네이케스를 매장하고자 하는 자는 누구나 할 것 없이 사형될 것이라는 명령을 했기 때문에——그리고 그 절대적인 위협이나 상황이 안티고네로 하여금 자신에게 참된 존재가 되기 위해 죽음의 기대를 선택하게끔 강요했을 때, 죽음의 기대, 곧 죽음의 열망이 안티고네의 반항의 동기가 되고 있다. "누구를 위해서가 아니라 나 자신을 위해서"라는 자유로운 선택의 행동 가운데서, 안티고네는 자신을 참된 자아로서 인식하고, 죽음의 기대 가운데서 자신을 참된 존재로서 발견하는 것이다.

　　이 극의 초기에 코로스는 "당신의 이름이 안티고네일 때 당신이 행할 역할은 하나 있다. 그리고 그녀는 끝까지 그 역할을 하지 않으면 안 될 것이다"[26]라고 말하고 있는데, 끝까지 행할 안티고네의 그 역할은 죽음으로 향하는 존재인 것이다. '죽음으로 향하는 존재'가 그녀의 참된 존재의 운명적인 조건이라는 이 사실은 앞서 우리가 인용했던 "죽음이 그녀의 목적이었다"는 크레온 이야기와 모순 없이 어울리고 있다.

　　뛰어난 아누이 비평가 가운데 한 사람인 프론코는, 선택을 자유롭게 행사하는 아누이의 인간은 존재의 부조리와 대면하여 선택을 자유롭게 행사하고 그 선택한 행위에 대해 전적으로 책임을 지는 사르트르의 인간과 유사하다고 주장했다.[27] 그러나 사르트르는 하이데거와 달리 인간 존재가 참된가, 아닌가를 죽음에 대한 태도에서 찾고 있지 않다. 전자의 철학에서 인간이 참된 존재인가 아닌가는 죽음에 대한 태도가 아니라 행동의 자유와 책임에 대한 태도에서 지배되고 있다. 그의 작품인 『승리자』와 『벽』을 통해서 사르트르는 삶과 죽음 가운데 어느 하나의 선택에 마주쳤을 때 우리의 참된 선택은 삶이어야 한다는 사실을 강력하게 보여주

---

26) Jean Anouilh, 앞의 책, 9쪽.
27) Leonard C. Pronko, 앞의 책, 74쪽.

고 있다.

사르트르에게 죽음은 그 자체로 특별한 중요성을 지니고 있지 않은 한갓 종국적인 인간의 부조리의, 인간의 유한성의 위대한 상징에 지나지 않는다. 다시 말하자면 이 철학가에게 "죽음은 결코 삶에 의미를 주는 것이 아니며 반대로 원칙상 삶에서 모든 의미를 제거해주는 것이다."[28] 따라서 비평가 프론코의 견해는 안티고네에 관련되는 한 전적으로 옳지는 않다. 안티고네의 참된 존재는 죽음에 대한 그녀의 태도에 기초를 두고 있기 때문이다. 이것은 물론 안티고네에게만 한정되는 것이 아니라 그밖에 다른 인물인, 예컨대 메데이아에게도 적용될 수 있다.

아누이의 작품인 『메데이아』와 같은 제명인 그리스 비극시인 에우리피데스의 작품 사이에 가장 큰 차이가 있다면 그것은 아누이의 여주인공인 메데이아가 스스로 목숨을 끊는다는 점이다. 현대의 메데이아는 에우리피데스의 메데이아와는 달리, 배신한 남편에 대한 앙갚음에서 그 남편으로부터 태어난 자신의 아이들을 죽이고자 하는 욕망과, 다른 한편 그렇게 할 수 없는 어머니로서의 자식들에 대한 사랑의 틈바구니에서 고뇌의 갈등을 하는 것이 아니다. 죽음을 택함으로써 자신에게 참되고자 하는 열망과 현실적인 타협을 희구하는 충동 사이에서 갈등의 몸부림을 치고 있는 것이다. 에우리피데스의 메데이아와 달리 이 현대 메데이아가 삶이 아닌 죽음을 선택한 까닭은 안티고네의 경우처럼 죽음이 자신에게 진실하고자 하는 그녀의 참된 존재를 가능케 할 수 있는 절대적인 권위이기 때문이다.

많은 비평가들[29]이 안티고네의 세계는 '동심'(enfance)의 세계이며,

---

28) Jean-Paul Sartre, *Le mur* (Paris: Gallimard, 1955), 22쪽.
29) 가령, Leonard C. Pronko, 앞의 책, 26~27쪽; David Grossvogel, *Twentieth Century French Dramas* (New York: Columbia UP, 1958), 157~158쪽; Jacques Guicharaud, *Modern French Theatre from Giraudoux to Beckett* (New

바로 이 세계가 그녀의 가장 내면적·절대적인 순수성을 표상하고 있음을 강조한다. 작품에 등장하는 유모와 코로스는 몇 번이나 우리에게 안티고네가 어린(petite) 소녀임을 상기시켜주는데, 사실 아누이의 여주인공들은 나이가 모두가 어리지만 영적인 면에서는 모두가 성장한 젊은이다. 그들은 저마다 자아 실현을 위해 몸부림치는 실존적인 존재이다. 그들의 세계는 워즈워스와 낭만주의 시인처럼 "습관에 따라서 지배되지 않고 전통적인 관습에 따라서 속박되지 않는 영혼"으로, "맑고 깨끗한 마음과 신비스러워하는 어린애의 마음"[30]으로 모든 사물을 관조하는 순수의 세계를 대변하고 있다. 안티고네는 자연에 대해서 매우 민감한 지각을 보여주고 있다. 이를테면 그녀는 유모에게

> 유모, 색깔이 없는 세계를 보고 싶으면 일찍 일어나야 해요…… 정원은 사랑스러워요…… 정원은 아직 잠자고 있어요. 정원이(세속적인) 인간에 대해서 아직 생각하지 않을 때 그것은 참 사랑스러워요.[31]

라고 말하고 있는데, '정원'이라는 하나의 이미지 또는 상징을 통해서 우리는 일반적인 개념, 곧 안티고네가 표상하고 있는 티 없는 순수성의 세계를 상상할 수가 있다. 사실 정원은 문학사를 통해 절대순수와 조화가 함께 자리하는 곳으로 늘 상징되어왔다. 정원이 이와 같은 의미를 내포하는 한, 그것은 공간적인 개념이든 형이상학적인 개념이든 간에 바로 낙원과

Haven: Yale UP, 1961), 118쪽; Robert de Luppe, *Jean Anouilh* (Paris: Editions Universitaires, 1959), 61~64쪽; John Harvey, *Anouilh: A Study in Theatrics* (New Haven: Yale UP, 1964), 92쪽; Pol Vandromme, *Jean Anouilh: Un auteur et ses Personages* (Paris: La Table Ronde, 1965), 95쪽.

30) Samuel Taylor Coleridge, *Shakespearean Criticism*, T.M. Rayson 엮음 (Cambridge/M.A.: Harvard UP, 1930), 2: 262~263쪽에서 재인용.
31) Jean Anouilh, 앞의 책, 12쪽.

동일시되었던 것이다. 낭만주의 시인과 그밖에 다른 시인들이 티 없는 유년시절 또는 동심의 세계를 낙원의 조건과 동일시했던 것은 우연한 일이 아니다.[32]

정원의 이미지는 우리의 의식이 분열되기 이전에 우리 개개인의 절대순수 · 절대조화의 세계를 반영해주는 하나의 '토포스'다. 엘리엇의 『4중주』(四重奏)의 장미화원이나 예이츠의 초기 시에 나타나고 있는 장미의 상징처럼 아누이의 정원은 안티고네의 동심의 '푸른 낙원'(vert paradis)을 객관화시키기 위해 등장하고 있다. 이와 같은 관점에 비춰서 비평가들이 안티고네의 세계는 동심의 세계, 이 세계의 일상적인 관습에 얽매여 있지 않은 순수낙원의 세계라고 주장한다면,[33] 그들의 주장은 더욱 논리적인 타당성을 가질 것이다.

그렇다면 안티고네가 자신에게 참된 존재가 되기 위해서 싸우고 있는 다른 세계는 어떠한 세계인가. 그 다른 세계는 크레온의 세계다. 크레온의 세계는 삶의 원리를 하이데거가 일컫고 있는 '일상성'에, 말을 바꾸자면 전통적인 가치와 관습에 따라 행동하게 하는 존재의 기계적인 생활양식에 기초를 두고 있다. 아누이는 크레온의 입을 통해서 그 세계를 "앞서 간 동물들과 조금도 다름없이 똑같은 고집을 가지고 똑같은 길을 가는"[34] 동물들의 세계로 특징 짓고 있다. 크레온의 이와 같은 세계는 하이데거가 의미하고 있는 '군중'(das Man)의 양심, 자아를 자아로 부름이 아니라 자

---

32) 이 문제에 대해서 M.H. Abrams, *Natural Supernaturalism: Tradition and Revolution in Romantic Literature* (New York: Norton, 1973), 308~383쪽을 볼 것.
33) 가령 Leonard C. Pronko, 앞의 책, 27쪽; Joseph Chiari, *The Cotemporary French Theatre* (New York: Cordian Press, 1970), 117쪽; Pierre de Boisdeffre, 앞의 책, 166쪽; Angela Belli, *Ancient Greek Myths and Modern Dramas* (New York: New York UP, 1969), 102쪽.
34) Jean Anouilh, 앞의 책, 58쪽.

들을 사회의 공적인 규범으로 부름을 원칙으로 하는 세계다.

폴뤼네이케스가 왕권을 탈취할 목적으로 외국 군대를 끌어들여 내란을 일으켰던 조국의 배반자라면, 아무리 그가 오이디푸스 왕의 아들이라 할지라도 그리고 크레온 자신의 조카라 할지라도, 죽은 후에도 그 배반자를 매장의 거부로서 정죄하는 크레온의 세계는 바로 군중의 양심을 대변하는 세계다. 크레온의 삶의 철학은 무질서와 위험의 "폭풍"을 피하기 위해 누군가가 정부라는 "배"를 이끌면서 삶에 어떤 조직적인 질서를 주고, 각 개인을 개인적인 가치와 욕망에서 해방시켜주어야 한다는 확신에 깊이 뿌리박고 있다. 안티고네가 극이 시작할 때부터 죽음에 이르기까지 단 한 치도 그녀의 태도를 굽히지 않는 것처럼, 크레온 또한 끝까지 그가 지지하고 있는 질서의 개념과 존재양식을 고집하고 있다.

법과 규범에 따라서 유지되는 질서의 세계는 개인의 무조건적인 부정을 거부한다. 안티고네와 크레온 사이에서 논쟁의 중심이 되고 있는 '긍정(oui)과 부정(non)'의 대립적인 세계는 각자의 삶의 개념에 대한 전반적인 입장을 함축하고 있다. 그들 간의 대립은 소포클레스의 안티고네에서처럼 정의(dike)의 개념에서 서로 반대되는 것이 아니라 삶의 개념에서 반대되는 것이다. 크레온의 세계는 현실적인 삶에 조건적인 '긍정', 즉 사회와 군중의 목소리에 개인의 욕구를 때로는 희생시킬 수 있는 타협과 적당의 윤리를 대신하고 있다. 하지만 안티고네의 무조건적인 '부정'은 전부가 아니면 아무것도 원하지 않는다. 안티고네는 만약 크레온의 아들 하이몬을 완전히 자기의 소유로서 사랑할 수 없다면 그를 더 이상 사랑하지 않으리라고 말한다.

> 만약 하이몬 역시 모든 것에 긍정적인 대답(oui)을 말하는 것을 배운다면 나는 더 이상 그를 사랑하지 않으리라.[35]

이렇게 내뱉는 이 오이디푸스의 딸은 행복이 사랑의 절대순수성에 속하는 것이라면 그것은 개인적인 요구를 일상적인 삶의 요구에 타협시킴으로써 얻어지는 것이 아님을 알고 있다. 현대의 안티고네는 소포클레스의 안티고네보다 더 하이몬을 사랑하고 있다. 죽음의 마지막 순간까지 그에 대한 사랑을 결코 포기하지 않는 안티고네는 하이몬에게도 앞으로 아마 닥쳐올지 모르는 어른의 세계, 군중의 목소리와 타협할 가능성을 불안하게 생각하면서, 그가 삶에 긍정적인 대답을 하는 자들과 달리 영원히 절대순수의 푸른 정원에 머물 것을 원한다.

배신이 매순간 가능한 세계에 우리는 살고 있다고 가브리엘 마르셀은 말하지 않았던가. 안티고네는 하이몬이 늘 배신이 가능한 이 세계에서 초월해 군중의 양심이 아닌 자아를 자아로 부름의 세계 속에 살기를 바라는 것이다. 안티고네에게 군중의 양심은 우리가 앞서 인용했던 그 동물들의 환상의 세계처럼 집단적인 자아 기만의 환상, 하나의 조직화된 환상에 불과하다. 따라서 안티고네가 '죽음으로 향하는 존재'가 된 것은 삶 그 자체가 이와 같이 조직화된 군중의 환상에 의해서 지배되는 한, 그녀의 참된 존재의 절대적인 순수성을 만족시켜주지 못한다는 것을 깨닫고 있기 때문이다. 이런 의미에서 볼 때 안티고네의 적은 마르셀이 지적했듯이 삶 그 자체다.[36] 왜냐하면 삶 그 자체와 절대적인 자유, 절대적인 순수는 서로서로에 대해서 본질적으로 배타적이기 때문이다.

다른 말로 하자면 크레온의 세계는 어른의 세계이다. 코로스에 따르면 크레온도 왕이 되기 전 한때는 이상주의자였다. 음악을 좋아하고, 고본을 사들이고, 골동품을 수집할 만큼 예술 애호가였다. 하지만 오이디푸스와 오이디푸스의 아들들이 죽은 후 왕의 직위가 떠맡겨졌을 때, 크레온은 이

---

35) 같은 책, 65쪽.
36) Gabriel Marcel, *L'Heure théâtre: De Giraudoux à Jean-Paul Sartre* (Paris: Librairie Plon, 1959), 101쪽.

렇게 진술한다.

> 사람을 다스리는 일이 헛된 일이 아닐까 의아하게 생각하지만……
> 아침에 깨어나니까 꼭 해결할 문제들이 바로 눈앞에 놓여 있어 하루의
> 일과를 시작하는 일꾼처럼 조용히 일어난다.[37]

코로스의 이 짤막한 진술을 통해서 우리는 크레온의 삶에 대한 자세가 어떻게 변하고 있는가를 짐작할 수 있다. 이를테면 이상주의자에서 출발해 회의주의자, 그리고 마침내 현실주의자로 변모하는 과정을 충분히 간파할 수 있다. 어른의 세계는 여기서 삶에 대한 이와 같은 자세의 자연적인 변화의 결과로 나타나 있다.

안티고네가 파수병들에 의해서 죽음의 현장으로 끌려갈 때 크레온과 그의 아들 하이몬 사이의 논쟁은 삶에 대한 태도에서 어른의 세계가 어떠한 것인가를 다시 한 번 보여준다. 이곳에서 어른의 세계는 젊은이들로 하여금 이상과 현실 가운데, 현실의 윤리를 택하게끔 강요하는 하나의 위협이나 유혹으로 나타나고 있다. 하이몬은 크레온을 그가 지금껏 지탱할 수 있었던 절대적인 가치의 존재로 인식해왔지만 크레온의 삶의 원리가 자신의 삶의 원리를 지배하려고 했을 때, 안티고네처럼 조직화된 군중의 양심의 세계인 어른의 세계에서 자신을 참된 존재로 실현시킬 수 없다는 것을 깨닫고, 그 또한 '죽음으로 향하는 존재'에서 절대적인 삶의 가치를 찾는다.

사실 젊은 아이들은 그들의 양친을 마치 신과 같은 존재로 생각하고, 절대 가치의 세계를 그들 양친의 세계에 한정시키고 있다. 그러나 그들이 나이 들어감에 따라 그들은 양친에게 주고 있던 신뢰를 차츰 잃어가게 되

---

37) Jean Anouilh, 앞의 책, 10쪽.

고, 그들의 양친에게서 받았던 가치의 전 체계를 다시 새로운 각도에서 스스로 구축하지 않으면 안 된다는 것을 깨닫게 된다. 하이몬의 경우가 바로 그렇다. 크레온 역시 우리 인간이 나이를 먹어감에 따라 삶에 대한 피할 수 없는 태도의 변모와 여기에 따르는 어른의 세계의 고뇌를 충분히 인식하고 있다.

하이몬, 넌 안티고네 없는 삶을 받아들여야 한다. 조만간 각자의 삶에 다소 슬픈, 다소 서름서름한 날이 오게 된다. 마침내 어른이 되는 것을 받아들여야 할 그날이 오늘 너에게 닥쳐온 것이다. 하이몬, 제발 나를 심판하지 말아다오. 그리고 너 자신을 심판하지도 말라…… 너는 오랫동안 너의 아버지를 전능하다고 생각해왔지만, 똑바로 나를 쳐다보라. 너의 아버지를 현재 있는 그대로 바라보라. 현재의 아버지, 이것이 어른이 된다는 게 무엇을 뜻하는지를 말해주는 것이다.[38]

젊은이들이 그들의 양친에게 지금껏 주었던 신의 이미지를 그 양친에서 잘라내버릴 때 그들이 택할 길은 두 가지가 있다. 그 하나는 그들이 양친에게 주었던 절대적인 가치를 어른의 세계, 말을 바꾸자면 야스퍼스의 '대중사회', 하이데거의 '군중의 양심', 마르셀의 '기능적인 사회'로 대체하는 것이다. 이 길은 그들 자신을 사회 또는 사회의 일반적인 삶의 패턴에 순응시키는 길이다. 다른 하나는 그들이 그들 자신의 참된 존재가 무엇인가를 알 때 어른의 세계, 군중의 양심은 그들의 삶의 의미의 원천이 될 수 없으므로 '죽음으로 향하는 존재'에서 그들의 참된 실존을 찾게 되는 길이다. 하이몬의 자살도 참된 존재는 일상적인 세계와의 고립 가운데 있으며 그 존재의 피할 수 없는 길은 죽음에 있다는 사실을 역력히 보여

---

38) 같은 책, 72쪽.

주고 있다. 동시에 안티고네가 없는 삶을 포기하는 하이몬의 죽음은 마르쿠제의 다음과 같은 말을 우리에게 연상시켜준다.

> 사랑의 이념은 각 개인이 유아독존적인 고립을 극복해, 자기 주장의 포기를 통한 두 사람의 무조건적인 결속에서[사랑의] 실현을 찾길 요구한다. 이해의 갈등이 자기 주장의 토대가 되고 있는 사회에서 이와 같은 완전한 [자기] 포기는 순수한 형식으로 오직 죽음 가운데서만 나타날 수 있다. 왜냐하면 죽음만이 영원한 결속을 파괴하는 모든 외적인 조건들을 제거해주기 때문이다…… 죽음은 존재가 무로 끝나는 것으로서가 아니라, 오히려 사랑의 오직 가능한 성취로서, 그리하여 그것의 가장 깊은 의미로서 나타나는 것이다.[39]

아누이는 하이데거처럼 우리의 전체 삶의 가치를 죽음의 지배 아래 두고 있다. 인간 존재의 참 본질이란 인간이 양심의 부름, 자아의 자아로의 부름을 통해서 자신의 바꿀 수 없는 운명, 곧 '죽음으로 향하는 존재'에서 찾을 수 있다는 것을 보여줌으로써, 아누이는 특수한 형식의 현대인의 소외, 이른바 죽음을 통해 처절할 만큼 자기 자신이 되고 싶어하는 현대인의 절망을 적나라하게 밝혀주고 있다.

대부분의 비평가들이 주장하는 것처럼 이 작가 역시 삶 그 자체를 거부하는 절망의 작가 또는 허무주의자인가. 이 경우에 아누이는 분명히 마스크를 쓰고 있다. 사실상 그는 안티고네와 크레온 어느 한쪽의 삶의 가치관을 지지하지 않는 것처럼 보인다. 소포클레스와 달리 이 현대 작가는 결코 크레온을 정죄하지 않는다. 크레온은 인생에 '긍정적인 대답'을 주

---

39) Herbert Marcuse, *Negations*, Jeremy J. Shapiro 옮김 (Boston: Beacon Press, 1968), 111쪽.

고 있는 아누이의 모든 인물 가운데 가장 우리의 공감을 불러일으켜주는 주인공이다. 안티고네의 죽음을 피하기 위해 온갖 노력을 기울이면서 왕으로서 현실적인 삶의 모든 무거운 짐을 기꺼이 지고 있는 인간적인 정치가다.

철학가 헤겔은 그리스 비극 시인 아이스퀼로스와 소포클레스의 위대한 비극작품의 중심이 되고 있는 것은 비극적인 주인공이 아니라 비극적인 주인공이 각각 대신하고 있는 비극적인 이념의 대립으로서, 그 대립은 옳은 것과 옳지 못한 것 사이의 대립이 아니라 똑같이 옳은, 말하자면 똑같은 도덕적인 가치를 가지고 있는 이념끼리 대립하는 것이라고 말한 바 있다.[40]

안티고네와 크레온은 피차간에 대립되는 똑같은 도덕적·윤리적 가치를 가지고 있는 존재의 원리를 대표하고 있다는 점에서 전자가 이 극의 중심적인 인물임과 마찬가지로 크레온도 그러한 인물이다. 소포클레스의 크레온과 판이하게 그의 아들의 자살과, 그 아들의 자살을 듣고 자살한 그의 아내의 비극적인 소식을 듣고도 절망하지 않고 끝까지 그의 삶의 '에토스'에 충실하고자 하는 크레온에게서 우리는 독일의 극작가 호프만슈타르의 『알케스티스』의 아드메투스 왕처럼, 그의 나라와 백성을 위해 왕으로서의 책임을 다하고자 하는 위대한 지도자를 보게 된다.

때때로 우리는 에리히 프롬과 마찬가지로 "사회의 이해와 개인의 이해가 영원히 적대적일 필요가 없을 것"[41]을 바라고 있다. 신학자 폴 틸리히는 인간 존재의 본질은 화해라기보다 오히려 소외의 연속이라고 말한다.

---

40) G.F. Hegel, *Hegel on Tragedy*, Anne & Henry Paolucci (New York: Anchor Book, 1962), 78쪽. 그리고 헤겔의 비극론에 대해서는 Walter Kaufmann, *Tragedy and Philosophy* (New York: Anchor Book, 1968), 228~248쪽을 볼 것.
41) Erich Fromm, "Individual and Social Origins of Neurosis", Kluckhohn & Murray 엮음, *Personality in Nature, Society, and Culture* (New York: Knopf, 1959), 521쪽.

우리는 화해를 위해 몸부림도 치지만 소외에서 출발해 얼마 동안 화해의 세계에 머물다가 다시 소외로 되돌아와 결코 이 소외에서 영원히 떠나지 못한다고 이 신학자는 말하지만, 삶의 대부분이 소외의 연속이라 할지라도 우리는 화해를 지향하는 세계를 창조하는 노력을 저버릴 수는 없는 것이다.

하지만 마르셀 프루스트처럼 이와 같은 화해를 전적으로 거부하고, 마음속 깊이 자리하고 있는 내적인 양심의 이름으로 기존의 모럴이라든가 규범에 도전하지 않는 한 어떠한 윤리적인 창의성이나 진보는 불가능하다고 주장하는 자가 수없이 많다.

아누이의 세계에서 화해의 세계는 완전히 배제되고 있다. 이 작가가 비록 미적인 거리감을 유지하면서 우리에게 어떤 교훈을 제시하려고 하지는 않지만, 그는 집단적인 환상 속에서 동물이 되어가고 있는 현대인간, 사회와 국가라는 거대한 조직체에 의해서 지배되면서 자신의 실존적인 자아를 상실해가는 기능적인 현대인간의 운명에 깊이 고민하고 있는 것이다. 그는 이와 같은 운명에 대면해서 자신의 실존을 고민하는 현대인이 인간다운 인간으로 살아갈 수가 있을까, 그렇지 못할까 하는 이 문제가 우리시대의 가장 심각한 문제 가운데 하나라고 믿는 것 같다.

안티고네의 죽음의 문제로 잠시 동안 평정을 잃었던 테바이 왕국도 이제 정상적인 삶의 궤도를 되찾고 있다. 크레온 왕은 그의 아들과 아내의 죽음이 이미 자신의 일이 아닌 것처럼 여느 때처럼 각료회의에 참석하게 되고, 안티고네의 그 '문제적'인 죽음에 전혀 무관심한 듯 파수병들은 전처럼 카드 놀이를 계속한다. 아누이에게 경험적·기계적인 사회 현실에 하나의 부속품으로 전락하고 있는 이와 같은 기능적인 인간들은 인간으로서의 위엄과 신비, 더 나아가서 휴머니티 자체를 상실한 존재다. 이 프랑스 작가는 우리 인간 존재가 비인간화·비신비화된 사회의 집단적인 환상 속에서 다시 한 번 깨어나기를 바라고 있는 것처럼 보인다. 하지만 그는 하이데거처럼 이 집단적인 군중의 환상—우리는 이 집단적인 군중의 환상을 어떤 의미에서 이데올로기라고 불러도 좋다—에서 해방될 수 있는 참된 인간 존재는 오직 죽음, '죽음으로 향하는 존재'에서만 가능하다고 보고 있다.

2

우리시대의 리얼리즘

한 무정부주의자의 정치윤리

전체주의의 구조와 인간

불꽃의 여자

정치와 인간의 운명

한 젊은 니힐리스트의 죽음

우리시대의 리얼리즘

리얼리즘을 논의하게 될 때 부딪치게 되는 굵직굵직한 문제들은 한두가지가 아니다. 가령 이 말의 역사적인 근원과 관계가 있는 신학적·철학적인 개념으로서의 리얼리즘은 어떠한 것이며, 문학에 대한 근본적인 태도를 정의할 때 사실상 같은 뜻으로 쓰이는 리얼리즘과 자연주의의 차이는 무엇이며, "당대의 사회적 현실의 객관적 묘사"[1]로서 리얼리즘을 규정할 때 '객관적'이라는 말은 어떤 맥락에서 이해되어야 하며, 오늘날 리얼리즘론의 중요한 흐름 가운데 하나가 되는 루카치 이론이 얼마만큼 보편성을 가지고 있는가 등의 문제가 그렇다.

또한 역사 변천의 특수한 시기에서 그 시기의 문학을 지배하는 한 규범적인 개념[2]으로 리얼리즘의 역사성을 강조하는 시대개념이 얼마만큼 정당한지에 대해, 그리고 리얼리즘이 19세기에만 한정될 수 있는 문학현상이 아니라 문학의 한 양식으로 역사성을 초월하면서 어느 시기에도 가능하다는 주장이 어느 정도 근거가 있는지, 또한 문학작품의 내용을 현실이라고 말할 때 그 현실 내용은 무엇이며, 문학작품 속에 반영된 현실은 그

• 1980
[1] René Wellek, *Concepts of Criticism* (New Haven: Yale UP, 1963), 240~241쪽.
[2] 같은 책, 225쪽.

것이 작가의 의도적인 행위에 의해서 작품 속에 형상화되는 순간부터 피할 수 없이 변형되는 것이라면 "예술에서 리얼리즘은 하나의 환상"[3]이라는 니체의 주장은 타당한가 등의 문제도 그렇다. 리얼리즘론과 연관되어 제기할 수 있는 문제들이 이밖에도 많겠지만 우리가 리얼리즘에 관심을 갖게 되는 까닭은 이와 같은 문제들을 하나하나씩 검토하는 데 있는 것이 아니다.

제기된 온갖 문제에 해답을 주는 것이 과학의 본질이라면 문학연구도 철학과 같이 새로운 방법으로 문제를 제시하는 데 본질이 있는지 모른다. 역사성을 부정하는 레비-스트로스의 구조주의에 날카로운 비평을 가하고 있는 폴 리쾨르의 견해에 전적으로 동의해서가 아니라, 위대한 철학자들은 이미 거론된 문제들을 새로운 방법으로 다시 물어보는 자들일 수도 있다.[4]

리얼리즘이란 무엇인가? 확정적인 하나의 대답이 가능할 수 없는 것처럼 보이는 이 물음에 어떤 개념적인 정의를 내리는 것보다, 왜 리얼리즘이 우리시대에 문제시되어야 하는가라는 물음이 리얼리즘에 대한 이해뿐 아니라 그 역사적 중요성을 파악하는 데 더 본질적인 것처럼 보인다.

이 문제를 위해 먼저 세계인식에서 리얼리즘은 고전주의·낭만주의와 어떻게 다른가를 짤막하게 이야기할 것이다. 그리고 나서 리얼리즘론에 관계되는 몇 가지 근본적인 문제를 고찰한 다음, 마지막으로 모더니즘의 극복이라는 차원에서 리얼리즘의 역사적인 사명이 어떤 것인가를 살펴보려고 한다.

---

3) Nietzsche, *Gesammelte Werke, Musarion-Ausgabe* (München: Musarion Verlag, 1920~29), 11: 80쪽.
4) Paul Ricoeur, *Histoire et Vérité* (Paris: Édition de Seuil, 1955), 78쪽.

고전주의 · 낭만주의 · 리얼리즘

역사 변천의 특수한 시기에 그 시기의 문학을 규범적으로 지배했던 문학사조의 명칭으로 우리가 고전주의 · 낭만주의 · 리얼리즘을 논하는 것은 일반화되고 있다. 하지만 세계를 어떻게 인식하는가에서 고전주의 · 낭만주의 · 리얼리즘은 그 역사성에 관계없이 어느 시기에도 가능했던, 그리고 가능한 각각 독립된 세계관을 가지고 있다. 그러나 고전주의에 대한 반동으로 낭만주의, 낭만주의에 대한 반동으로 리얼리즘, 리얼리즘에 대한 반동으로 모더니즘이라는 연대기적인 맥락에서 볼 때, 그들의 세계관의 차이는 한층 더 극명하게 나타나고 있다.

고전주의는 세계를 이원론적으로, 말하자면 세계를 이상적인 세계와 현실적인 세계의 두 가지로 파악하는 것이다. 하지만 이상적인 세계와 현실적인 세계가 대립관계로 나타나는 것이 아니라 조화의 관계로 나타나는 것으로 본다. 즉 현실적인 것이 이상적인 것, 이상적인 것이 현실적인 것과 일치될 수 있는 종합의 관계로 본다. 고대 그리스와 18세기 서구, 특히 영국은 이 두 세계의 종합을 추구했던 유일한 시대다. 이 시대의 인간은, 우주와 그 우주의 소우주로 여겨졌던 사회와 대립이 아닌 조화의 관계에 놓여 있었다.

이상적인 것이 현실적인 것, 현실적인 것이 이상적인 것과 동일시되는 등식관계는 고전주의 문학가의 작품에 뚜렷하게 표출되고 있다. 17세기로 접어들면서 봉건주의가 종말을 고하고 중산계급이 새로운 지배세력으로 등장하기 시작했다. 하지만 이 계급이 등장했던 당시의 정치구조는 여전히 전제군주체제였다. 이와 같은 배경에서 중산계급의 의식이 점차 '사회화'되기 시작하면서부터 개인과 사회의 관계에서 오는 긴장과 갈등 문제와 그 해소가 당시 문학의 지배적인 주제였다.

고전주의 문학을 대표하는 프랑스의 극작가, 가령 코르네유는 개인적인 요구와 권리를 국가의 이해에 종속시킴으로써, 국가의 이해가 개인의 그것과 전적으로 일치함을 보여주고 있다. 국가 이해를 데카르트식의 개인 이해와 동일시함으로써 데카르트식의 합리주의를 도덕적인 신념으로 받아들였던 것이다. 몰리에르의 주인공들은, 알세스트 같은 다소 예외적인 인물도 있지만, 중산계급이 공유하고 있는 생활양식과 가치에 순응하는 것을 이상적인 삶의 방법으로 간주했다. 코르네유의 경우처럼 전제국가의 귀족사회의 가치와 질서를 유지하기 위해 명예를 존중하는 봉건주의 기사정신을 이상적인 삶의 규범으로 삼았건 또는 몰리에르의 경우처럼 귀족사회로부터 점차 부르주아 사회로 옮겨 가면서 상식 · 절제 · 이성을 강조하는 중산계급 사회의 삶의 윤리를 이상적인 삶의 규범으로 삼았건 간에, 개인은 경험적 현실의 세계인 국가와 사회가 주장하는 가치와 윤리를 바로 이상적인 것으로 받아들였던 것이다.

고전주의의 반동으로 일어난 낭만주의는 고전주의와 같이 세계를 이원론적으로, 즉 세계를 이상적인 것과 현실적인 것의 두 세계로 파악한다. 하지만 고전주의와는 달리 현실적인 것이 이상적인 것, 이상적인 것이 현실적인 것이 될 수 없는 모순과 대립의 관계로서 세계를 인식하고 있다. 윌리엄 블레이크 같은 시인은 이 두 세계의 결합을 시도했다. 하지만 대부분의 문학가들은 이상과 경험적 현실 사이의 모순과 대립을 극복할 수 없었다. 때문에 그들은 현실을 부정하고 이상을 추구하기 위해 여러 가지 형식의 초월적인 세계와 원시적인 자연으로 도피한다든가, 바이런처럼 기존질서와 적극적으로 투쟁하다가 마침내 사회를 등지고 스스로 부가한 자아 추방이라는 고립된 삶의 형식을 취했다.

반항 형식이 도피든 개혁이든 간에 낭만주의 문학가들은 언제나 기존 질서에 반항적인 자세를 취한다. 하지만 그들이 도전하는 것은 특수한 기존의 이상세계인 신의 세계도 될 수 있고 경험적인 현실 세계도 될 수 있으며, 개혁주의 낭만주의자처럼 이상적인 것의 가치나 현실적인 것의 가치 모두 다 될 수 있었다. 그러나 그들이 공유하는 근본 태도는 고전주의의 명제가 되고 있는 이상적인 것이 현실적인 것, 현실적인 것이 이상적인 것이 되는 이 두 세계의 일치와 조화를 받아들이지 않고, 미적인 것이든 생활방식이든 간에 이와 같은 전제에서 끌어낸 법칙을 따르기를 거부하는 것이다.

낭만주의의 반동으로 일어난 리얼리즘은 세계를 일원론적으로 인식하고 있다. 경험적인 현실 세계가 이상적인 것의 모델이 되고 있다는 것을 증거할 수 없다면 이상적인 것이 존재한다는 증거도 전혀 없다는 논리적인 결론을 끌어내고 있다. 리얼리즘은 경험적인 세계를 유일한 현실로서 보고 있는 것이다. 도덕적·정치적으로 리얼리스트는 실용주의자이며, 미적으로는 경험주의자다. 따라서 리얼리즘은 낭만주의가 추구하는 초월적인 세계를 거부하는 것이다.

여기서 자연스럽게 제기될 수 있는 물음은, 어째서 19세기에 리얼리즘 소설이 가장 왕성한 활동을 했는가다. 리얼리즘의 출현과 이전에 서구인의 세계관을 특징 짓던 초월적인 가치들에 대한 19세기 진보적인 사상가들의 믿음의 포기 사이에 해답의 열쇠를 찾는 역사가들이 많다. 루카치가 그의 유명한 공식으로 소설을 "신에 의해서 버림받은 세계의 서사시"[5]로 규정한 건 정곡을 찌른 말이다.

우리가 문학사조를 이야기할 때 그것이 문학 장르와 밀접하게 연관을 맺고 있다는 사실을 이따금 간과하고 있다. 문학사조를 논할 때 동시에 문학 장르를 고려할 수밖에 없을 만큼 이 양자 간의 관계는 떼어놓을 수 없기 때문이다. 낭만주의가 서정시의 절대 우위를 대표하고 있다면, 리얼리즘은 "리얼리즘 문학의 중요한 매체"[6]인 소설을 고유 영역으로 인정하

---

5) György Lukács, *Die Theorie des Romans* (Neuwied am Rhein Luchterhand, 1963), 87쪽.
6) Harry Levin, *Contexts of Criticism* (Cambridge/M.A.: Harvard UP, 1957), 71쪽.

고 있다. 소설은 의심할 바 없이 리얼리즘의 이념이 가장 훌륭하고도 정확하게 실현될 수 있는 장르다. 말하자면 경험적인 현실을 재창조하여 모방하려는 우리의 본능과 인식하려는 우리의 욕구를 만족시켜 줄 수 있는 가장 독특한 장르다.

오늘날 우리가 알고 있는 사회학과 심리학이 학문으로 존재하지 않았던 19세기에, 소설은 그것을 대신해 삶의 궁극적인 의미와 진실이 무엇인가를 보여주려고 했다. 중산계급 문화의 특징적인 표현으로서 소설이 등장했던 것은 잘 알려진 사실이다. 헤겔에 의해서 일찍이 "중산계급 사회의 서사시"[7)]로 규정된 소설의 역사가 이 계급의 출현과 더불어 성장한 현대 자본주의와 깊은 연관을 맺고 있다는 것도 널리 인정되어온 사실이다. 중산계급의 세계관을 반영하고 있는 소설이 이 계급의 삶의 에토스가 되고 있는 개인주의 이데올로기와 피할 수 없는 유기적인 관계를 갖고 있는 것도 이 장르가 전통사회의 구속에서 해방된 개인을 주인공으로 묘사하고 있다는 데서 확인된다.

리얼리즘은 전통사회를 특징 짓는 초월적인 가치의 세계를 부정한다는 점에서 낭만주의 세계관을 거부하고 있다. 세계를 일원론적으로 보기 때문에 경험적인 인식의 대상이 되는 현실세계만을 인정하는 논리를 찾게 되는 것이다. 리얼리즘은 현실적인 것이 이상적인 것이 될 수 없다는 점에서 낭만주의 세계관과 일치하지만, 경험적 현실을 피할 수 없는 현실로서 인정하고, 이 현실에서 모순을 극복해 새로운 가치를 추구하고자 하는 것이다.

---

7) G.W.F. Hegel, *Aesthetics*, T.H. Knox 옮김 (Oxford: Oxford UP, 1975), 2: 1092쪽.

리얼리즘, 그리고 조세희

리얼리즘의 개념은 오늘날 두 가지 흐름으로 대별된다고 볼 수 있다. 하나는 앞서 인용한 것처럼, "당대의 사회현실의 객관적 묘사"라는 개념과 다른 하나는 루카치의 리얼리즘론이다. 전자는 오래전에 "있는 그대로의 세계의 반영"[8]이라는 공식으로 18세기 프랑스의 이류작가인 바타유에 의해서 표명된 바 있다.

객관적이라고 할 때 그것은 문자 그대로 어떤 주관적인 의식에 의해서 가공되지 않은 현실의 묘사를 의미한다. 문학은 우리의 의식으로부터 독립해 존재하는 객관적인 현실 반영이라는 개념은 철학적 유물론의 기초가 되고, 마르크시스트들의 공리가 된다. 현실의 기계적인 묘사로서 리얼리즘이 정의될 때, 리얼리즘은 그 자체의 모순을 가지게 된다.

첫째로 그것은 문학과 과학을 구별할 수 없게 하며, 둘째로 객관적인 현실의 충실한 재현은 이론적으로 문학의 사회참여를 배제할 수밖에 없게 하기 때문이다. 문학사를 살펴 보면, 당대의 사회현실을 객관적으로 묘사하고 있다고 일컬어지는 문학작품 속에는 사회현실을 비판하면서 개혁하고자 하는 공리적인 목적이 묵시적으로나마 항상 암시되고 있다. 리얼리즘을 있는 그대로의 현실 반영이라 규정할 때, 리얼리즘의 이론적인 모순은 바로 이와 같은 점에 있는 것이다.

이와 같은 모순의 타당성을 전적으로 부인하기란 어렵지만, 리얼리즘의 개념을 '당대 사회현실의 객관적인 묘사'로서 정의할 때 이 '객관적'이라는 말을 어떻게 해석하는가가 중요하다. 이 '객관적'이라는 것이 작가의 주관적 의식이 배제된 기계적이라는 뜻으로 해석된다면, 리얼리즘

---

[8] F.W.J. Hemmings 엮음, *The Age of Realism* (Harmondsworth: Penguin, 1974), 11쪽에서 재인용.

은 과학과 동일시된다. 리얼리스트들이 전적으로 상상력에 의존해서 소재들을 선택하는 것은 아니지만, 현실의 경험에서 얻은 많은 소재 가운데 그 일부를 정리하고, 그것에 어떤 형식적인 구조를 주는 것이다. 즉 다양한 경험의 내용에서 전형적인 것을 뽑아 현실에 특별한 의미를 주는 식으로 소재를 정리하는 것이다. 현실의 반영이지만 특별한 종류의 반영이 리얼리즘이다. 따라서 리얼리즘 문학은 대상을 반영하는 방식에서 과학과 다를 뿐 아니라, 그 대상이 현실의 과학적 반영의 대상과 다르다는 점에서 또한 과학과 다른 것이다.

리얼리즘 문학은 사실주의적이면서 또한 이상주의적이다.[9] 이상주의적이란 문학작품이 창조적인 예술가의 비전을 포함하고 있다는 뜻이고, 사실주의적이란 문학작품이 그 시대의 사회·역사 현상 가운데 본질적인 요소들을 재현한다는 뜻이다. 이와 같은 의미에서 과학적 비전과 예술적 비전의 타협이 바로 리얼리즘이다.

마르크시즘 미학자들도 리얼리즘 개념을 이해하는 데 의견 일치를 보이지는 않지만, 현실의 '변형'이라는 점에서는 모두가 같은 생각을 가지고 있다. 예술 형식은 예술가의 의도와는 독립된 채 사회적인 경향과 이데올로기적인 입장을 표현한다는 예술의 '객관적 형식'이론에 기초를 두고, 루카치가 표현주의 형식과 모더니즘의 기교는 반사실주의적이라 선언하고, 모더니즘, 곧 전위예술은 부르주아의 타락상을 대표하며 파시즘에 이르는 길을 열어놓고 있다고 공격했다. 그 후, 동구뿐만 아니라 서구의 마르크스 미학자 사이에 열띤 논쟁이 있었던 것을 기억한다.

그 후로 루카치에 동조하는 학자도 많지만, 마르크스 미학자 거의 전부가 문학작품을 현실의 변형이라고 보는 점에서 작가의 주관적인 의식을

---

9) Wilhelm Girnus, *Wozu Literatur* (Frankfurt: am Main: Röderberg Verlag, 1976), 36쪽 이하 참조.

특히 강조하고 있다. 현실의 변형이라는 말은, 현실에 존재하는 현상 가운데 본질적인 것이라고 인식되는 전형적인 요소들을 선택해, 현상의 겉모습뿐만 아니라 동시에 겉모습을 초월하고 있는 보다 깊은 의미에 관심을 쏟게끔 그것을 재현하는 것을 뜻한다.

따라서 리얼리즘을 당대 사회현실의 객관적 묘사로서 정의할 때, 객관적이라는 말을 다른 각도에서 이해할 필요가 있다. 리얼리즘이 현실의 어떤 본질적인 의미를 환기시켜주는 전형적인 상황을 표현하는 것이라면, 객관적이라는 말은 작가가 전형적인 상황을 재현할 때 그가 속한 계급이나 계층의 이해를 초월하는 자세를 뜻할 수 있다.

리얼리즘 문학의 모델뿐만 아니라 "부르주아 계급을 가장 성공적으로 변호한 작가"[10]로서 자주 거론되는 발자크. 그가 격변기에 처한 프랑스 사회사를 정확하게 묘사할 수 있었던 것은, 이 작가가 하나의 계급으로서 역사적 종말을 고한 귀족계급 이념의 적극적인 지지자이지만, 부르주아 계급의 승리의 역사적인 필연성을 표현하기 위해서는 보수적인 이데올로기를 초월할 수 있었기 때문이다.[11] 객관적이라는 말을 이와 같은 뜻으로 이해할 때 이 말은 조세희에게도 적용할 수 있을 것이다.

조세희의 『난장이가 쏘아 올린 작은 공』은 한국 리얼리즘 문학의 중요한 업적으로 평가되고 있다. 지난 10여 년에 걸쳐 우리가 경험해온 급격한 산업화의 소용돌이와 그 충격으로 파생된 여러 가지 사회의 구조적 모순과 부조리 가운데서, 산업노동 현실에 직면한 낮은 계층 사람들의 생활조건이 어떠한가를 예리하게 보여준 작품이다. 70년대의 사회변화에 따라 난장이 일가를 중심으로 한 낮은 계층의 공장노동자들이 체험하고 있

---

10) Arnold Hauser, *The Social History of Art* (New York: Vintage Books, 1951), 48쪽.
11) K. Marx, *Economic and Philosophical Manuscripts of 1844*, Martin Millgan 옮김 (New York: International Publisher, 1964), 190~194쪽.

는 삶의 전형적인 상황을 분석하는 가운데, 이러한 상황이 내포한 인간적·사회적인 의미를 깊이 통찰하고 있다. 이 작가는 현실을 경제적 계층 간의 필연적인 갈등으로 보고, 비극을 사회의 착취, 말하자면 사회 특권계층의 착취와 동일시하고 있다.

자본주의의 성장과 더불어 어쩔 수 없이 나타나는 산업화, 도시화, 유동계층의 형성이 전반적으로 사회구조의 변동을 가져오면서 계층 간의 갈등과 소외현상을 뒤따르게 하는 것은 산업화 이후 서구사회에만 적용되는 현상이 아니다. 이와 같은 상황은 하나의 피할 수 없는 과정으로 실감되는 우리 역사 자체의 총체적 순간이며, 이 충격적인 상황을 조세희는 하나의 전형적인 순간으로 인식하고 있다. 난장이의 아이들이 일하는 '은강 그룹'이라는 재벌 기업에 속한 몇몇 공장에서 공장노동자들이 어떠한 고난을 받고 있으며, 온갖 악조건 속에서 노동자로서의 의식이 어떻게 성장해가고 있는가를 보여주는 데 이 작가는 엄격히 객관적인 태도를 취하고 있다.

우리가 조세희를 두고 '객관적'이라 말하는 것은, 그가 산업화의 핵심 국면인 산업노동 현실을 진단하는 데 그가 속한 계층의 이해와 이데올로기를 초월하고 있다는 뜻이다. 이 작가는 자신이 대학 출신의 지적인 노동자라는 점에서 '은강 그룹'의 현장노동자들과 같은 계층에는 속하지 않는다. 산업노동 현장을 충실하게 묘사할 수 있었던 것은 "햄릿을 읽고 모차르트의 음악을 들으면서 눈물을 흘리지만…… 이웃집에서 받고 있는 인간적 절망에 대해서 눈물 짓는 능력은 마비당하고, 상실당한" 교육받은 사람들의 지적인 편견과 보수적인 세계관을 극복할 수 있었기 때문이다.

당대 사회현실의 객관적 묘사로서 리얼리즘이 정의될 때, '객관적'이라는 것이 주관적인 의식이나 비전이 없는 평면적·기계적인 뜻과 동일시될 수 없다는 것을 지적했다. 후설의 용어를 다소 수정된 의미로서 채용한다면 모든 문학작품은 '의도적' 성격을 갖고 있기 때문이다. 조세희의 소설은 작가의 의도적인 행위에 의해서 리얼리즘 문학세계의 폭을 한껏 넓혀주고 있다. 이 작품은 연작소설의 형식에서 오는 시점의 변화 때문만이 아니라, 가령 호메로스의 『오뒤세이아』 『일리아스』, 톨스토이의 장편소설 『전쟁과 평화』에서처럼, 경험의 '이중의식'을 보여준다는 점에서 서사적인 색채를 풍기고 있다.

호메로스와 톨스토이가 그들의 작품에서 '이중의식'을 표현한다는 말은, 전쟁의 와중에 희생되어가는 인간 고통을 보여줌으로써 전쟁의 비인간성을 강조하는 것이다. 하지만 다른 한편에서는 농사짓고 고기잡이하는 일상적인 인간의 조용한 삶과 목가적·종교적인 분위기를 대조시킴으로써 전쟁이 모든 사람의 삶을 잠식할 수 없다는 것을 보여준다는 뜻이다. 이와 같은 '이중의식'은 호메로스와 톨스토이 작품에서 플롯의 이중·삼중 구성을 위한 동기 가운데 하나가 되고, 궁극적으로 그들의 세계관과 윤리관이 어떤 것인가를 말해주는 것이다.

『난장이가 쏘아 올린 작은 공』의 작가도 플롯의 이중구성을 통해 경험의 '이중의식'을 펼쳐 보여주고 있다. 그 하나가 사회 특권계층인 가진 자에 의해 학대받는 힘 없는 노동자들의 고통이라면, 다른 하나는 그것과 대조적으로 충만되어 있으리라 믿고 있는, 황금색의 별세계인 달나라에 대한 동경이다. 현실에서 실현될 수 없기에 이 동경은 주인공들이 찾고자 하는 절대 가치가 되고 있다. 소설의 근본적인 구조는 '문제적인 주인공'이 절대 가치가 발견될 수 없는 현실에서 절대 가치를 찾다 패배하는 세계라는 루카치의 공식처럼, 조세희의 주인공들은 그 동경을 꿈으로만 간직한 채 현실의 원리에 패배하는 인간들이다.

이중 플롯을 통해 이 작가가 제시해주고 있는 이중의식은, 작가로서 그의 윤리가 어떤 것인가를 말해주고 있다. 사회 모순과 불평등에 의해서 희생당하고 있는 낮은 계층의 노동자들이 항거할 수 있는 마지막 수단은 폭력일 수 있다는 것을 암시해준다. 하지만 폭력에 의해서 사회를 개조할 수 있다는 것을 절대적인 당위로 인정하고 있지는 않다. 조세희의 소설이 철저히 역사적인 관점을 취하지 않는다고 비평을 받을 수 있지만, 그의 윤리는 마르크시즘의 역사적 인간을 옹호하지 않는다.

이 작가는 집단적인 주인공들을 등장시킴으로써 계층 간의 갈등과 대립을 한 개인의 운명을 초월하는 집단적인 인간의 운명으로 부각시킨다. 하지만 어느 한 개인의 행동이 그들 전체 행동의 의미를 대신해주고 있지는 않다. 현실에 대처하는 주인공들의 행동이 다를 수 있다는 사실을 보여줌으로써, 이 작가는 사회 모순과 부조리를 극복할 수 있는 방법이 결코 폭력만은 아니라는 것을 말해주고 있다.

계층 간의 갈등과 대립을 해결할 수 있는 길은 궁극적으로 사랑이라는 것을 암시하면서, 사랑을 이상적인 이념으로 간직한 채 희생된 난장이 아버지와 그밖의 인물들의 실상을 보여준다. 그럼으로써 이 작가는 '비역사적 인간'의 윤리도 옹호해주고 있다. 따라서 그의 이중의식은 대립과 긴장의 논리에서 벗어나지 못한다. 이 논리는 어쩌면 그의 뚜렷한 역사의식과 사회의식의 빈곤을 의미할 수 있지만, 인간을 총체적으로 인식하고자 하는 폭넓은 비전에서 나온 결과다.

리얼리즘과 루카치

리얼리즘은 낭만주의와 달리 세계를 일원론적으로 인식하기 때문에 현실만을 경험적 인식의 대상으로 인정한다고 말했다. 현실의 본질은 모순이라는 것이 리얼리즘의 명제라면, 이 모순을 극복하는 것이 리얼리즘의 기본정신이다. 리얼리즘 문학에서 현실을 충실하게 묘사하는 그 자체가 목적이 아니라, 묘사는 작가가 독자로 하여금 행동할 의지를 불러일으키게 해주는 수단에 지나지 않는다. 현실의 본질을 구체화하는 이미지에다 작가는 현실이 어떻게 되어야 하는가의 상상적인 비전을 더해주는 것이다. 이와 같은 의미에서 리얼리즘은 현실과 가능의 변증법에 기초하고 있다. 문학은 현실의 반영이며, 작가가 사회구조의 모순을 날카롭게 통찰해 앞으로의 사회발전의 방향을 보여주는 것이 가장 충실하게 현실을 반영한다고 보는 게 루카치 이론의 요약이다.

루카치에 따르면 리얼리즘 문학은 무엇보다도 주인공들의 '전형성'에 의해서 다른 유형의 문학과 구별된다. '전형적'이라는 것이 어떻게 해석되어야 하는가는 마르크시스트들의 미학에서도 많은 논란의 대상이 되고 있지만, 그의 입장을 따르면 리얼리즘 문학의 주인공들은 그들 자신보다, 그들 자신의 개인 운명보다 더 큰 사회적·집단적 인간들과 그들의 운명을 대신하고 있다. 그들은 구체적인 개체지만, 동시에 일반적인 인간 실체다. 가령 발자크의 라스티냐크의 개인적인 갈등과 투쟁이 나폴레옹 시대 이후의 젊은 세대 전체의 갈등과 투쟁을 대신해준다면,[12] 고리오 영감은 상품으로 타락해가는 부르주아 문화의 전 과정을 표상해준다.

루카치는 역사적 필연성, 말하자면 발자크의 소설에서처럼 자본주의 승리의 적극적인 긍정을 통해 사회발전의 '본질적인 결정자들'을 생생하게 묘사하는 것이 리얼리즘이라고 주장한다. 그러면서 1848년 혁명 이후의 작가들은 부르주아에 대한 신뢰를 잃고 프롤레타리아의 권리를 배척하면서, 전형적인 것보다 상투적이고 병적인 것에 관심을 돌렸다고 말한다. 루카치는 플로베르와 졸라가 상투적이고 병적인, 괴벽스러운 인물들을 통해서 단순한 일상생활을 묘사했기 때문에 그들을 배척한다고 말했다.

사실 일상적인 경험의 평범한 묘사와 삶의 세속적인 해석에 관심을 쏟았던 19세기 대부분의 유럽 소설은 그 자체의 한계를 미리 내포하고 있

---

12) Georg Lukács, *Writer and Critic, and Other Essays*, Arthur Kahn 옮김 (London: Merlin Press, 1970), 6쪽.

었다. 중산계급의 형성과 발전을 점진적인 과정으로 소화시킨 서구의 각 나라는 자본주의의 안정된 사회구조를 가졌다. 따라서 이와 같은 배경을 두고 있는 소설들은 극히 안정된 무대를 유지했다. 말하자면 소설의 무대 속에 일어나는 커다란 비극적 사건도 개인 차원을 넘어가지 못했다. 발자크 · 디킨스 · 플로베르의 예술은 사회구조를 철저히 와해시키고 개인 삶을 완전히 압도할 수 있는 거대한 힘들이 무엇인가를 인식할 수 없었다.

러시아는 유럽적인 의미의 '중산계급'의 성숙한 발전과정을 겪지 못했다. 만년에 마르크스가 지적했듯이 근대 러시아는 부르주아 계급의 형성 없이 봉건체제에서 산업사회로 옮겨 갔다. 사회구조의 모순으로 첨예하게 대립될 수 있는 요소들이 내재되어 있었기 때문에 혁명이라는 거대한 힘이 도사리고 있었던 것이다. 톨스토이는 사회구조를 전적으로 와해시키고 개인 운명을 압도할 수 있는 힘은 혁명과 전쟁이라는 것을 깊이 통찰했다. 따라서 그의 리얼리즘 세계는 19세기 서구의 리얼리즘 문학가들이 추구한 개인의식을 초월할 수 있었던 것이다.

루카치에게 '전형적'이라는 것은 졸라의 자연주의에서처럼 삶의 한 단면만을 반영하는 것이 아니라 그 '총체성'을 반영하는 것이다. 1930년대 초기에 루카치는 문학작품을 하나의 "내포적 총체성"[13)]으로 정의했다. 이 총체성은 작가가 비본질적인 소재에서 본질적인 것, 즉 미래의 역사 방향을 제시해주는 진보적인 요소들을 선택해 조직하는 유기적 원리로 정의되고 있다. 루카치뿐만 아니라 대부분의 리얼리스트들에게 '전형적'이라는 것은 언제나 기능적인 개념을 가지고 있다. 그 기능은 부르주아 사회와 이데올로기를 비판하여 현실을 변화시키게 하는 자극을 독자들에게 주는 것이다.

루카치에게 전형적인 것은 사회변화를 향해 이미 움직이고 있는 모든

---

13) Georg Lukács, 같은 책, 38쪽.

힘의 집중을 의미한다. 따라서 전형적인 주인공들은 어떤 특수한 시기에 변화의 모든 힘을 자기 속에 집중시키는 인물로서, 사회변화를 가져올 수 있는 결정적인 영향을 주며, 동시에 미래사회가 어떻게 발전되어야 하는가를 보여주는 예언자의 자세를 취한다. 그가 발자크와 톨스토이의 주인공들을 칭찬하는 것은 이러한 이유 때문이다.

리얼리즘 개념을 무작정 확대하는 경향이 있지만, 프랑스의 시인 아라공이 지적한 것처럼, 오늘날 리얼리즘을 논할 때 어려운 점이 있다면 그것은 사회 모순을 극복하여 사회를 변화시키는 데 리얼리즘의 기본정신이 있다는 것을 당연한 사실로 받아들이지 않는 데 있다.[14] 리얼리즘 문학이 현실을 변화시키려는 참여의식이 없다면, 그것의 그 존재가치는 위협당하기 쉽다. 우리는 세계인식에서 리얼리즘이 고전주의·낭만주의와 다른 까닭은 그것이 세계를 일원론적으로 보면서, 다시 말하면 경험적 현실만을 인정하면서 현실의 모순을 현실 안에서 극복하려는 정신임을 말했다. 리얼리즘 문학은 이와 같은 윤리정신을 대신하는 것이다.

이따금 우리는 리얼리즘 문학은 극복될 수 있는가라는 물음에 접하게 된다. 리얼리즘 문학이 극복될 수 있다면 그것은 인식 대상이 되는 사회 자체가 변할 때만 가능하다. 현실세계 자체의 변화가 없는 한 리얼리즘은 극복될 수 없는 것이다. 리얼리즘의 역사적인 사명은, 다른 한편 모더니즘의 극복이라는 차원에서 볼 때도 피할 수 없다는 것이 우리의 주장이다. 이 문제가 이 글의 근본적인 주제가 되기 때문에 모더니즘의 세계인식은 어떠하며 그 문제성이 무엇인가를 자세히 고찰할 필요가 있다.

---

14) Louis Aragon, *La Mise à mort* (Paris: Gallimard, 1965), 403~404쪽.

모더니즘, 그리고 '자의식의 절대성'

여러 가지 형태의 현대문학을 하나로 묶어 모더니즘으로 이야기하는 데에는 어려움이 따르지만 리얼리즘의 세계와는 완전히 다른 의식의 절대성을 강조한다는 점에서는 동일한 특징을 가지고 있다. "외적인 현실은 없다. 끊임없이 그 자체의 창조성으로부터 새로운 세계를 세우고, 수정하고, 다시 세우는 인간의식만이 있을 뿐이다"[15]라는 독일 작가 고트프리트 벤의 진술은 모더니즘의 세계인식이 어떤 것인가를 단적으로 지적하고 있다.

모더니스트들은 외적인 세계에서 자아를 완전히 차단시키며, 외적인 세계는 자신의 아이덴티티를 인정해주는 한 중요하다. 즉 그들은 사물을 의식하는 한 사물의 증인이 되고, 그 사물은 그들의 의식행위의 반사물로 작용하는 한 그들 아이덴티티의 증인이 된다. 물론 모더니즘 문학 전체가 외적인 현실, 즉 사회현실에 무관심한 것은 아니다. 리얼리즘이 부르주아 계급의 승리를 구가하면서 다시 그 계급의 사회구조의 모순과 부조리의 비판으로 지향되었듯이, 모더니즘도 한결같이 부르주아 문학에 대한 반동에서 출발한 것이다.

가령 모더니즘의 대표적인 문학흐름 가운데 하나로 간주되고 있는 표현주의의 이데올로기도 루카치가 예리하게 간파했듯이, 무정부주의 또는 생디칼리슴이었다. 표현주의는 부르주아 사회에 대한 낭만주의적 반항에서 나온 문학흐름이지만 개인주의와 자의식에 절대 가치를 두고 있는 지적인 전체주의에서 탈피하지 못하고 있다.

이와 같은 지적인 전체주의에서 탈피하지 못하고 있다는 점에서 모더

---

15) Irving Howe가 편찬한 *Literary Modernism* (New York, 1967) 중 Irving Howe 의 "The Idea of the Modern", 17쪽에서 재인용.

니즘은 어떤 면으로는 낭만주의의 연장으로 봐도 무리는 아니다. 그러나 모더니스트와 결정적인 차이가 있다면, 낭만주의자는 고전주의적인 기독교 전통에서 떨어져 나왔지만 신과 우주 속에서 초월적인 가치와 의미를 찾고자 하는 바람을 포기하지 않았다. 모더니스트는 이러한 노력의 포기와 함께, 자연과 인간의 마음에서 사라진 신을 보이지 않는 것으로서가 아니라 존재하지 않는 것으로 받아들인다.

신의 부재가 19세기 문학가의 전제라면 20세기 문학의 출발은 신의 죽음이다. 의식의 절대성을 강조하는 모더니스트들에게 '에고'는 모든 것을 의심하며 그 자체 밖의 모든 것을 사고의 대상으로 정의하고 있다. "나는 생각한다. 그러므로 나는 존재한다"는 데카르트 공식을 절대시하는 모더니스트들의 자아에 대한 절대적인 확실성은 "사물은 오직 내가 그것을 생각하기 때문에 나를 위해 존재한다"는 결론에 도달하고 있다.

낭만주의에서는 인간과 자연의 동일성을 통해 주체와 객체의 긴장은 사라지지만 모더니즘은 인간을 자아의식의 주체로서 규정하기 때문에 그 밖의 모든 것은 대상으로 변한다. 이와 같은 방법으로 신은 인간지식의 최고 대상으로 인식되고 있기 때문에 학살된 것이다. 신과 그밖의 초월적인 가치가 의식의 대상이 될 때 인간은 근본적으로 니힐리스트가 된다. 현대문학이 니힐리즘으로 속단되는 것도 이런 관점에서 이해되어야 할 것이다.

따라서 자아의식 밖의 일체의 세계를 부정하는 모더니스트는 자기 밖의 인간과, 인간의 실천 행동의 결과인 문화와 역사를 배격할 수밖에 없다. 20세기 문학의 주인공들의 원조를 도스토옙스키의 『지하생활자의 수기』의 주인공에서 찾고 있는 것도 무리는 아니다.[16] 왜냐하면 이 주인공

---

16) 유고슬라비아의 비평가 M. Mihajhove, *Russian Themes* (New York: Farr, Straus and Giroux, 1968), 264쪽을 볼 것.

은 모더니즘이 의미하는 모든 것을 거의 다 표상하고 있기 때문이다. 문화와 역사, 인간에 대한 적의, 이 모든 것이 도스토옙스키의 주인공을 말해주는 것이라면, 이 적의가 현대문학의 전반적인 주제로서 등장하고 있기 때문이다. 전위문학의 많은 작품에서 주인공들은 다른 사람을 희생시킴으로써 자신들의 의식세계의 자유를 얻고 있다. 말하자면 다른 사람들을 부정·희생시킴으로써 얻는 자유의 절대성이 모더니즘의 주인공들의 존재이유가 되고 있다. 헤겔의 의식론, 특히 자의식(Selbstbewußtsein)의 발전론은 깊은 의미를 던져주는 것 같다.

자의식의 첫 단계에는 자아가 순수욕망으로 나타나며, 이 자아는 욕망의 충족에 의해서 자아의 자율성을 확인한다. 이 단계에는 세계가 오직 충족의 근원으로, 오직 순수욕망의 자아를 위해 존재한다. 자아는 모든 대상을 '부정'함으로써, 즉 모든 대상을 자아를 위한, 자아의 욕망충족을 위한 대상으로 다룸으로써 그 자체를 입증하려고 한다. 모더니즘이 이와 같은 자의식의 절대성에 의해서 출발했다는 것을 말한 바 있지만, 헤겔은 그 욕망의 완전한 충족이 실패와 절망으로 끝난다고 이야기해준다.

세계를 거부함으로써, 세계를 오직 자아 욕망의 충족대상으로 취급함으로써 자율성을 찾고자 하는 자는, 자신이 자율적이고 독립된 존재가 아니라는 것을 깨닫게 된다. 자신은 자기가 아닌, 자기 조건을 결정해주는 다른 대상의 실재에 종속하고 있다는 것을, 즉 그의 의식의 형식은 종속관계임을 알게 되는 것이다. 따라서 자의식으로서의 자아는 순수자유와 자율성을 성취하기 위해 또 다른 자아에 의해서 인식될 필요가 있는 것이다. 이와 같은 단계에 온 자의식은 사회의식 또는 우리의 의식이라는 형식을 취해야 하지만, 궁극적으로 부정적인 결과를 낳는다.

왜냐하면 다른 자아의 존재는 자의식의 전제조건이지만 다른 자아와 대면한 자아의 반응은 그 대면에서 그 자체의 존재를 주장하려고 하기 때문이다. 자의식으로서 자아는 그 자체를 확인하기 위해 다른 자아를 부정하고 파괴하려는 것이다. 헤겔은 이와 같은 회의적인 의식을 철학의 인식론적 태도에 한정되어 있는 것으로 생각하지 않고, 모든 경험에 파급되고 있는 삶의 방식 또는 삶의 근본적인 태도로서 보고 있다.

헤겔의 『정신현상학』 서문과 본문 대부분은 낭만주의와 니힐리즘 양쪽 모두에 대한 공격이라고 할 수 있다. 참여와 책임에 대한 철저한 부정으로 피할 수 없이 나아가고 있는 낭만주의적 이상주의를 고발하고 있다. 오늘날 현대문학의 특징이 되고 있는 지하실 인간들—다른 사람들의 존재와 가치를 부정함으로써 자유의 절대성을 구가하는 주인공들—의 행동은 헤겔이 정죄하고 있는 낭만주의적 이상주의의 부산물이다.

헤겔에서 니체, 프로이트에 이르기까지 여러 사상가에 의해서 논의되어 온 인간의 성격은 본질적으로 파괴적인 것임을 알 수 있다. 프로이트의 『문명과 불만』은 개인과 집단의식 내면에는 언제나 자신의 아이덴티티를 주장하기 위해 서로를 파괴하고자 하는 죽음의 열망이 있다는 것을 말해 주고 있다. 전쟁도 인간 상호관계에서 이런 자의식의 절대성을 확인하고자 하는 피할 수 없는 충동의 결과로 볼 수 있다. 프로이트가 말하는 리비도는 과도한 자기 도취 이상의 어두운 파괴적인 면을 가지고 있는 것이다. 오늘날 전위문학의 중요한 모티프 가운데 하나로 부각되고 있는 여러 가지 형식의 폭력은 자아의 아이덴티티를 위해 모든 것을 파괴하려는 사디스트적인 충동의 결과라고 정의할 수가 있다.

헤겔에 따르면 자의식의 전제조건으로 다른 자아를 인정하지만 그 자체를 확인하기 위해 다른 자아를 부정하려는 회의적인 자의식은 자아모순 속에 있다. 긍정과 부정의 의식이 동일한 태도 가운데 공존하고 있기 때문이다. 모순적인 조건을 의식하게 되는 과정에 이르게 될 때, 이 철학자가 일컫고 있는 '불행한 의식'이 일어난다. '불행한 의식'에 이르기까지 자의식의 모든 단계는 자아에 의해서 그 자체를 성취하고 그 자체의 자율성을 확인하기 위한 시도였지만, 이와 같이 변증법을 경험하고 있는 자아는 그 자체의 내적인 분열과 실패를 의식한다. 자의식의 모든 단계가 이 '불행한 의식' 속에 다시 반복되고 있지만, 중요한 차이를 가진 채 되풀이된다. '불행한 의식' 또는 이러한 형식의 의식을 경험하고 있는 개인은 그 자신 자체가 하나의 소외된 영혼임을 의식하는 것이다.

헤겔에게 소외는 단순히 의식의 이중적인 분열을 의미하지 않는다. 그것은 하나의 의식, 말하자면 분열되지 않은 하나의 의식이 두 대립적·모순적인 '자아'를 내포하는 것을 의미한다. 이 두 대립적·모순적 자아가 본질적으로 소외된 영혼인 것이다. 헤겔은 이 자아가 이성의 중재를 통해 조화·통합된다는 낙관주의적 이상주의에 빠지고 있지만, 우리는 이 문제를 더 이상 논의할 생각이 없다. 중요한 것은 자의식의 절대성을 강조하는 모더니즘 문학이 헤겔이 이야기하는 자의식 발전 단계를 차근차근 밟고 있다는 것이다.

리얼리즘의 기본정신

세계를 오직 자아의 욕구충족의 근원으로 다루는 자의식의 절대성에서 출발하고 있는 모더니즘은 그 자체를 확인하고자 그 자체 이외의 모든 것을 부정하고 파괴하는 자아의 전체주의로 나아가면서, 마침내 두 대립적·모순적 자아가 공존하는 '불행한 의식'을 보여주고 있다. 모더니즘의 문학이 보여주고 있는 두 자아는 헤겔의 이성에 의해서 통합되는 자아가 아니다. 두 대립된 모순 속에서 방향을 잃고 있는 '정신분열자'의 자세를 취하고 있다.

정신분열증의 현상학에 관한 한 책에서 랭은 연인들 사이에서 공원을 걷고 있는 한 젊은 정신분열자의 체험에 대해서 이야기하고 있다. 그 청년은 그때 전 세계와 일체가 되는 순간을 느끼지만, 이 일체감은 자아의 아이덴티티를 희생시킬 수 있다는 이상한 공포 속에 젖어들었다고 이야기하고 있다.[17] 절대적 고립과 절대적 일체 가운데 어느 한쪽에 몰입할 수 없는 상태가 정신분열증의 공통적인 현상이라면, 현대인간이 '불행한 의식'의 전형으로 표현되는 것도 무리는 아니다. 모더니즘은 의식의 두 대립된 자아 속에서 방향을 잃고 있는 현대인간의 절망이 어떻게 나타나는가를 보여주고 있다. 그것은 전위문학의 중요한 철학적 입장인 '죽음으로 향하는 절망'이다.

우리는 모든 고급문명은 자아파멸로 향하는 내파적(內破的)인 긴장과 충동을 발전시킬 것인가 하는 물음을 가질 수 있다.[18] 이 물음이 왜 중요한가는, 대립되고 모순된 두 자아를 가진 현대인간의 의식은 장차 자멸적인 행동을 취할 수밖에 없는가 하는 물음과 관련되기 때문이다. 자의식 속에서 절대적인 가치를 찾다가 마침내 두 모순된 자아를 가진 현대인간이 구할 행동은 자아 해방의 형식인 자살이 아니겠는가. 전위문학의 중요한 철학적 입장인 '죽음으로 향하는 절망'은 이런 관점에서 폭넓게 이해되어야 한다.

리얼리즘이 무엇인가. 우리는 이 글의 첫머리에서 하나의 확정적인 대답이 나올 수 없는 이 물음에 어떤 개념적인 정의를 내리는 것보다, 왜 리얼리즘이 우리시대에 문제시되어야 하는가에 대한 물음이 더 본질적인 것 같다고 말했다. 지금까지 말한 절망적인 인간상이 미래인간 전체의 실상이 될 수 있을까 하는 의문도 따를 수 있을 것이다. 다양한 지적 오만으로 점철되어온 현대문명이 더욱 고도화되면 될수록 두 개의 모순된 자아가 인간 의식을 지배하게 되어, 이 모순을 극복할 수 없는 갈등에 찢겨진 자아는 자아 파괴라는 자살 형식을 취할 수도 있다는 것이 우리의 잠정적·비관적인 인간관이다.

---

17) R.D. Laing, *The Divided Self* (New York: Pantheon Books, 1969), 73쪽.
18) George Steiner, *In Bluebeard's Castle: Some Notes toward the Redefinition of Culture* (New Haven: Yale UP, 1971), 23쪽.

각 개인이 세계를 지각하는 방식은 그의 근본적인 이해와 그의 개인적인 경험, 어느 경우에는 무의식적인 심리구조와 메커니즘의 기능에 따라서 좌우될 수 있다. 지각의 과정에서 각 개인은 그가 경험하는 많은 자극 가운데 그 일부를 강조하고, 다른 부분은 일종의 방어 메커니즘의 형식으로 배제함으로써 지각의 장을 조직하는 것이다. 지각의 장을 조직하는 과정은 그의 개인 체험뿐만 아니라 그 개인이 속한 사회적·문화적 배경에 의해서 영향받고 있다는 것은 잘 알려진 사실이다.

우리가 리얼리즘 문학을 논할 때 한 민족·한 국가가 당면한 본질적인 현실문제를 고려하여 리얼리즘 문학의 역사적인 사명을 주장할 수 있다. 하지만 또 한편 한 민족 한 국가를 초월하는 전체 인간의 문제로서 리얼리즘 문학의 역사적인 사명도 주장할 수 있는 것이다. 우리의 초점을 이 후자에 국한시켜 말하고 있지만, 자아 파괴라는 극단적인 형식이 미래인간 전체의 운명이 될 수 없다고 단호히 주장하는 사람도 많을 것이다. 왜냐하면 그렇게 된다면 인간의 패배라는 충격적인 사실밖에 아무것도 남는 것이 없기 때문이다.

중요한 것은 이와 같은 비관적인 인간관이 문제가 아니라 모더니즘 문학이 인간의 조건을 '죽음으로 향하는 절망'으로 규정할 만큼 현대사회 자체가 문제를 안고 있다는 것이다. 자기 밖의 모든 것을 부정하고 자아의 절대성과 자율성을 유지하기 위해 죽음에서 최종적인 해방을 찾고 있는 현대인의 절망을 말하게끔 인간 자체가 문제를 안고 있다는 것이다. 이와 같은 상황에 이르기까지 자아 밖의 모든 대상을 자아의 욕망충족의 대상으로 취급하고, 자아를 확인하기 위해 다른 자아를 부정하고 파괴하는 현대인간의 극단적인 이기주의가 문제인 것이다. 이 이기주의는 여러 가지 형태의 이름으로 우리 사회에 만연하고 있다. 이 이기주의를 극복하는 것이 리얼리즘의 윤리정신이다.

현실 앞에서 자아를 부정한다는 것은 대상을 지배하려는 의지를 포기한다는 것을 의미하며, 이것은 현대인간이 수행할 행동 중에 가장 어려운 것 가운데 하나다. 자기 밖의 다른 존재를 인정할 수 있는 공존의식을 추구하지 않고, 자기 밖의 모든 것을 희생시키면서 자아의 절대성을 확인하려는 한, 인간의 미래는 절망적이다. 이 공존의식을 자아의 모순적인 이중구조로 인식하지 않기 위해 자아의식의 전제조건이 되는 현실을 인정하는 동시에 자아의 내면적인 의식 혁명이 필요하다. 이 의식 혁명은 헤겔이 뜻하고 있는 것과 똑같은 의미의 '이성'은 아니라 할지라도, 자아의식의 전제조건이 되어왔던 현실을 파괴할 수는 있다. 하지만 그 현실을 부정할 수는 없다는 논리적인 사유에 의해서 인도되어야 한다.

현실을 모순과 적의의 대상으로 거부한 자아가 다시 그 현실로 돌아올 때, 현실의 본질은 모순이라는 것을 다시 깨달을 수밖에 없다. 그러나 모순의 실체인 현실 이외에 돌아갈 또 다른 세계란 없다. 현실의 본질이 모순인 한, 고전주의의 세계관인, 이상적인 것이 현실적이고 현실적인 것이 이상적인 세계는 존재하지 않으며, 낭만주의자들이 추구한 초월적인 가치의 세계도 경험적인 실체가 아닌 환상에 지나지 않는다. 하나의 실상으로 존재하고 있는 것은 경험적인 현실뿐이다.

리얼리즘의 세계인식의 기초가 되는 것은 모순의 세계다. 이 모순의 극복은, 자아 밖의 다른 사람들을 부정하고 희생시키면서 자아를 확인하고자 하는 자세에서 벗어나 현실과 자기 이외에 다른 사람들의 문제를 자기 문제로 인식할 때에야 가능하다. 현실의 모순을 극복해 이 현실에서 새로운 세계를 창조하고자 하는 것이 리얼리즘의 기본정신이라면, 리얼리즘의 기본정신에 의해서 모더니즘의 절망적인 인간상은 극복될 수 있는 것이다. 리얼리즘 문학의 역사적 사명은 이러한 차원에서도 깊이 고려되어야 할 것이다.

한 무정부주의자의 정치윤리
카뮈의 『정의의 사람들』을 중심으로

카뮈와 무정부주의자들

알베르 카뮈(1913~60)가 극작품 『정의의 사람들』을 발표했을 때 그는 20세기 문학의 비극적인 조건에 필적할 인간조건이 어떤 것인가를 의식하고 있었다.

반항을 부르짖지만 반항의 한계를 알고 있으며, 자유를 부르짖지만 운명에 종속되고 있는 오늘날의 인간, 이 모순적이고 갈등에 찢긴, 그럼에도 인간과 인간역사의 애매성을 의식하고 있는 인간, 이 인간이 특히 비극적인 인간이다.[1]

『정의의 사람들』은 카뮈가 '1905년 러시아 무정부주의자들'을 지휘했던 보리스 사빈코프의 『한 테러리스트의 회고록』에 나타나 있는 역사적인 사건과 인물들에서 직접 소재를 구해 극화한 작품이다. 이 회고록에

• 1977
1) Albert Camus, *Théâtre, Récits, Nouvelles* (Paris: Gallimard, 1962), 1707쪽.

따르면 청년학생 카리아예프는 니콜라이 2세의 숙부인 태공(太公) 알렉산드로비치가 궁정에서 극장으로 마차를 타고 갈 때 폭탄을 던져 암살할 임무를 떠맡았다. 그러나 카리아예프는 이 태공이 어린 조카와 조카딸을 동반하고 있는 것을 보았을 때 그 어린아이들 때문에 폭탄을 던지지 못했다. 이 사건은 동지들간에 다소 논쟁과 갈등을 가져왔지만, 그 후 그 젊은 테러리스트가 다시 태공을 죽인 후 처형되는 것으로 끝맺고 있다.

카뮈는 그의 『반항적인 인간』에서 "델리케이트한 살인자들"이라고 일컬었던 이 1905년 러시아 무정부주의자들로부터 깊은 인상을 받았다. 그는 이 무정부주의자들을 초창기 공산주의자를 대표하는 인물로서가 아니라 러시아 전(全) 테러리스트 가운데 "가장 특수한 인물들", 다시 말하자면 "반항의 가장 순수한 이미지"[2]를 표상하는 최후의 혁명가들로서 특징짓고 있다. 그들은 정부의 독재와 착취를 끝장내기 위해서는 폭력행위가 피할 수 없다는 것을 인정했지만 폭력 그 자체를 정당화하지 못했다. 바꾸어 말하자면 혁명을 위해서 폭력은 불가피하지만 폭력 자체가 정당화되어서는 안 된다는 이율배반적인 역설에 그들은 고민했던 것이다.

이 딜레마에서 빠져나오기 위해 어떻게 했을까. 제임스 조이스의 스티븐 디더러스가 부르짖었던 역사, 우리가 그 속에서 깨어나야 할 하나의 악몽인 역사에다 그들 또한 호소했을까. 역사에 호소한다는 것은 그들이 대처하고 해결해야 할 이 실제적인 긴장을 정면으로 외면하는 일종의 회피행위였다. 따라서 이 무정부주의자들은 혁명을 위해서 살인의 불가피성을 받아들였지만, 그 살인의 대가로 반드시 그들 자신의 목숨을 희생시킨다는 원칙에서 그 모순을 해결하고자 했다.

카뮈는 그의 『반항적인 인간』에서 정부에 대해 무자비한 테러의 불가피성을 주장했던 다른 무정부주의자, 이를테면 바쿠닌과 네차예프를 신

---

[2] Albert Camus, *L'homme révolté* (Paris: Gallimard, 1951), 209쪽.

랄하게 비난하고 있는 반면, 카리아예프와 그의 동지들은 비록 사상을 위해 살인하지만 "그들은 어떠한 사상도 인간의 생명보다 더 귀중하게 여기지 않았다"[3]고 칭찬하고 있다. 왜냐하면 후자는 개인적이든 집단적이든 간에 폭력행위를 증오하고 자신들의 목숨을 바치는 전제 아래 다른 사람들을 죽이는 것을 받아들였을 때, 네차예프와 같은 혁명가는 살인을 권력에 이르게 하는 유일한 방편으로 이용했기 때문이다. 카리아예프와 그와 뜻을 함께한 1905년 러시아 무정부주의자들은 교조주의적인 만족을 정당화하는 어떠한 것도 허용해서는 안 된다는 정치적인 윤리를 몸소 보여 주었던 것이다.

카뮈의 비극적인 비전은 적어도 『정의의 사람들』이 관련되는 한, 전체주의, 특히 가장 비인간적인 무정부주의자들이 표방했던 극단주의의 역사적인 산물인 스탈린주의에 저항하는 그의 정치 윤리와 연관되고 있는 것이다.

이 프랑스 작가는 "파괴의 열망이 곧 창조"[4]라고 믿었던 바쿠닌이나, 철저한 파괴 가운데 혁명의 본질을 찾았던 네차예프와 같은 무정부주의자의 정치철학을 결코 용납할 수가 없었다. 이 극작품에서 카뮈의 분명한 의도는 그 1905년의 러시아 무정부주의자들, 특히 카리아예프가 보여준 반항 윤리와 행동 철학을 통해서 계급 없는 사회를 추구하는 데 행동의 모든 도덕적 한계를 무시한 1950년의 스탈린주의자들과 그 후 이데올로기 자체의 맹목적인 희생이 되어오고 있는 이 순간의 '우리'를 위해 하나의 정치적인 교훈을 주고자 하는 데 있는 것이다.

---

3) 같은 책, 206쪽.
4) Albert Camus, *Carnets, janvier 1949~mars 1951* (Paris: A. Sauret, 1964), 226쪽에서 재인용.

반항의 윤리

카뮈는 인간의 행동 가운데 어떤 한계가 있어야 하고, 파괴 가운데서도 질서를 추구해야 하며, 남을 죽이는 자는 그 대가로 자신의 생명을 바쳐야 한다는 혁명의 새로운 '에토스'를 『정의의 사람들』에서 강조하고 있다. 이와 같은 윤리는 전적으로는 아니라 할지라도 다분히 도덕적인 질서에 강한 열의가 있었던 프루동의 무정부주의 정신을 따르고 있는 것이다.[5]

막이 오르면 감옥에서 갓 나온 스테판이 보인다. 그곳에서 맛본 쓴 경험으로 그는 러시아 귀족계급의 지배에 한층 증오를 느끼며 모든 수단을 다해 그 통치체제를 타파하고자 하는 열정으로 불타고 있다. 스테판은 이 작품에서 카리아예프의 반항의 윤리에 배치되는 전체주의 사상을 대변하고 있는 자로서 부각된다. 왜냐하면 삶에 대한 사랑에서 혁명의 가치를 찾는다는 카리아예프의 말에 그는 "나는 삶을 사랑하는 것이 아니라 그 삶보다 더 고귀한 정의를 사랑한다"[6]고 말하기 때문이다. 우리는 삶에 대한 사랑이 사라질 때 어떠한 의미도 우리를 위안시켜주지 못하리라고 카뮈가 말했던 것을 기억한다. 이 작가는 구체적인 것이 아니라 스테판이 말하는 '정의'와 같은 추상적인 관념을 이 작품에서도 분명히 불신하고 있다.

"이데올로기의 종말"[7]이라는 말을 일찍이 주조(鑄造)했던 그는 이데올

---

5) P.H. Simon은 그의 저서 *Présence de Camus* (Bruxelles: Renaissance du livre, 1961), 98쪽에서 이 극작품이 무정부주의자들인 프루동과 바쿠닌의 사상을 따르고 있다고 말한다. 이 비평가가 다른 학자들과 달리 이 작품을 그 무정부주의자들의 사상과 연관시키고 있다는 것은 특기할 만한 사실이지만 그것이 바쿠닌의 전통까지도 따른다고 주장하는 것은 옳지 못한 것 같다. 왜냐하면 바쿠닌의 혁명의 윤리는 행동의 한계 및 절제의식에 뿌리박고 있는 카뮈의 윤리와 배치되기 때문이다.

6) Albert Camus, *Les Justes* (Paris: Gallimard, 1950), 36쪽.

7) Albert Camus, *Actuelles, chroniques 1944~1948* (Paris, 1950), 154쪽.

로기와 추상적인 관념은 동일한 것이며 그 이름으로 인간들은 개인적이든 집단적이든 간에 서로를 죽음으로 몰아넣었기 때문에 위험한 것으로 간주했다.[8]

카뮈 자신이 그의 작품들은 일련의 주제에 따라 전개되어왔다고 말한 바처럼 초기에는 시쉬포스의 주제인 부조리, 그다음은 프로메테우스의 주제인 반항, 그 후 네메시스의 주제인 한계(중용), 마지막으로 카뮈의 갑작스러운 요절 때문에 뚜렷하게 나타나고 있는 것처럼 보이지 않지만, 『적지와 왕국』의 단편소설들에서 시사되고 있는 사랑의 주제다.

그러나 무엇보다도 초기의 작품에서 그의 마지막 작품에 이르기까지 카뮈의 모든 윤리적 사상의 기초가 되는 것은 삶에 대한 끈질긴 사랑이다. 진부하게 들릴지 모르지만 사르트르가 절대적인 자유와 한편 선택에 대한 절대적인 책임을 인간조건의 본질로 보았을 때, 카뮈는 삶에 대한 절대적인 사랑과 이 절대적인 사랑을 낳게 하는 반항에 본질을 두었다. 따라서 카뮈는 이와 같은 인간조건의 본질에 충실하고자 할 때 우리에게는 반드시 지켜야 할 행동의 도덕적인 한계가 있어야 한다는 원칙을 무엇보다도 전제로 하고 있다. 이것은 극이 진행됨에 따라 한층 뚜렷해진다.

카리아예프는 태공의 마차가 극장으로 향할 때 폭탄을 던져 그를 암살할 책임을 떠맡았지만 마차 속에 두 어린아이가 태공과 함께 있는 것을 보았을 때 그렇게 할 수가 없었다.[9] 이와 같은 사건은 그와 스테판 사이에 심한 갈등을 불러일으킨다. 스테판이 "우리가 어린아이들에 대해 센티멘털한 생각을 버리기로 결심할 그때 우리는 이 세상의 주인이 되며, 혁

---

8) 같은 책, 142~143쪽.
9) 역사적으로 카리아예프의 그와 같은 행위는 그의 동지들에 의해서 인정되었다. "만장일치로 그 테러리스트들은 그들이 그 어린아이들을 죽일 권리를 갖지 못하고 있다고 결정했다"(Albert Camus, 앞의 책, *Théâtre, Récits, Nouvelles*, 1822쪽).

명은 승리할 것이다"[10]라고 말할 때, 한 여성 테러리스트인 도라는 카리아예프를 변호하는 입장에서 파괴 속에도 질서는 있어야 하며, 범할 수 없는 한계가 있어야 한다고 주장한다.

카뮈는 여기서 "무정부상태는 질서의 어머니"[11]라는 프루동의 사상을 따르고 있다. A. 보스가 지적한 대로 파괴의 무정부상태는 정의와 이성의 무정부상태가 아니다.[12] 무정부주의가 추구하는 도덕적인 이상은 자신과 다른 사람의 자유와 생명에 대한 존중이며, 혁명을 뒷받침하는 것이 있다면 '나와 너'라는 상대적인 관계에서가 아니라 '우리'라는 공동의식 가운데 '우리'의 자유와 생명을 다같이 아끼는 정신이다. 이것이 프루동의 윤리이다. 도라의 말에 스테판은 격렬하게 반대한다.

> 한계란 있을 수 없소. 사실은 당신들이 혁명을 믿지 않고 있다는 것이오…… 당신들이 온 정성 온 마음으로 혁명을 믿는다면, 또 우리들의 희생과 승리에 의해서 어느 날 압제에서 해방된 새로운 러시아, 마침내 온 세계로 파급될 자유의 땅을 우리가 건설할 것이라는 것을 당신들이 확신한다면…… 어떻게 두 어린아이의 죽음이 그렇게 중요시될 수가 있겠소?[13]

여기서 스테판은 "파괴행위는 그 자체로서 충분하다"[14]고 역설했던 바쿠닌과 혁명을 파괴 그 자체와 동일시했던 네차예프를 비롯한 초기 무정부주의자들의 원형인 것처럼 부각되고 있다. 동시에 이 혁명가는 다른 사

---

10) Albert Camus, 앞의 책, *Les Justes*, 66쪽.
11) P. J. Proudhon, *Solution du Problème social* (Paris: Guillaumin, 1848), 119쪽.
12) A. Bose, *A History of Anarchism* (Calcutta: World Press, 1967), 104쪽.
13) Albert Camus, 앞의 책, *Les Justes*, 74쪽.
14) James Joll, *The Anarchists* (London: Eyre and Spottiswoode, 1964), 87쪽.

람들을 제거함으로써 권력을 잡았지만 정의를 부정했던, 즉 그것을 보편화시키지 못했던 스탈린주의자들의 정신을 예시하고 있다.

어떤 의미에서 스테판은 옳다. 혁명의 절대적인 당위성을 믿는 그에게는 어떤 한계도 있을 수 없다. 혁명에 의해 독재정치가 사라지고 마침내 전 세계에 자유가 찾아오리라고 확신하는 자에게 두 어린아이의 죽음은 결코 중요한 것이 아니다. 수천만 명의 피착취계급의 미래의 구원을 고려할 때 두 아이의 생명이란 전혀 문제되지 않는다.

스테판은 현재가 아니라 미래를 위해서, "사상의 추상적인 보편성"[15]을 위해서 투쟁하고 있다. 따라서 그는 미래의 완전한 행복과 절대적인 정의를 위해서라면 현재 살고 있는 인간의 삶과 행복을 기꺼이 희생시키고자 하는 것이다. 이런 점에서 스테판은 모든 일상적인 가치를 배제하고 파괴로 향하는 열망을 충족시켜주기 위해 전체주의를 정당화시켜주는 지적 허무주의를 대변하고 있다.

니체가 미치기 몇 해 전 그의 모든 사상이 요약될 위대한 책을 준비하고 있었다. 이 철학자는 그 미완성된 책에서 앞으로 올 두 세기의 역사는 '니힐리즘의 승리의 역사'가 될 것이라고 예언했다. 예언이란 인간역사를 취급하는 데 항상 불확실하고 정신적인 모험 가운데 하나다. 우리는 아직 니체가 그렸던 그 두 세기의 중간 문턱까지밖에 오지 못했으나 니힐리즘은 현재로서는 활개를 치지 못하고 있다. 우리 주위에는 여전히 카뮈의 류, 윌리엄 포크너의 바이런 번치, 솔 벨로의 주인공들처럼 고지식하면서도 불굴의 용기와 인내를 갖고 어려운 현실을 헤쳐나가는 일상적인 인간들이 있기 때문이다.

그러나 니체의 예언이 결코 거짓이라고 단정될 수 없는 것은, 20세기의 역사가 니힐리즘 승리의 역사는 아니라 할지라도 니힐리즘과 대면의 역

---

15) P.H. Simon, 앞의 책, 101쪽.

사로서 기록될 수 있다는 사실 때문이다. 우리는 어떤 이데올로기냐에 상관없이 교조주의자들이 행사하는 끊임없는 착취와 탄압, 테러와 조직화된 살인과 대면해오고 있다. 이와 같은 상황은 부인하지 못할 정치적인 허무주의 현상 가운데 하나지만, 이제 니힐리즘은 니체가 구체적으로 예견할 수 없었던 정도로 다양한 가면을 쓰고 나타난다. 인간 존재가 자기 기만을 할 수 있는 방법에는 어떤 한계가 없다는 부정적인 측면에서의 니힐리즘을 두고 하는 말이다.

우리는 스테판이 전체주의를 정당화시키고 있는 지적인 허무주의를 대변한다고 지적했다. 스테판 같은 교조주의자나 마르크시스트에게 역사의 발전적인 경향은, 게오르그 루카치가 간파했듯이 단순한 경험의 사실보다 더 고차원적인 현실의 특성을 띠고 있음을 볼 수 있다. 불행하게도 '역사'는 지난 제1차 세계대전 때 민족주의라는 추상적인 이데올로기 때문에 많은 사람이 죽음을 당했던 것과 같이, 역사라는 이름으로 숱한 사람들이 죽음을 당할지 모르는 하나의 추상적인 관념이 될 수 있다는 것이다. 스테판은 역사의 변증법, 다른 말로 하자면 또 하나의 '역사주의'의 희생이 되고 있다. 역사의 절대적인 목적이 계급 없는 사회이든 그밖의 다른 무엇이든 간에, 그것을 성취하기 위해서 필요하다면 일상적인 삶의 모든 가치를 희생시키고자 하는 마르크시즘와 그와 유사한 이데올로기에 카뮈는 냉정했다.

그와는 달리 사르트르는 역사를 공간화했다. 이 철학가에게 역사는 우리로 하여금 스스로 '자유로운 인간'으로 실현케 할 수 있도록 기회를 제공해주는 현장이다. 따라서 사르트르는 카뮈가 거부했던 역사의 결정론을 받아들이면서 역사에 적의적인 그를 통박했다. 만약 역사 내에 부조리한 것이 나타난다고 카뮈가 생각하면 그것은 그가 역사 밖에 자신을 두고, 정의가 없는 세계를 내용 없는 정의에 비교하기 때문이라는 것이다. 우리는 여기서 카뮈의 역사관의 옳고 그릇됨을 말하고자 하는 게 아니다.

요컨대 카뮈는 역사적인 사건에 예정된 방향이란 없었으며, 수단을 정당화시키기 위한 미리 정해진 목적도 없었다는 것이다. 이 극작품에 등장하는 카리아예프는 스테판과 달리 다음과 같이 말하고 있다.

> 내가 사랑하는 자들은 지금 이 땅 위에 나와 같이 살고 있는 자들이오. ……내가 죽기를 무릅쓰고 싸우는 것도 그들 때문이오. 나는 살아 있지 않는 정의를 위해서 나의 주위에 있는 모든 것을 살아 있는 불의에 가담케 하는 것을 거부하오. ……어린아이들을 죽이는 것은 명예롭지 못하오. 만약 언제든지 내가 살아 생전에 혁명이 명예를 저버린다면 나는 혁명에서 단연코 손을 뗄 것이오.[16]

카리아예프는 미래에 존재할지 알 수 없는 절대적인 정의보다 현재에 이루어질 수 있는 직접적·한정적인 정의를 옹호한다.

카뮈는 분명히 행동 윤리에 반대되는 존재 윤리를 내세우며, 이 점에서 그는 사르트르 식의 실존주의 및 마르크시즘과 결별하고 있다. 혁명은 단지 그 목적 때문에 온갖 수단을 강구해서는 안 된다. 개인의 존엄과 행동의 한계를 강조하는 반항에 기원을 두고 있는 혁명이 카뮈에게는 절대적인 자유, 말하자면 모든 억압과 구속에서 완전한 해방을 부르짖는 것을 의미하지는 않는다. 절대적인 자유와 절대적인 정의는 양립하기 어렵기 때문이다. 오히려 혁명은 고통과 불의에 대한 저항으로, 그것의 일차적인 관심은 폭력으로부터 개인의 근본권리를 보호하는 데 있다.

그러므로 카뮈는 혁명이라는 추상적인 이념 때문에 죄 없는 자들의 죽음을 전혀 유의하지 않는 스테판과 같은 교조주의자들이 내세우는 정의를 결코 용납할 수가 없다. 카뮈에게 혁명은 미래의 사회정의 때문에 현

---

16) Albert Camus, 앞의 책, *Les Justes*, 77~78쪽.

재 인간의 삶의 본질을 무시하는 어떠한 행동도 포함할 수 없는 것이다. 카뮈는 어떤 예외적인 경우에는 폭력을 사용하는 것이 하나의 무기가 될 수가 있음을 부정하지 않았다. 하지만 그는 언제나 그것이 하나의 정책이 되는 것에는 반대했다. 이것이 『정의의 사람들』의 젊은 무정부주의자 카리아예프의 정치윤리 바로 그것이다.

'고차원적인 자살'

이 극의 3막과 나머지는 카리아예프가 다시 그 태공을 암살하는 데 성공하는 것과 그의 체포·처형을 취급하고 있는데, 극이 진행됨에 따라 감옥에 있는 카리아예프는 몇 가지 유혹과 마주치게 된다. 그 유혹들은 처형을 면케 하는 대가로 그의 동지들을 배반한다든가, 그의 잘못을 회개하여 기독교적인 인간으로 변모되기를 바라는 그 태공의 미망인에 의해서 설복당한다든가, 자신이 행한 살인에서 오는 정신적인 고통과 절망 등이다. 그는 동지들을 배신한다든가, 참회와 은총의 세계에 들어가 기독교적인 인간이 된다든가 하는 유혹은 극복한다. 그의 반항의 이상이 기독교적인 윤리와는 타협될 수 없다.

카뮈에 따르면 인간의 삶은 두 세계 가운데 어느 하나에 속한다. 그중의 하나는 이 작가가 명명했던 '신성'(le sacre)의 세계요, 다른 하나는 '반항'의 세계다. 반항의 개념은 신성의 세계로 일컬어지는 종교 신념에 기초를 둔 사회에서 우리가 살아갈지 말지를 결정할 때 생긴다. 반항의 개념이나 반항의 문제는 결코 신성의 세계에 존재하지 않는다. 왜냐하면 이 세계에서는 참된 의문이 제기될 수가 없으며 참된 의문이 시작되는 곳에서 반항의 세계가 시작되기 때문이다. 말하자면 반항은 신성의 세계에서 결코 가능할 수가 없는 의문, 모든 원리와 도그마에 대한 의문을 의미하며 신성의 세계의 존재이유를 부정한다.

따라서 카리아예프는 쉽게 종교적인 유혹을 극복하지만, 그가 행한 살인이 정의를 위해서 피할 수가 없었다 할지라도 그것을 정당화시킬 수 없기 때문에, 그는 자기절망의 유혹에 고민한다. 자신은 그 죄 없는 아내, 그 태공의 미망인의 개인적인 행복을 빼앗을 권리를 갖고 있는가. 자기혐오의 소용돌이 속에서 카리아예프는 자기가 저질렀던 살인을 정당화시키는 방편으로 자신의 생명을 바치고 싶어지는 유혹에 빠진다. 이 경우에 유혹은 자신의 목숨을 바침으로써 그의 삶을 속죄하기를 원하는 특별한 종류의 "고차원적인 자살"이다. 이리하여 카뮈는 그 주인공의 태도를 통해서 정치적인 살인에 대한 새로운 윤리를 보여주고 있다.

『페스트』에서 카뮈는 타루를 통해서 어떠한 이유든 간에 다른 사람을 죽이는 권리를 무조건 부정했지만, 이 작품에서 그는 그 문제에 다른 대답을 주고 있다. 카뮈가 제시하는 해결은 살인자는 그가 빼앗은 생명의 대가로 자신의 생명을 바쳐야 한다는 것이다.

하나의 생명은 또 하나의 생명에 의해서 보상되어야 한다는 사상은 사빈코프의 『회고록』에서 카뮈가 직접 끌어내어 온 것이 아니라, 카뮈 자신의 것이라고 주장하는 비평가도 있다. 그러나 그 사빈코프의 『회고록』 발췌 부분에 따르면 카리아예프의 동지인 도라의 마음속에는 자살에 대한 갈망이 떠나지 않았다. 도라는 일반적으로 혁명에는 반드시 폭력행위가 수반될 수밖에 없다는 것을 인정했다. 하지만 그것의 정당성을 받아들일 수가 없었다. 이와 같은 도덕적인 위기에서 이 여성 테러리스트는 죽음을 삶의 고뇌와 갈등에서 벗어날 수 있는 해방으로 보았다.[17] 이와 같은 역사적인 태도는 이 극작품에서 카리아예프의 죽음에 대해서 알았을 때 "자기 모순으로 사는 것보다 모순에 의해서 죽는 것이 아주 쉬운 일"[18]이

---

17) Albert Camus, 앞의 책, *Théâtre, Récits, Nouvelles*, 1839쪽.
18) Albert Camus, 앞의 책, *Les Justes*, 169쪽.

라고 도라가 내뱉는 말 가운데도 잘 반영되고 있다. 따라서 카뮈는 도라의 마음속에 자리 잡고 있었던 죽음에 대한 열망을 이 극작품에서 카리아예프에게로 옮겨 그것을 극화하고 있음이 틀림없는 것 같다.

정치적인 살인의 문제에 대한 카뮈의 그와 같은 해결은 실제적인 것이 못 된다고 공격받고 있다. 만일 어떤 이데올로기의 혁명가들이 카리아예프의 정치윤리를 추종한다면, 독재와 착취에 항거하는 그들의 정치조직이 성공하기를 바라지는 못할 것이다. 하나의 생명은 또 하나의 생명에 의해서 보상되어야 한다는 정치윤리를 고집하는 한 혁명이 어떻게 효과적인 것이 될 것인가. 사르트르는 카뮈가 『반항적인 인간』을 내놓았을 때 그를 호되게 비난했다. 그는 더 이상 카뮈의 부조리의 개념이나 존재에 대한 추상적인 반항을 받아들일 수 없다고 주장했다. 그러면서 자신은 마르크시스트는 아니라 할지라도 마르크스의 "심원한 진실"을 믿고 있다고 선언하면서, 역사의 변증법과 혁명에 반드시 필요한 폭력의 정당성을 거부했던 카뮈를 비난했다.

또한 역사에, 특히 프롤레타리아의 투쟁에 참여하는 것을 마다함으로써 카뮈는 인간행위 가운데 부조리 이외의 어떠한 것도 볼 수 없었다고 사르트르는 결론 내렸다.[19] 사르트르가 실존주의와 역사간에 화해를 시작하고 역사의 절대목적을 위해 혁명과 폭력간의 역학관계를 강조했을 때, 카뮈는 혁명에 수반되는 폭력의 불가피성을 인정하면서도 그것 못지 않게 폭력의 한계를 역설했다.

사르트르와 카뮈에게 혁명의 윤리는 서로간에 심원한 차이가 있다. 마르크시스트들처럼 사르트르는 혁명의 순수성을 행동의 효력에, 한편 카뮈는 칸트 이상주의자들처럼 행동의 한계에 귀를 기울이는 인간적인 양심에 혁명의 순수성을 두고 있다. 사르트르가 정치적인 목적을 위해서 집

---

19) J.P. Sartre, *Les Temps Modernes*, No. 82(1952, 8), 317~353쪽을 볼 것.

단적인 폭력의 사용을 정당화시켰던 메를로-퐁티의 저서 『휴머니즘과 테러』(1947)에 의해서 지대한 영향을 받았던 것은 잘 알려진 사실이다.

그러나 카뮈는, 정치권력에 원래 폭력은 내재되어 있으며, 실제정치에서 목적은 수단을, 전적으로는 아니라 할지라도, 대체적으로 정당화했다고 주장했던 메를로-퐁티의 관점을 받아들일 수가 없었다. 카뮈는 테러와 집단억압의 정책을 궁극적인 해방으로 향하는 휴머니티의 역사적인 행진에 필요불가결한 조치로 인정하지 않았다. 간략히 말하자면 그는 모럴리티를 역사에 종속시켰던 메를로-퐁티, 사르트르와 결별할 수밖에 없었던 것이다. 이 점에서 카뮈는 그들보다 더욱 인간적이면서도 어떤 의미에서는 비극적이다.

무정부주의자들의 정치윤리

카뮈는 무정부주의를 무질서와 파괴정신에 연관시켰던 전통적인 관념에 도전해, 반항의 참된 가치에 진실하고자 했던 그 젊은 러시아 무정부주의자인 카리아예프의 모형을 통해서 무정부주의의 새로운 윤리를 창조하고 있는지 모른다.

정부(국가)의 부정은 무정부주의의 가장 본질적인 사상의 한 원리로 전제되고 있지만 데리 노바크가 지적하는 바와 같이, 그것은 그 이데올로기가 추구하는 다양한 사상 가운데 하나이지 결코 절대적으로 유일한 것은 아니다.[20] 정부(국가)의 부정이라는 것이 바로 '무정부주의'라는 어휘 가운데 포함되어 있어 그것이 이 이데올로기의 교리로서 고려된다 할지라도, 이것보다 개인의 자유·행복·번영의 독자적인 가치가 우선적으로

---

20) Derry Novak, "The Place of Anarchism in the History of Political Thought", *Anarchism*, Robert Hoffmann 엮음 (New York, 1970), 20쪽.

강조되고 있다.[21] 전체적으로 볼 때 현대 무정부주의는 개인의 자유와 사회적인 정의에 더한층 관심을 많이 두고 있으며 권위와 획일주의를 창조하고 그것들을 숭배하는 모든 것에 반항하는 흐름을 대표하고 있다.

우리는 카리아예프와 그와 뜻을 같이하는 동지들이 구현하는 정치윤리가 바로 이와 같은 무정부주의 사상과 일치한다는 것을 인식할 수 있다. 이 점에서 『정의의 사람들』은 무정부주의를 대변하는 작품 가운데 하나라고 일컬어질 수가 있다. 그러나 가장 본질적인 의미에서 이 작품은 이와 같은 이데올로기의 세계에 국한되어 있지 않으며 그것을 초월하고 있다. 그의 다른 모든 작품과 마찬가지로 카뮈는 이 극작품을 통해 그의 철학 원리, 즉 자기 조건에 반항하는 인간 존재의 개념을 이야기하고 있는 것이다.

『반항적인 인간』에서 카뮈는 현대 유럽의 '이데올로기들'은 20세기 전체주의에서 그 클라이맥스 또는 위기를 맞고 있다고 말하고 있다. 그에 따르면, 프랑스혁명에서 시작되어 급진적인 헤겔주의에서 뚜렷해진 지적인 전체주의는 파시즘과 마르크스-스탈린주의에서 그것의 역사적인 절정을 이루고 있다. 사실 오늘날 우리는 무장한 이데올로기들의 무자비한 자기합리화에 따라서 야기되는 끝없는 공포와 죽음의 세계에 직면하고 있다. 이와 같은 세계에 생존하고 있는 반항적인 인간의 윤리는 어떠한 것인가. 카뮈는 그것을 1905년 러시아 무정부주의자들, 그들 가운데 카리아예프가 보여준 정치윤리를 통해서 다시 발견할 것을 요구하고 있다.

카뮈의 정치윤리

라이오넬 트릴링은 그의 저서 『문화를 넘어서』에서 현대 작가들—그

---

21) David, Thoreau Vieck, "Essentials of Anarchism", 앞의 책, *Anarchism*, 86쪽.

리고 아마도 독자들――은 쾌락을 거부하고, 프로이트의 용어를 빌리자면 비쾌락(unpleasure)에서 만족을 찾고자 한다고 지적한 바 있다.[22] 이 비쾌락 예찬은 현대문명과 문학의 지배적인 특징이 되고 있는 '폭력'과 무관한 것처럼 보인다. 하지만 폭력과 비쾌락 예찬이 각각 사디스트적인 충동과 매저키스트적인 충동의 결과로 인정된다면, 에릭 프롬이 이 두 가지 충동의 소유자를 독재주의자로 규정하고, 그와 같은 성격은 파시즘과 다른 종류의 독재주의자들의 성격구조를 대변한다고 주장했던 것을 우리는 일단 긍정적으로 받아들일 수가 있다.

카뮈가 이 델리케이트한 사실을 인식했든 안 했든 간에 그는 폭력과 전체주의 사회, 그의 용어를 빌리면 '초월'이 없는 세계를 고독하게 대면했던 금시대의 양심을 대표하고 있다. 이 작가에 따르면 은총 없이 어떻게 살 수 있는가가 19세기를 지배했던 의문이다. 니힐리즘을 거부했던 모든 자들은 그 의문에 "정의에 의해서"라고 대답했다. 그들은 하나님의 왕국에서 절망을 느꼈던 자들에게 인간의 왕국을 약속했다. 그러나 계급이 없는 사회, 자유가 침해받지 않는 진보적인 사회를 약속받았던 20세기는, 이와 같은 인간의 왕국을 약속했던 자들에 의해서 자행된 폭력과 피의 연속으로 점철되어 있다. 따라서 카리아예프와 같은 테러리스트가 고민했던 20세기의 의문은 은총과 정의 없이 우리가 어떻게 살 수 있는가였다.

현대문명은 카뮈가 진단했듯이 전체적으로 무한으로 향하는 파우스트적인 욕구로 만연해 있다. 이 무한을 추구하는 현대인의 욕구 가운데 폭력을 미화시키고자 하는 파괴적인 성향이 두드러지게 자리 잡고 있다는 것도 문제다. 하지만 절제·균형·한계 같은 말이 창조적인 '역사'에 배

---

22) Lionel Trilling, "The Fate of Pleasure," *Beyond Culture* (New York: Viking Press, 1968), 72~73쪽.

리되는 현상유지를 위한 변장된 변명으로만 받아들여진다는 것도 문제가 있다.

카뮈의 영적인 모국은 고대 그리스였다. 그는 그에게 직접 영향을 미쳤던 은사 장 그르니에로부터 그리스 철학가들과 비극시인들에 대한 사랑을 이어받았다. 헤겔, 하이데거, 후설, 야스퍼스의 독일 철학들과 더불어 유럽 사상을 지배했던 문제, 즉 본질과 존재의 문제를 카뮈가 처음으로 고려했던 것은 플라톤과 플로티노스를 통해서였다. 그리고 그의 반항 윤리의 주조가 되는 행동의 한계 내지 절도의 문제를 유의했던 것도 이 고대 철학가들과 비극시인들을 통해서였다.

그리스의 전 문화·예술·생활을 특징 짓게 하는 것이 있다면 그것은 바로 한계의식이다. 여기서 한계라는 말은 창조적인 것을 배제하는 어떤 소극적인 행동과 생활윤리를 뜻하는 것이 아니다. 한계를 의미하는 그리스어인 '페라스'(peras)는 자아정복과 동시에 자아해방이라는 이중적인 뜻을 포괄하고 있기 때문이다. 따라서 자아정복과 자아해방 사이에는 피할 수 없는 긴장관계가 있으며, 이 긴장관계가 그리스인으로 하여금 그들의 독특한 인간관을 낳게끔 했다.

카뮈가 반항 윤리를 행동의 한계의식에서 찾으면서 반항은 곧 한계며, 한계는 곧 "순수한 긴장" 이외의 아무것도 아니라고 주장했던 것은 우연이 아니다. 이와 같은 점에서 혁명을 위해 폭력은 불가피하지만 폭력 자체가 정당화될 수 없으며, 하나의 생명은 또 하나의 생명에 의해 보상되어야 한다는 카리아예프의 정치윤리는 바로 이 형이상학적인 긴장의 윤리다.

카뮈가 『정의의 사람들』을 집필했을 당시 이 긴장의 윤리가 마르크시스트들, 특히 스탈린주의자에 의해서 역사의 절대적인 목적, 이른바 계급 없는 사회를 위해 투쟁한다는 이름 아래 철저히 부정되고 있었다는 것을 앞에서 말한 바 있다. 이 작가에게는 역사적인 사건에 예정된 방향이란 없으며, 수단을 정당화하기 위해 미리 정해진 목적도 없다는 것이다. 다른 말로 하자면 그는 역사적인 사건을 절대적인 것으로 보지 않고, 그와 같은 시대의 작가인 앙드레 말로와 달리 결코 역사의 편에 서지 아니했다. 목적이 수단을 정당화시킨다면 무엇이 목적을 정당화시키는가. 카뮈는 그것을 수단이라고 대답했다. 그에게 목적과 수단은 서로 떨어져 있는 것이 아니라 목적이 수단이요, 수단이 목적이다.

이것이 바로 카뮈의 정치윤리를 특징 짓던 긴장이 아니겠는가. 이 긴장관계가 무너질 때 폭력은 전체주의를 정당화시켜주기 위한 하나의 도그마가 되고, 혁명은 타락으로 전락할 수밖에 없다. 이보다 더욱 중요한 것은 이 긴장관계가 무너질 때, 역사가 슈펭글러의 통찰을 굳이 따르지 않는다 할지라도, 전통적인 도덕과 종교가 위기를 맞이해 하나의 문화 또는 문명은 죽음의 길을 걸어갈 가능성이 짙은 것이다.

카뮈가 이 세상을 떠난 지가 오래되었지만 그가 불안하게 생각했던 그대로 우리는 여전히 미르치아 엘리아데가 뜻했던 바의 "역사의 공포"[23] 가운데 서 있다. 역사의 절대적인 목적이 계급 없는, 자유가 침해받지 않는 사회이든 또는 그밖의 다른 어떤 유토피아이든 간에, 그 미지의 것을 얻기 위해서 필요하다면 일상적인 삶의 가치들을 희생시키면서 정치적인 탄압과 폭력을 정당화시키고자 하는 스탈린주의와, 그것과 유사한 어떠한 형태의 교조주의에 우리는 카뮈처럼 진지하게 비판의 눈을 돌릴 필요가 있다. 폭력을 정당화하고 묵인하는 것은 본질적으로 허무주의를 낳는 패배주의를 우리 자신이 인정하는 것이기 때문이다.

---

23) Mircea Eliade, *Cosmos and History*, Willard R. Trask 옮김 (New York: Harper, 1959), 149~151쪽.

전체주의의 구조와 인간
조지 오웰의 『1984년』

앙가주망

 정치라는 것이 현대문명과 세계 자체의 위기에 결정적인 요인이 됨에 따라, 그것은 문학에서 작가들의 사상적·도덕적 논쟁을 위해 중요한 배경이 되어오고 있다. 이 현상은 어떤 의미에서는, M. 애드레스가 말한 바처럼, 20세기에 인간의 운명은 정치에 의해서 결정된다는 것을 시사하는 강력한 알레고리다.[1]

 조지 오웰(1903~50)은 이 비극 알레고리를 경험한 금시대의 가장 논쟁적인 작가 가운데 하나다. 일생 동안 오웰이 추구한 이상은 작품을 통해 자신의 정치적·도덕적 사상을 표현하는 것이었다. 1936년 에스파냐 내란에 참여하기 이전에 어떤 특별한 이데올로기를 제창한 것은 아니지만, 그는 처음부터 어떠한 시대에도 작가가 작품을 통해 앙가주망을 회피한다는 것은 불가능하다고 믿었다.[2]

• 1977
1) M. Adereth, *Commitment in Modern French Literature: Politics and Society in Peguy, Aragon and Sartre* (New York: Schocken, 1968), 17쪽.
2) George Orwell, "Politics and English Literature," *Orwell Reader* (New York:

오웰은 "어떠한 책도 정치 편견에서 떠나지 못하며, 예술이 정치와 무관하다는 것, 그것 자체가 정치적 태도"라고 했다.[3] 그에겐 정치적·사회적 참여란 깊은 도덕의 문제였다. 소설가로서뿐만 아니라 비평가로서 오웰은 예술 그 자체를 위한 예술을 부정했으며, 예술은 예술 그 자체보다 더 중요한 것의 시녀라는 확신을 갖고 있었다.

이 작가를 이야기할 때, 문학과 정치의 관계에 대한 문제는 아주 중요하다. 이데올로기적인 문학작품은 문학작품이 아니며, 하나의 정치적인 도큐멘트이고, 문학은 그 형식과 주제에서 개념적인 내용을 갖고 있는 다른 양식과 구별되어야 한다는 것이 정치와 문학의 관계를 의문시하거나 부정해왔던 이들의 견해이다. 경험과 사상 간에 대립이 존재함을 인정하고, 문학은 경험(라이오넬 트릴링의 용어를 빌리자면 리버럴 이미지네이션)이어야만 한다는 주장은, 작가의 이데올로기적인 입장을 배격하는 것이다.

현 시점에서 문학사상은 리버럴리즘에서 실존주의, 실존주의에서 구조주의로 그 방향을 향하고 있다. 구조주의의 도래로, 실존주의적·사르트르적인 이데올로기는 리버럴 사상이 종말을 고하리라 생각되리만큼 강력한 도전을 받고 있다. 리버럴리즘의 참된 소산인 실존주의는 자유와 선택을 인간 조건의 필수로 보는 윤리와, 모든 인간은 자유롭고 동등하리라는 미래의 희망을 강조하는 정치학을 낳았다. 그러나 사르트르식의 실존주의가 안고 있는 고민은, 그것이 역사에 신념을 주었지만 역사가 그것을 배반한다는 것이다.

이데올로기가 인간으로 하여금 역사를 그의 의지, 그의 실제 행위의 대

Harcourt, Brace and Company, 1956), 363~364쪽: "우리시대에 정치로부터 떠나 있는 것은 아무것도 없다…… 모든 쟁점은 정치적인 쟁점이다."

3) "An Age like This, 1920~1940," *The Collected Essays, Journalism and Letters of George Orwell* (New York, Harcourt, Brace & World, 1968), 1: 4쪽.

상으로 창조·지배하게끔 하는 앙가주망을 강조할 때, 문학가들은 이 현상을 역사적 존재인 인간의 창조적인 욕구의 본질로서 보는 것이다. 그러나 그 이데올로기가 역사에 의해 배반당할 때, 이데올로기의 존재이유는 결정적인 모순을 갖게 되는 것이다. 그렇다면 이따금 논의되고 있듯이 과연 이데올로기는 허위 의식의 형태인가? 이데올로기가 허위라는 경험을 가졌던 작가들은 자신들이 공유했던 그 이데올로기에서 절망을 안고 빠져나왔던 것이다. 과거 수십 년 동안 가장 심각한 작가들과 문예비평가들은 의식적이든 무이식적이든 간에 자유주의·실존주의적인 관점에서 활동해왔지만, 오늘날 구조주의의 등장으로 인해 이데올로기의 존재이유는 한층 더 부정되고 있다.

이데올로기의 존재이유가 역사적 현실에서 상대적인 가치 가운데 어떤 것을 택할 것인가 하는 적극적인 선택의 여지를 끊임없이 제공하는 데 있다면, 우리는 새로운 형태의 과학적·결정론적인 구조주의의 출현으로 다시 한 번 야기된 극단적인 비인간화, 비역사성의 현상을, 이데올로기를 떠나서 인간 존재가 가능할 수 있는가의 문제와 함께 긍정적으로, 아니면 부정적으로 받아들여야 할지 심각하게 고려해야 할 것이다.

오웰은 일생을 통해 정치적──이데올로기적──인 의도를 갖고 있는 작품이 예술이냐 아니면 프로파간다냐에 대해서 고민해왔다. 모든 예술은 프로파간다이며, 어떠한 책도 이데올로기적인 편견에서 떠날 수 없다고 믿었다. 하지만[4] 그는 그의 정치적인 작품이 예술적인 것으로 고양되기를 열망했다.[5] 물론 오웰은 정치적인 의도의 작품이 예술이냐 프로파

---

4) George Orwell, "Charles Dickens," *Dickens, Dali, and Others: In Popular Culture* (New York: Reynal and Hitchcock, 1946), 56쪽: "모든 작가, 특히 모든 소설가는 '모든 예술이 프로파간다'라는 메시지를 가지고 있다."
5) George Orwell, "Why I Wrote," 앞의 책, *Orwell Reader*, 394쪽: "지난 10년 동안 내가 가장 하고 싶었던 것은 정치적인 글을 예술로 승화시키는 것이다."

간다냐에 대해 뚜렷한 결론을 내리지 못했다. 하지만 흔히 다큐멘터리 인상을 짙게 풍기는 이데올로기적인 작품도 단지 몽타주가 되지 않는 한, 문학작품으로서의 가치는 살아 있다고 믿었던 것 같다.

오세아니아

오웰의 최후의 소설인 『1984년』은, 정치가 휴머니티를 대신하고 국가가 개인을 처절할 만큼 질식시키는 이 시대의 비극적인 상황을 묘파한 가장 논쟁적인 작품 가운데 하나다.

이 작품은 1984년의 전체주의 국가는 어떤 형태의 국가이며, 이 사회에서 인간의 삶은 대체로 어떠하리라는 것을 보여주고 있다. 1984년에 존재하는 사회의 정치체제에 대한 가장 훌륭한 분석은 이 소설에서 다루어지고 있는 엠마누엘 골드스타인의 저서 『소수독재 집단주의의 이론과 실천』의 내용 가운데 있다. 골드스타인의 책이 오세아니아의 한 내부당원에 의해서 씌어졌으므로, 그것은 공식적으로 그 사회의 양상을 밝혀주는 것으로 보아도 무방하다.

『1984』에서 내셔널리즘은 적어도 극복되었고, 세계는 세 개의 초국가, 오세아니아, 유라시아, 동아시아로 갈라져 있다. 이 초국가들의 정치구조와 헌법은 본질적으로 동일하다. 이들은 모두 소수독재 집단체제—모든 사유재산을 국유화하고, 대중을 다스리는 모든 권력을 한 손에 잡고 휘두르고 있는 일당—에 의해서 통치되고 있다. 이 세 국가는 피차간에 '승리도 패배도 없는…… 전쟁'을 끊임없이 행하고 있는데, 이 소설의 주인공 윈스턴 스미스가 살고 있는 오세아니아가 그 정치체제를 유지하면서 그중 어떤 국가에 의해서도 정복되지 않는 것은 두 원인, 계속되는 전쟁상태와 당의 철저한 통제 때문이다.

서로간에 결정적인 승리가 없기 때문에 전쟁이 호전되는지 아닌지도 문제가 되지 않는다. 필요한 것은 전쟁상태가 지속되어야 한다는 것이다. 국민 개개인에 불안을 조성해 통치권력에 불만을 표출할 수 있는 어떠한 여지도 주지 않기 위해서이기 때문이다. 바꾸어 말하면 오세아니아 정치체제의 항구적인 존속을 위해 개인의 끊임없는 희생을 요구하는 위기로 종식되지 않는 영원한 전쟁이 이용되고 있는 것이다.

당은 두 가지 목적―세계를 정복하고, 개개인의 독립된 사고의 가능성을 박탈하는 것―을 갖고 있다. 이 계획 중에서 어떠한 것도 실현단계에 와 있지 못한 까닭은, 인간이 무엇을 사고하고 있는가를 안다는 것은 불가능하며, 이 초국가들의 어느 편도 다른 편을 군사적으로 앞서가지 못하기 때문이다. 이 국가들은 조만간 오리라고 믿는 결정적인 기회를 위해 각자가 계속 원자탄을 생산하고 있지만, 패배의 위험이 따를 수 있는 행동은 보류시키고 있다.

골드스타인의 책에서 전쟁상태의 분석은 사실상 논리 전개에서 당의 통제에 관한 설명 다음에 오고 있다. 이것에 따르면 사회는 항상 상류·중류·하류의 세 계층으로 구성되어 있는데, 상류층은 현재의 위치에 계속 있기를, 중류층은 그들의 위치가 상류층으로 대체되기를, 하류층은 모든 계급의 차이가 없어져 평등한 사회가 도래되기를 바란다. 역사를 되돌아보면, 중류계급은 정의와 자유를 위해 투쟁한다는 미명 아래 하류층의 지지를 얻음으로써 상류층의 자리를 차지해왔다. 그러나 20세기에 와서 그 새로운 상류계급의 위치에 올라가게 된 자들은 자신들의 권력을 지키기 위해 무엇이 필요한가를 알았다. 오세아니아의 내부 당원인 고위간부 오브리엔은 현대의 소수독재 집단주의자에게 다음과 같이 말하고 있다.

  권력은 수단이 아니라 목적이다. 혁명을 보위하기 위해 독재하는 것이 아니라 독재를 하기 위해 혁명을 한다…… 권력의 목적은 권력이다…… 권력은 집단적이다…… 개인은 오직 그가 개인으로서 존재하지 않는 한 권력을 가진다.

지배층이 권력에서 떨어져 나가는 데는 오직 네 가지 방법이 있다. 첫째 외부로부터의 정복, 둘째 대중혁명, 셋째 불만족상태에 있는 강력한 중간층의 존재, 마지막으로 통치자가 통치할 수 있는 자신을 잃어버리거나 통치하고자 하는 의욕 자체의 상실이다.

첫째, 둘째의 요인은 존재하지 않는다. 왜냐하면 세계를 갈라놓고 있는 3대국은 각각 사실상 정복될 수 없는 상태에 있으며, 대중은 그들 자의에 의해서는 결코 저항할 수 없는 위치에 있기 때문이다. 실제로 그들이 비교의 표준을 갖지 못하는 한, 대중은 그들이 억압당하고 있다는 것을 의식하지 못하므로, 자연적으로 반항의 윤리를 찾을 수 없게 된다. 남아 있는 문제는 중간층인 당원들의 의식구조를 어떻게 통제하는가에 있다.

이것은 양면의 텔레비전으로 인해 송·수신이 가능한 텔레스크린으로 당원의 사생활을 철저히 감시하는 것으로 이루어지고 있다. 텔레스크린은 거리, 방, 변소에도 장치되어 있어 밤낮 사상사찰이 계속되며, 공중에서는 헬리콥터가 정찰하고 야외에는 마이크로폰이 감시한다. 자식과 부모 간의 전통적인 유대가 소멸되게끔 어린이들로 구성된 밀고단을 조직하여 부모의 이단적인 말과 행동을 고발케 한다.

이러한 사찰 외에 또 하나의 통제방법은 과거의 날조와 신어(新語)의 창조다. 당의 슬로건에 따르면 "과거를 지배하는 자는 미래를 지배하며 현재를 지배하는 자는 과거를 지배한다"는 것이다. 과거의 모든 기록은 당의 오류를 은폐하기 위해 끊임없이 수정된다. 이리하여 과거, 즉 역사는 변형의 연속을 거듭하는 것이다. 한편 개인의 의식구조가 언어에 의해서 크게 결정된다는 것을 인식한 당은 기존의 언어로 인해 현재 당의 방향과는 다른 이질적인 사고와 행동의 표현을 개개인이 하지 못하게끔 새로운 언어들을 계속 주조하는 것이다.

과거통제와 사상통제를 연결시켜주는 것으로서 오웰의 용어를 빌리면 '이중사고'(二重思考)라는 수법이 있다. 이 이중사고라는 정신요법적인 테크닉은 두 모순적인 사고를 동시에 받아들이게 하는 것, 말하자면 과거의 기록이 바뀌어져 사실이 날조되었다는 것을 잊어버리고 동시에 수정된 허위의 사실을 사실로서 믿도록 하는 방법이다. 이 정신적인 테크닉은 다수의 당원에 의해서 '허위의 각성'을 깨뜨려버리기 위해 끊임없이 배워지고 있다. 이 이중사고와 신어의 정치적인 존재이유는 사상범죄를 저지하고 당의 영구적·절대적인 권력을 행사하기 위해 개개인의 현실의식을 와해시키는 데 있다.

스미스의 비극

오웰은 과거의 역사를 수정하는 일을 담당하는 주인공 스미스가 이러한 전체주의 국가에 대해 어떻게 저항하고 그것에 의해서 어떻게 패배하는가, 바꾸어 말하면 고대 그리스의 '모이라'가 오이디푸스 왕에게 그가 죽었다는 것을 가르치기 위해 그를 살게 했던 것과 똑같은 방법으로 국가가 개인을 어떻게 갈갈이 찢어버리는가를 적나라하게 보여주고 있다. 스미스는 이러한 전체주의 국가의 예정된 희생물이며, 동시에 그의 운명은 이 사회의 어느 시민의 운명일 수도 있는 것이다.

주인공의 첫 반항은 당에 의해 금지되고 있는 자신의 일기를 쓰는 것으로 시작된다. 완전하지 못한 어린 시절을 회상하면서 이 주인공은 본능적으로 과거의 삶은 현재의 그것과는 다르다는 것을 느낀다. 그는 당에 의해서 행해지고 있는 과거의 수정은 현재의 요구를 충족시키기 위해 역사를 조작하는 하나의 범죄행위이며, 한편 그것은 인간의 합리적인 사고방식을 거부하는 파렴치한 행위라는 것을 인식하게 된다. 일기를 쓰는 동안 앞으로의 역사적 진실을 위해 과거를 기억하고 현재를 인정치 않는 자들을 찾으려고 하지만, 그의 본능적인 반항을 위한 지적인 지지를 누구에게서도 찾아볼 수 없다.

결국 당은 둘 더하기 둘은 다섯이라고 공언할 것이며, 당신은 그것을 믿을 수밖에 없다. 조만간 그들이 그러한 주장을 하리라는 것은 뻔하다. 왜냐하면 그들의 현재의 위치로 보아 그렇게 할 수밖에 없기 때문이다. 경험의 타당성뿐만 아니라 외적인 현실 바로 그 존재도 그들의 철학에 의해서 은밀히 부정되고 있다.

역사적인 진실을 담기 위해 출발했던 주인공의 일기가 결실 없이 실패로 중단되었지만, 그 자체는 객관적인 현실, 말하자면 역사를 체계적으로 파괴하고 있는 당에 항거하는 한 개인의 자유의지를 상징하는 것이다.

윈스턴 스미스의 두 번째 반항은 이 소설 제2부의 주제가 되는, 줄리아와 사랑을 맺고 완벽한 감시 아래서 섹스의 쾌락을 즐기는 행동적인 반항이다. 주인공은 그녀를 처음 만났을 때 당의 맹목적인 지지자일지도 모른다고 오인하지만, 사실 줄리아 역시 본능적인 반항, 예컨대 개인의 사적인 생활을 철저히 감시하는 당에 대해 이성의 사랑과 성의 쾌락으로 철두철미하게 저항하는 것이다.

당은 이와 같은 개인의 쾌락적인 삶을 방관하지 않는다. 왜냐하면 쾌락적인 삶이란 개인의 의식과 환상을 조장하며, 욕망을 일깨워서 개인의 잠재적인 사상을 행동으로 유도하기 때문이다. 이 사회에서 인정되는 결혼의 유일한 목적은 당에 충성하기 위해서 자식을 낳는 것밖에 없다. 따라서 윈스턴 스미스가 줄리아와 함께 사랑과 섹스를 구가한다는 것은 당에 의식적으로 도전하는 행위로서 의미가 있는 것뿐만 아니라, 전체주의 사회에서 필연적으로 나오는 소외의식에서 자아에 진실하고자 하는 개인적·내적인 삶의 가치를 창조한다는 데서 더욱 의미가 있는 것이다.

줄리아의 당에 대한 태도는 주인공보다 한층 단순하고 비윤리적이다. 그녀의 저항은 지적인 토대 위에 서 있지 못하다. 사실 그녀는 당에 대해서 어떤 식의 조직적인 도전도 불가능하며, 그것이 있다 하더라도 막강한 당의 체제 아래에서는 어리석은 짓이라고 생각한다. 때때로 그들은 반항의 적극적인 행동에 참여하는 문제에 대해서 함께 의논하지만, 그녀는 개인적인 쾌락 이상으로 더 크게 반항할 필요성을 느끼지 못한다.

그러나 윈스턴 스미스는 당에 대해 결정적인 타격을 가할 방법을 찾기에 여념이 없다. 그는 어느 날 지난 과거의 기억을 더듬어 하류계급에 속하는 노동자들의 구역으로 간다. 그 까닭은 그가 노동자들을 창조적인 반항을 위한 동물적인 활력의 커다란 저장그릇으로 여기고 있기 때문이다. 그러나 그들은 변화와 창조를 개념화·행동화시킬 수 있는 정신적인 능력이 없으며 그들의 잠재적인 힘을 의식하지 못하고 있다.

이 소설을 통해 하나의 라이트모티프(Leit-motif)처럼 자주 나오는 "희망이 있다면 그것은 노동자들에게 있다"는 말은 오웰의 이데올로기가 부분적으로 노동계급과 불가분의 관계에 있다는 것을 시사하고 있다. 앞서 설명한 바처럼, 이 소설에서 오웰이 밝힌 정치이론에 따르면, 노동자들에 대한 희망은 부정되고 있다. 그 의식구조상 진보적인 책임에서 떠나 있음으로 해서 그들은 스스로 영구적인 노예상태를 계속하기 때문이다. 이런 뜻에서 『1984년』의 노동자들은 사르트르의 『파리떼』의 아르고스 시민과 같이 '자기기만'(mauvaise fois)에 빠진 자들이다.

윈스턴 스미스의 노동자들에 대한 실망과 그 후, 내부당의 고위층에 속하는 오브리엔과의 접촉이 줄리아와의 사랑의 종말과 함께 개인으로서 그의 종말을 맞는 단계까지 오게 한다. 오브리엔은 반당 지하단체인 형제당의 일원으로 가장해 자유로운 개성과 정치윤리를 위해 스미스의 반항심을 조장하지만, 주인공은 처음부터 오브리엔이 동지인지 적인지 구별할 수가 없다. 오브리엔이 그의 사상과 반항에 동정적이지만, 동시에 그를 파멸시킬 수 있는 자로 생각하게 된다. 실제로 이 고위간부가 고문자라고 그의 정체를 노출시켰을 때, 그 이중적인 사고가 표면화된다. 윈스턴 스미스는 그가 당하는 고문 때문에 그 사람을 증오하지만, 한편 그 사람을 그의 인생의 잡다한 고뇌들을 제거할 수 있는 절대적인 자로 생각하기 때문에 그 사람을 싫어하지도 않는다.

이 소설의 마지막 부분은 주인공의 체포, 고문, 줄리아에 대한 배신, 철저한 세뇌에서 나온, 당 자체와 당의 모든 권력을 통솔하는 가상적인 인물 빅 브라더에 대한 충성, 그리고 예정된 죽음을 기다리는 것으로 마무리된다. 이 부분에서 오웰은 스미스가 당하는 고통의 정도에 비례해서 저항이 점차 약화되어가는 것을 묘사하고 있다. 초기 단계에서 주인공은 성공적이었다. 고문은 결코 그의 기억의 실마리를 소멸시킬 수 없었으며, 기억은 다시 그를 줄리아로 향하게 한다. 그는 여전히 그녀를 사랑하고 있는 것이다.

고문의 마지막 단계는 101호실. 여기서 윈스턴 스미스가 겪는 고통은 전체주의 체제 아래에서 인간의식이 어떻게 파괴 · 해체되어가는가를 말해주는 오웰의 다큐멘터리적인 묘사의 클라이맥스를 이룬다. 주인공이 갖고 싶었던 유일한 희망이란 그가 줄리아에게, "만일 그들이 나로 하여금 당신을 사랑할 수 없게 한다면 그것은 진정 당신에 대한 배신"이라고 약속할 수 있었던 용기였다. 그의 반항의 최후의 보루인 이 용기도 그를 패배시키고 만다.

오브리엔이 굶주린 쥐들로 그를 위협하는 가공할 만한 정신적인 고문을 시작했을 때, 주인공은 줄리아에 대한 사랑도, 독립된 인간 존재로서 자신의 실존에 대한 자신도 잃고 만다. 고문은 당의 힘이 얼마나 가증스럽게도 큰지를 느끼게 하는 최후의 수단이다. 윈스턴 스미스는 그의 모든 결의와 용기에도 불구하고 "이 세상에 아무것도 육체적인 고통만큼 처참한 것은 없다"는 것을 경험하고 있다.

R.A. 리프에 따르면, 『1984년』을 집필하기 오래전, 오웰은 공포와 고통의 경험 아래에서는 인간의 가장 이성적인 충성도——그 충성이 진리를 위한 것이거나 인간 존재를 위한 참여이건 간에——물거품이 될 수 있다는 것을 인정했다.[6] 그가 에스파냐에서 체포와 실형의 두려움 속에서 며칠을 지냈을 때 오웰은 다음과 같이 피력했다.

> 나는 사건이 터지고 있어도 결코 행동을 하지 못하고 있다. 전쟁과 정치의 와중에 언제나 내가 휩싸여 있는 것처럼 보인다. 신체적인 부자유에서 벗어나고, 이 넌더리 나는 난센스가 끝나버렸으면 하고 크게 바라는 것 이외에 아무것도 느끼지 못한다.[7]

이 소설에서 오웰은 휴머니티를 고통 가운데서는 무기력한 절망적인 오르거니시즘으로 생각하고 있다. 현실은 오직 의식 속에 있고 당이 그것을 창조하고 통제한다는 오브리엔의 말에는 진실이 있다. 고문과 심리요법적인 세뇌에 의해 의식이 해체단계에 이르렀을 때, 스미스는 둘 더하기 둘이 다섯이 될 수 있다는 수학적인 문제가 그 고위간부에 의해서 제기되자, 이 델리케이트하고 '가장 잔인한 논리적 오류'를 무의식적으로 받아들이는, 이른바 '이중사고'의 가능성을 인정하는 것이 현명함을 터득한다.

오웰은 "실제 일어나고 있는 모든 것은 의식 가운데 있다"[8]고 믿었기

---

6) R.A. Lief, *Homage to Oceania: The Prophetic Vision of George Orwell* (Columbus: Ohio State UP, 1969), 58~59쪽.

7) George Orwell, *Homage to Catalonia* (New York: Harcourt, Brace and Company, 1952), 212쪽.

때문에 이성이라는 신성한 빛조차 결국은 광적으로 분산될 수 있다고 생각했다. 오브리엔이 지칭한 이 '최후의 인간' 윈스턴 스미스는 마침내 개체로서 인간의 모든 가치를 상실하고 빅 브라더에게 충성하게 된다.

이 주인공의 실존의 상실만큼, 현대문학에서 인간의 권위와 가치의 부정을 비극적으로 부각시키고 있는 작품은 많지 않다. "인간을 비극적으로 만드는 것은 인간이 자연의 희생이라는 것이 아니라 인간이 자연의 희생이라는 것을 의식하는 데 있다"[9]고 조셉 콘래드는 말했던 적이 있다. 윈스턴의 비극은 그가 정치라는 그 거대한 비인간적인 이데올로기의 희생이 되고 있다는 것이 아니라, 그가 그것을 의식하면서도 그의 실존의 가치를 잃어버릴 수밖에 없다는 것이다.

오웰의 정치윤리

오웰이 이 소설을 집필할 당시 그는 그것을 '미래에 대한 소설'로서 썼다. 1984년이라는 연대적인 개념에서 이 소설은 미래적이지만 엄격한 의미에서는 그렇지 않다. 스티븐 스펜더에 따르면[10], 그 당시 오웰이 자신의 소설을 『1948년』이라 명명하고 싶다는 소문이 있었다고 한다. 사실이든 아니든 간에 이것은 작가가 이 작품을 쓰고 있을 당시의 정치 상황에 상당히 민감했다는 것을 보여주고 있다. 왜냐하면 오웰이 1936~38년에 걸쳐 스탈린이 행한 이른바 대숙청과 파시즘을 경험한 후 전체주의가 유럽에 파급되는 것을 보았고, 그것이 머지않아 영국에도 파급되리라 상상

---

8) George Orwell, "Arthur Koestler," 앞의 책, *Dickens, Dali and Others*, 191쪽.
9) In a letter to R.B. Cunningham Graham, Jan. 31, 1898.
10) S. Spender, "Introduction to 1984," 앞의 책, *Twentieth Century Interpretation of 1984, A Collection of Critical Essays*, Samuel New Hynes 엮음 (New Jersey: Prentice-Hall, 1971), 63쪽.

하기 시작했기 때문이다. 『1984년』은 1936년의 에스파냐 내란에서부터 전후에 이르기까지 그가 맛보았던 개인적인 경험과 비전에서 나온 산물로 보아도 무방하다.

오웰은 한때 "1936년 이래 필자가 써왔던 심각한 작품들의 한줄 한줄이 직접적이든 간접적이든 간에 전체주의에 반대하고 사회민주주의에 찬성하는 것으로 일관해왔다"[11]고 공언했다.

이 작가의 전환점은 1936년 에스파냐 내란의 발단에서다. 그를 포함한 많은 영국인이 공화파를 지지하기 위해 에스파냐 내란에 참전했다. 무정부주의자였던 오웰은 반(反)스탈린 마르크시즘파인 POUM의 일원으로 그 소용돌이에 참가했다. 일종의 전체주의에 저항해서 싸웠을 때 오웰은 주인공 윈스턴 스미스처럼 "싸움 없이 굴복하는 것보다 싸우다 정복되는 것이 낫다"는 일념을 가졌다. POUM이 스탈린주의자들이 통치했던 에스파냐 정부에 의해서 거의 전멸상태에 처했을 때, 오웰은 비로소 공산주의자들의 행동이 어떠한가를 목격했으며, 소련에서 스탈린이 무자비한 숙청을 감행했다는 소식을 들었을 때, 소련의 공산주의란 참된 사회주의 정신을 왜곡한 것이며, 파시즘처럼 근원적인 인간의 가치, 예컨대 권위·자유·정의를 부정하고 있다는 것을 더욱 확신했다.

당시 오웰은 이상적인 사회주의 혁명에서 출발했지만, 마침내 경찰국가로 변모된 소련을 인간의 미래와 자유에 위협적인 존재라고 간주했다. 제2차 세계대전이 가까워졌을 때, 그의 미래에 대한 비전은 더욱 종말론적·절망적이었다. 전쟁의 도래는 자유주의 시대의 종말을 고할 것이라는 그의 개인적인 확신을 굳게 했다. 스탈린주의와 파시즘을 경험한 후 오웰은 정치적으로 무자비하고 극단적인 체제를 가진 그들에게 증오의 화살을 돌렸다.

---

11) George Orwell, "Why I Wrote", 앞의 책, *Orwell Reader*, 394쪽.

이런 이유로 대부분의 비평가들은 『1984년』을 소련 공산주의와 나치즘에 대한 공격 또는 풍자를 한 작품이라고 해석하고 있다. 왜냐하면 파시즘과 스탈린주의 아래서 몇 해를 지냈던 사람들은 오웰의 작품에 나오는 오세아니아 전체주의 사회를 무자비했던 소련, 나치 독재체제들과 쉽게 동질화시킬 수 있었기 때문이다. 또한 그들은 『1984년』을 미래에 대한 예언적인 작품으로 간주하고 이 소설의 중요성은 오웰의 날카로운 비전에 있다는 것을 강조했다.

『1984년』은 냉전의 초기인 1948년에 나왔다. 사실 오웰은 이 작품이 출판되기 한 해 전 『파르티잔 리뷰』(Partisan Review)에서 미래에 일어날 수 있는 세 가지 가능성에 대해 다음과 같이 진단했다.

① 단독 원자무기를 갖고 있는 동안 미국이 취할 방어전쟁.
② 소련과 그밖의 국가들의 원자무기 소유에 따른 원자전쟁과, 그 결과 인류의 원시적인 사회생활로의 환원.
③ 세계가 둘 또는 셋의 초국가로 갈라진 채, 각각 뚜렷한 계층사회를 이루면서 서로가 원자무기 사용의 두려움에 어쩔 수 없이 현상유지를 계속하는 것.[12]

이중에서 오웰은 세 번째 상태가 가장 가능성이 있다는 것을 피력했다. 그가 예견했던 대로 이 세 번째 상태는 『1984년』에서처럼, 전적은 아니라 할지라도 그의 미래에 대한 통찰력이 다소 정확했다는 것을 입증하고 있다. 그때부터, 공산주의자든 아니든 간에 냉전을 개인의 끊임없는 희생을 요구하는 항구적인 위기로 계속 이용해왔기 때문이다. 그러나 『1984년』

---

12) G. Kateb, "The Road to 1984", 앞의 책, *Twentieth Century Interpretation of 1984*, 82쪽.

을 일반비평가들이 해석하는 식으로 스탈린주의와 파시즘에 대한 풍자, 또는 미래에 대한 단순한 예언적인 소설로서만 읽는다면 이 작품이 갖고 있는 문제성을 충분히 간파할 수 없는 것이다.

전체주의 사회에 저항하는 '최후의 인간'인 윈스턴 스미스의 패배와 비극을 통해 이 작가가 미래에 대한 종말론적인 절망을 유감없이 제시해준 것임을 보았다. 그 소설의 전 문맥에서 전체주의 사회는 개인적이든 집단적이든 간에 인간에 의해서 도전받을 수 있지만, 사회를 변혁시킬 수 있는 유일한 희망이라고 믿겨졌던 노동계급은 반항의 절대적인 필요성을 개념화 또는 행동화시킬 수 있는 욕구를 전혀 갖지 못했다. 이제 그 사회에 개인적으로 반항할 수 있었던 스미스마저 당이 고안해낸 갖가지 비인간적인 수단에 의해 산산이 부서져 가루가 되어버리자, 미래는 부정되고 모든 것이 끝난 것처럼 보였다.

지난 100년간 문명의 전체 흐름은 경제적인 동기가 사회 전체구조를 결정하거나 지배하는 것으로 일관해왔다. 그러나 1984년의 전체주의 사회에서는 경제적인 동기가 전체주의 체제의 필요성을 전혀 지배하지 않는다. 왜냐하면 그 동기가 절대권력을 위한 수단으로 이용되지 않기 때문이다. 1984년의 당의 지도자들에겐 오브리엔이 갈파한 바와 같이 권력은 수단이 아니라 목적이다. 오웰에겐 권력 자체를 위한 권력이 인간의 근본적인 가치, 이를테면 자유·권위·정의를 파괴하는 비이성적·광적인 병으로 나타나고 있다. 부언하면 권력 자체를 위해 권력을 추구하는 이상심리적인 병적 동기가 1984년의 인간의 도덕 가치를 소멸시키고 세계를 위기로 이끄는 원인인 것이다.

우리는 철학가 쇼펜하우어로부터 세계는 이성적인 것이 아니며, 그 본질과 원리에서 비이성적이며 맹목적인 의지의 소산이라는 것을 배웠다. 이 철학가에 의해서 영향을 받았던 프로이트에게는 무의식·비이성적인 요인이 성격의 형성에 더 중요하다는 것도 배웠다. 이 심리학자는 비이성적인 요인에 파괴로 향하는 인간의 잠재적인 성향을 포함시키고 있다. 개인의 역사에 뿌리박고 있는 이 비이성적·파괴적인 성향 이외에, 프로이트는 사회학자인 만하임·르봉·지멜과 같이 인간은 어떤 집단에 참여할 때 개인의 개성과 자유는 마멸된다. 그가 참여한 집단의 집합적인 성격이 비이성적이며 파괴적인 경우, 그 집단의 성격에 흡수, 동화되어 그 또한 비이성적·파괴적으로 된다는 것을 강조했다. 이미 오래전에 니체·파레토·소렐은 집단이 이성적이 되리라는 희망을 버려야만 된다고 생각했다. 또 베르자예프는 이성에 대한 오랜 신념은 비이성적인 힘 앞에는 무력하다고 역설했다. 베버가 서구문명의 리버럴하고 합리적인 전통에 어떤 도전이 있으리라고 예언한 뒤, 우리는 서구문명의 중심적인 리버럴한 전통에 거역했고 또한 정치체제에서 가장 극단적으로 비이성적인 형태로서 세계를 경악시켰던 전체주의, 즉 스탈린주의와 파시즘을 경험했다.

  오웰은 스탈린주의와 파시즘 이후에 오는 전체주의는 어떤 정치체제보다 가장 악랄한 것이 되리라고 여겼다. 말하자면 이 작가는 권력을 수단으로서가 아니라 목적으로 이용하며, 정치적 동기에서 떠나 인간의 본체론적 구조에 억압되어 있는 비이성적·광적인 성향, 오브리엔이 단언한 바 "우리의 체제는 증오에 기반을 두고 있다"는 바로 그 증오심과 파괴적인 욕구로써 권력을 행사하는 것이 앞으로 전체주의 국가의 존재이유라고 보았다.

  따라서 이 소설가는 1984년의 전체주의 사회는 그것의 절대통치를 위한 동기가 스탈린주의와 나치즘과는 확연히 다르다는 것을 제시하고 있다. 물론 우리는 역사가 이러한 방향으로 가리라고 결코 믿고 싶지 않지만, 미래의 그 잠재적인 전체주의 사회와 대면할 인간 존재의 운명을 적나라하게 밝혀줌으로써, 오웰은 하나의 경고로서 심각한 교훈을 주고 있다. 말하자면 우리가 인간으로서의 가치를 끝까지 견지하려면 모든 희생을 불사하고 역사의 과정을 서구문화의 중심적인 전통, 이른바 자유·질서·정의의 에토스 위에 못박아두어야만 한다는 교훈이다.

우리는 오웰의 이데올로기가 마르크스보다 무정부주의자였던 프루동의 사상에 더 가깝다는 것을 알고 있다.[13] 대부분의 영국 무정부주의자와는 달리 오웰은 결코 마르크시스트는 아니었다. 마르크시즘은 그 철학에 있어서 완전히 합리주의적이라고는 할 수 없다. 그것은 인간 존재가 이성적 동기에 의해 지배된다고 말하지 않으며, 마르크시즘의 계급투쟁 과정이 결코 합리적인 것이라고만은 볼 수 없다.

그러나 오웰의 사상과 더욱 유사한 관계를 갖고 있는 프루동의 사상은 적어도 이성·절제·질서에 기초를 두고 있다는 점에서 합리주의적이다. 이 작가가 그 무정부주의 철학자와 공유하고 있는 이성·질서·절제에 대한 의식은 고대 그리스 사상에 그 원천을 갖고 있으며, 그것은 바흐의 「둔주곡」(遁走曲)처럼 정치·윤리·예술에서 유럽 문화의 중심적인 전통으로 이어져왔다.

이따금 소설의 주인공 윈스턴 스미스가 내뱉는 잃어버린 과거에 대한 열망이란 고대 그리스의 사상에서 출발하여 면밀히 유럽 문화의 특징으로 일관해왔던 근본적인 인간의 도덕 가치, 덧붙이자면 자유·정의·사랑에 대한 인간 고유의 내재적인 경외심으로 돌아가자는 것이다. 오웰의 윤리란 윈스턴 스미스가 항변하는 것처럼 우리의 "공포·증오·잔혹성에다 문명의 기초를 세워서는 안 된다"는 것이다. 인간의 미래에 대한 이 작가의 종말론적인 절망에 우리가 진지하면서도 창조적·적극적인 반응을 가한다면, 『1984년』은 많은 비평가들이 일컫는 부정적인 유토피아가

---

[13] George Woodcock, *The Crystal Spirit* (Boston: Little, Brown and Company, 1966), 28쪽.

아니라 '엘랑 비탈'(élan vital: 생명의 비약)로 향하는 창조적인 유토피아가 될 것이다.

불꽃의 여자
시몬 베유의 생애와 사상

1951년 알베르 카뮈가 "우리시대의 단 하나의 위대한 정신"이라고 일컬었던 것은 현대의 실천적 '성자'(聖者)라는 이미지를 우리의 마음속 깊이 심어주었던 시몬 베유(1909~43)를 두고 한 찬사다. 서른네 살이라는 젊은 나이에 굶주림과 폐병으로 요절할 때까지 가난과 억압의 희생이 되었던 노동자와 약자 들을 위해 전 생애를 바쳤던 베유가 타계한 지 35년이 지나가고 있는 지금, 우리나라에는 때늦게 출판되었다는 감은 있지만, 다행히 우리는 그녀의 친구이자 프랑스 여류철학가인 시몬 페트레망의 책을 통해서 베유의 '불꽃 같은' 삶이 어떠했는가를 다시 한 번 깨닫게 된다.

역사상 조금 이름난 여인들의 애정편력이나 학문적 교류 등을 기록하여, 현재 한국 여성독자들의 관심을 불러일으키고 있는 여성취향의 문학이 그 여주인공들의 자찬(自讚)과 에고이즘으로 점철된 자체 미화의 일종의 자서전으로 그 대종을 이루고 있다면, 시몬 베유는 그 대열에 들 수 없는, 아니 결코 들어서는 안 될 예외적인 인물이다. 그녀는 "'나'를 이야

• 이 글은 시몬 페트레망이 쓰고, 강경화가 옮긴 『시몬 베유: 불꽃의 여자』(까치, 1978)에 대해 그 당시 서평논문 형식으로 썼던 것을 조금 보완해 다시 쓴 것이다.

기한다는 것은 거짓말을 하는 것"이라는 파스칼적인 영혼의 울부짖음을 내뱉었을 만큼, 그녀에게 단 하나 부족함이 있었다면, 그것은 이기심이다. 그들과 달리 그녀가 사랑한 대상은 가난한 자, 억압받는 자, 착취당하는 자였기 때문이다. 철학교수 자리를 마다하고, 탄광노동자·공장노동자·전쟁 참여자들과 함께 고생하면서 끝내는 그들의 고통과 아픔을 함께 하다 굶주림과 폐병으로 죽은, 진정한 의미로 실천적 휴머니스트라고 불릴 수 있는 베유에게 "'나'를 이야기한다는 것"은 불가능했기 때문이다.

스스로 유대인이면서도 배타적인 하나님에 의해 선택된 백성이라는 유대인의 신화를 타파하고, 가난과 고통에 몸부림치는 만인을 사랑하는 그리스도의 자기비하의 정신에서, 남을 위해 자아희생을 불태웠던 베유의 반항적인 영혼은, 폭력에 의해서 정복된 천국을 힘에 의해서 빼앗는 자들이라고, 사도(使徒)의 한 사람인 마태가 선언했던(「마태복음」 11: 12), 어쩌면 그런 격렬한 자들의 영혼이었다.

페트레망의 글을 통해서 간파할 수 있듯 "약자 쪽에 서는 것은 베유에게는 어떤 철학적인 신념에 앞선 일종의 본능이었으며", 그것은 그녀의 전 생애를 지배하는 본능이면서, 동시에 스스로에게는 자신의 영혼의 순수성을 끝까지 지키려는 도덕적 노력 바로 그 자체였다.

베유는 「미와 선」이라는 학생시절의 논문에서, 사막에서 모든 군대가 갈증에 고통받고 있을 때 부하가 바치는 물을 마시지 않은 알렉산드로스 대왕의 이야기를 두고, "모든 성자는 알렉산드로스 대왕과 같이 온당치 않은 물을 마시기를 거부했으며, 자신을 인간의 고통으로부터 분리하는 모든 온당치 않은 부(富)를 거부했다"고 역설하고 있다. 시몬 드 보부아르 여사가 일컬었듯이, "전 세계의 정의를 위해 고동칠 수 있는 심장을 지닌" 그녀는 이론과 실천을 분리시키지 않은, 참다운 삶을 살기 위해 자신을 불사른 순교자였다. 그녀의 지성은 너무나 탁월했지만, 이보다는 고통에 동참하고 싸우는 영혼의 순수성이야말로 평범한 수준을 훨씬 초월했던 것이다.

유대인 의사 아버지와 예술적인 재질이 뛰어난 어머니 사이에서 태어난 시몬 베유는 뛰어난 성적으로 고등중학교와 고등사범학교를 졸업하고 르 퓌에서 철학교수로 임명받았다. 어린 시절부터 가난하고 불쌍한 사람들의 운명을 늘 자기의 일처럼 생각했던 베유에게는 앙리세 고등중학교 시절 알랭 교수와의 만남이 그녀의 정신적인 제2의 탄생을 뜻할 만큼, 그로부터 받은 영향이 컸다.

사회질서에 대한 반항, 기존세력에 대한 분노, 굶주림에 차 있는 자들과의 유대감은 알랭에게서 물려받은 것이 아닌, 베유가 태어나면서부터 가지고 나온 특성이었지만, 그녀는 알랭의 가르침, 말하자면 혁명은 종국적으로는 기존세력을 더 강화하고 시민을 한층 더 노예화시키는 것으로 여기고, 늘 전제화(專制化)되려는 기존세력에 대한 유일한 해결책은 기존세력을 유지시키는 범위 내에서 자유로운 비판과 물음을 통해 그 힘을 견제하는 것뿐이라는 그의 가르침에 깊은 영향을 받았다. 페트레망의 말처럼, 알랭의 가르침이 없었더라면 베유는 어느 정당에 가입했을 것이고, 그렇게 되었더라면 약자를 위한 자신의 헌신적인 노력을 헛되게 했을지도 모른다.

오늘날의 프랑스 정치사상을 대변하는 또는 대변했던 인물, 가령 엠마누엘 무니에·알베르 카뮈·장 폴 사르트르·베르트랑 드 유브렐·레이몽 아롱·시몬 베유 가운데 사르트르만을 제외하고는, 리버럴 정치사상의 모든 변수(變數)에 재등장하는, 국가의 권력으로부터 시민의 보호에 대한 알랭의 끈질긴 관심에 영향을 받지 않은 인물은 단 한 사람도 없다. 베유의 억압에 대한 관심은 그녀의 스승이었던 이 급진주의적인 사회주의 철학교수의 영향에서 나온 것이 틀림없지만, 그녀는 왜 권력이 행사되고, 어떻게 권력이 분산되는가를 꿰뚫는 통찰력에서 그 스승을 앞질러 갔다. 고등중학교 시절의 베유에게서는 개인 욕망이나 이기심은 전혀 찾아볼 수 없었으며, 인류 전체의 복지나 정의에 대해서만 깊이 관심을 가졌던 것으로 전해진다.

고등사범학교 시절에 베유는 그의 친구 페트레망에게 때로는 '성자'라는 인상을 남겼으며, 이 이미지는 페트레망에게 사실 그대로 일생 끝까지 남아 있었다. 이 시절에 베유와 그 친구들은 철학뿐만 아니라 정치학에도 비상한 관심을 가졌다. 베유는 결코 공산당원이 된 적은 없었지만, 공산주의에 매우 심취해 있었다. 공산주의에 대한 심취가 반드시 공산당원이 되는 것을 뜻하지 않는다 하더라도, 페트레망이 지적하는 바처럼, 넓은 의미에서 베유는, 공산주의자였다고 할 수 있다. 그러나 그녀의 친구이자 신부(神父)였던 구스타브 뒤퐁은 다음과 같이 말하고 있다.

어떠한 당파와 사회 이데올로기도 그녀를 자기 편이라고 말할 권리는 없다. 그녀는 민중을 사랑하고 모든 압제를 미워했으나 그것이 그녀를 좌익진영에 가담시킨 충분한 이유는 되지 않는다. 그녀는 진보를 인정하지 않고 전통을 존중했지만, 그렇다고 해서 그녀를 우익으로 분류할 수도 없다. 그녀는 정치 참여에서도 다른 일과 마찬가지로 온갖 정열을 기울였다. 그러나 어떤 관념이나 국가나 계급을 우상으로 만들지는 않았으며, 사회적인 것은 무엇보다도 상대성과 악의 영역에 지나지 않는다는 것을 잘 알고 있었다.

고등사범학교를 졸업한 뒤 철학교수로 있으면서 노동연맹에 가입해 노동운동에 참여한 것도, 베유가 어떤 이데올로기적인 정당보다는 노동연맹의 활동에 희망을 걸었기 때문인지 모른다. 특히 그녀는 르 퓌에서 세 시간 반 거리에 떨어져 있는 생테티엔에서 노동자를 위한 특별강좌에 참여하는 열정을 보였는데, 르 퓌 시절에 베유는 아직도 혁명의 가능성을 믿고 있었으며, 노동연맹단체에서 주도하는 혁명이야말로 진정한 혁명이라고 믿고 있었다.

그녀는 노동자들이 충분한 지식을 얻음으로써 문화 전반에 참여할 수 있도록 능력을 기르는 일이 가장 중요한 혁명 조건이라고 여겼고, 조속한 혁명을 위해서는 노동자를 지식인의 지배에서 해방시키는 것이 일차적인 의무라고 생각했다. 르 퓌에 머무는 동안 베유의 생각은 항상 한 가지 문제에 집중되었다. 즉 압제의 진정한 원인을 분석하여 압제를 근절시킬 수 있는 방법을 찾아내는 것이었다. 이에 대한 분석이 없는 한, 헤아릴 수 없이 많은 해악을 불가피하게 가져올지 모를 무력봉기를 기도한다는 것은 일종의 범죄일 수밖에 없다고 했다.

이 세상에 착취받는 사람들이 있었으므로 혁명을 하는 사람들이 생겨났다. 그러나 이제까지 혁명으로 인해 수없이 살해하고 살해되었음에도 아직 착취는 근절되지 않았으며, 점진적으로 완화되지도 않았다. 압제로 이루어진 사회질서에 대항해 일어서는 것만으로는 충분치 않다. 사회제도 자체를 바꾸어야 한다. 그러나 그것을 모르고는 바꿀 수가 없다.

이렇게 말할 정도로, 베유는 압제의 진정한 원인을 분석하는 데 골몰해 있었다.

오그제르로 발령난 시몬 베유는 오그제르 교외의 공장지구에 아파트를 얻고 두 파로 분리된 두 개의 노동조합을 통합시키려 했다. 그중의 하나는 공산당 노선을 취하고 있었다. 베유는 전자를 택했지만, 그렇다고 베유가 공산당 노선에 곧바로 동조하고 있었던 것은 아니었다. 그녀는 트로츠키의 비판노선보다도 더 격렬한 비판자의 계열에 들었다. 1933년에 작성한 선언문을 보면, 그녀는 러시아를 사회해방을 향해 나아가는 노동자들의 국가로 보고 있지 않다. 그녀는 모스크바에서 주최한 제3인터내셔널이 그 설립정신이 분명히 혁명에 있고 아직도 프롤레타리아의 특성이 다소 남아 있기는 하지만, 마르크스가 정의한 프롤레타리아의 역사적인 이익을 대변하지 못한다고 보았다. 결국 그녀는 이 동맹을 결렬시키고 제4인터내셔널을 만들어야 하며, 이 혁명기구는 러시아와 관련 없이 노동자들의 계몽·교육·선전이라는 역사적 임무를 맡아야 한다고 주장했다.

1933년 8월 25일자 『프롤레타리아 혁명지』에 기고한 「전망」이라는 논문에서 베유는 1930년대의 사회를 최초로 마르크스의 견해에 입각하지 않고 분석했다. 그녀는 당시 이탈리아에서 팽창하고 있던 파시즘은 좌익 혁명주의자들이 주장하고 있는 것처럼 '자본주의의 마지막 카드'가 아니라 이제까지 없었던 전혀 새로운 사회형태이며, 러시아의 정치제도 역시 트로츠키가 믿는 것처럼 프롤레타리아의 절대권이 행정적인 면에서 약간 기형화된 것이 아니라, 파시즘과 유사한 또 하나의 새로운 사회형태라고 역설했다. 1934년 5월에 유명한 논문 「자유와 사회적인 억압의 원인에 관한 성찰」을 쓴 뒤 베유는 후에 로안 시절이라고 일컬어지는 공장생활을 하기 위해 교사직을 떠났다.

오랫동안 베유는 산업사회에서 요구하는 생산기구가 어떻게 자유로운 프롤레타리아에 적합한 생활조건이나 노동조건과 화해할 수 있는지를 생각해보려고 애썼다. 그러나 어떻게 노동자들을 억압하지 않고 공장일이 이루어질 수 있는지에 대해선 답을 얻을 수 없었다. 결국 이론적인 사고로 해답을 얻을 수 없을 때에는 대상과 실제적인 접촉을 해야 한다고 생각했다. 그녀는 어떻게 인간이 인간을, 또 기계가 인간을 핍박하게 되는지를 알고 싶었던 것이며, 그리하여 1934~35년까지 공장생활로 들어갔다. 이 공장생활의 뼈저린 경험은 페랭 신부에게 보낸 자서전적인 편지에서 다음과 같이 잘 표현되고 있다.

> 공장에서 일을 하고 있는 동안…… 다른 사람들의 고통이 제 영혼과 살 속에 파고들어 왔습니다. 그 어떤 것도 제게서 그 고통을 떼어내지 못했습니다…… 제가 공장에서 겪은 일들이 얼마나 치명적이었는지, 저는 요즘에도 어떤 사람이든지 어떤 상황을 불문하고, 제게 무자비하고 잔인하게 말을 하지 않으면, 무엇인지 잘못됐다는 느낌을 버릴 수가 없습니다. 거기에서 저는 영원한 노예의 낙인을 받게 되었습니다.

공장생활의 경험에서 맛본 괴로움은 다름 아닌 굴욕에 있다는 것이었다. 공장생활에서는 인간의 존엄성은 산산이 부서지고 있음을 목격했기 때문이다. 그런 경험을 하고 난 후 1938년에 베유의 생각은 가톨릭 쪽으로 더 기울어져 갔다. 노예의 상태를 경험하고 나자, 비로소 그녀는 노예의 종교를 깨닫게 된 것이다. 그녀에게 공장생활은 음울하고 행복하지 못한 시기였으나, 한편으로 지적인 발전과 영적인 발전의 시기였다. 그럼에도 베유는 기대했던 대로 노동자들의 노동조건을 개선시킬 만한 방법을 발견하지 못했다. 베유는 공장에서의 자기경험을 통해, 사람은 견딜 수 없는 억압과 고통을 받게 되면 저항하게 되는 것이 아니라 복종하게 된다는 것을 알았다. 이 때문에 그녀는 더한층 해방의 가능성을 의심하게 되었던 것이다.

1936년에 에스파냐 내전이 발발하자, 베유는 인민전선군 속에서 싸우기를 희망했다. 그러나 그녀는 본질적으로 평화주의자였으므로, 프랑스가 전쟁에 개입하는 것을 반대했다. 전쟁의 위협 아래 놓여 있는 사회에서 노동자들은 더욱 타격을 받게 될 것이기 때문이었다. 전략무기 생산 등, 전쟁준비를 위해 과대하게 부과되는 과도한 업무량 때문에 노동자들은 노예의 상태로 떨어질 것이며, 무수한 압력을 받게 될 것이기 때문이다.

평화주의를 원하는 그녀의 생각에도 불구하고, 뮌헨 협정은 무너지고 제2차 세계대전이 일어났다. 일단 전쟁이 터지자 베유는 전쟁에 기꺼이 자신을 희생시키기를 원했다. 그러나 체코에 낙하산부대를 보내려는 계획도 간호부대를 보내려는 계획도 좌절되자, 미국에서 편안하게 피신하고 있는 것같이 되어버린 자신의 상태에 견딜 수 없었던 그녀는, 마지막으로 영국에 가서 자신의 계획을 위한 노력을 했으나 좌절당하고 폐병과 굶주림으로 죽어갔다.

베유가 고통당하고 억압받는 자들을 위해 순례자의 고행길을 어떻게 걸었는가를 우리는 페트레망의 글을 통해 간략하게 소개했는데, 베유의 '불꽃 같은' 삶이 진정 어떠했는가는 페트레망이 소상하게 밝혀주고 있으므로, 우리는 이곳에서 생존했을 당시에 집필한 글들을 통해서 베유가 드러내준 몇 가지 중요한 사상을 고찰하는 쪽으로 이 글을 진행키고자 한다.

우리가 어떤 사람, 가령 카뮈나 사르트르 또는 루카치 같은 사람을 두고 이야기할 때, 그들을 문학가·철학가·사회사상가 가운데 어느 한 범주에 그들의 위치를 분류·확정시킬 수 없듯이, 시몬 베유 또한 어느 한 범주에 귀속시킬 수 없을 만큼 문학가인 동시에 철학가이며, 철학가이면서도 동시에 사회과학자다. 이중 어느 한쪽을 강조한다면 그것은 전체로서 그녀의 인간자체를 빈곤케 할 수 있는 위험이 따른다.

가령 문학을 두고 이야기할 때 베유의 작품은 탁월한 문학성을 보여줄 뿐만 아니라 그녀의 비평논문인 「일리아스, 혹은 힘의 시」는 어느 비평가보다 호메로스의 서사시인 『일리아스』의 연구에 깊은 통찰력을 보여주고 있는 것이다.

『일리아스』는 베유가 강조하고 있듯이 힘에 의해서 지배되고 있는 세계다. 이 작품에 나오는 모든 인물은 똑같이 힘에 종속되고 있으며, 이 사실은 아킬레우스 · 아가멤논 · 헥토르 · 프리아모스를 다른 서사시의 인물들과 다른 관점에서 보게 하는 것이다.

예컨대 베오울프 같은 인물은 그들과 달리 자아를 실현시킬 수 있는 힘을 가지고 있으며, 그것을 위해 홀로 자유롭게 행동한다. 그러나 『일리아스』에서는, 아킬레우스가 보여주고 있듯이, 어느 누구도 자신에게 자유로울 수가 없다. 그물 모양의 다양한 힘의 조직에 모두가 종속되고 있는 것이다. 베유가 호메로스의 서사시에서 보았던 것은, 인간이 힘과 폭력 앞에서 얼마나 무기력한가였다. 한 개인의 차원에서든 한 국가의 차원에서든 간에 힘을 빼앗긴 자는 사실상 노예의 상태로 전락될 수밖에 없다. 힘에 의한 종속을 인간의 운명으로 보고 있는 베유는 다음과 같이 말한다.

아킬레우스의 고통은 인간 영혼이 힘에 종속됨으로써 생겨난 것이므로 정당화될 수 있는 유일한 고통이다. 개인의 본성에 따라 약간씩 다르지만 힘에 대한 종속은 인간의 공통된 운명이다. 『일리아스』에 나오는 인물들은 아무도 이것을 피하지 못하며, 우리들 역시 이것을 피할 수는 없다. 따라서 힘에 종속되는 그 누구도 멸시받을 수 없다. 자기 자신의 영혼 내에서, 또는 인간관계 속에서 힘의 지배를 받지 않을 수 있는 사람은 복된 사람이다. 그러나 그는 비극적이다. 파멸의 위협이 항상 그의 머리 위를 떠돌고 있기 때문이다.

호메로스의 『일리아스』를 통해서 베유는 역사의 핵심을 계급이 아닌 힘에서, 인간관계의 중심을 힘의 역학관계에서 찾았던 것이다.

시몬 베유의 사상을 이야기할 때 대체로 그녀가 가톨릭으로 귀의하기 전인 1935년 전까지, 즉 사회 · 정치문제에 배타적 관심을 가졌던 시기의 사상과, 가톨릭으로 귀의한 뒤 종교적 · 초자연적인 문제에 관심을 두었던 시기의 사상으로 대별되고 있다. 우리는 이곳에서 전·후기를 통해 베유 사상의 핵심이 되었던 억압의 문제와 노동의 문제에 한정시켜 그녀의 사상을 살펴볼 것이다.

초기의 사상을 밝혀줄 수 있는 중요한 논문은 「자유와 사회적인 억압의 원인에 관한 성찰」로서, 여기에서 베유는 억압의 개념에 대한 뚜렷한 정의를 내리는 것처럼 보이지는 않는다. 억압은 그녀의 사상에서 자유와의 대립관계로 나타나고 있으므로, 억압에 대한 정의는 자유에 대한 정의에서 시작하는 것이 합당하다. 베유의 이상적인 자유의 개념은 이성적인 사고를 통해서 인간이 자기가 하고자 결정한 것을 자기 스스로 할 수 있는 하나의 능력을 의미한다.[1] 그녀는 완전히 자유로운 인간을 "자신의 손에 언제나 자신의 운명을 쥐고, 사고행위에 의해 자신의 존재조건들을 매순간 창조하는 자"로 생각하고 있다. 이런 관점에서 볼 때, 자유는 "욕망과 충족 사이의 관계에 의해서가 아니라, 사고와 행동의 관계에 의해서" 정의되고 있다.

어떤 사람을 자유로운 인간이라 할 때, 그 사람은 그의 목적과 그 목적을 달성하기 위해서 찾고 있는 수단에 대해서 깊이 사고한 후에 행동한다는 점에서 자아결정적이다. 인간의 행동은 자신의 사고에서 나와야 한다는 것이 베유가 생각하는 이상적인 자유에 대한 개념의 본질이다. 이 이상적인 자유에서 떨어져 있는 자들을 베유는 로마 시대의 노예와 공장노동자들로 보고 있다. 베유는 그녀가 경험했던 공장생활에서 노동자가 당하는 고통을 이와 같은 이상적인 자유의 개념에서 떠나 생활하고 있는 노예화된 굴욕의 표본으로 보았던 것이다.

페트레망의 글에도 나타나 있지만, 이와 같은 자유의 개념이 현실적으

---

[1] Maurice William Cranston, *Freedom: A New Analysis* (London: Longmans, Green, 1953), 제3장을 볼 것.

로 실현될 수 없는 이상적인 것임을 베유 역시 잘 알고 있다. 그러나 이 개념은, 우리가 처하고 있는 상황이 이상에 접근하고 있는가 또는 이상과 먼 거리에 있는가를 평가할 수 있는 하나의 척도를 제공해주고 있다는 의미에서, 그녀에게 중요한 것으로 여겨지고 있다. 베유는 그녀가 생각한 이상적인 자유가 실현되리라고 생각하지 않았지만, 그 자유의 개념은 "우리의 현재 조건보다 덜 불완전한 자유"[2]를 얻는 데 도움을 주리라는 희망을 포기하지 않았다.

따라서 억압은 베유의 사상에서 이와 같은 자유의 대립적인 개념으로 나타나고 있다. 절대적인 억압은 인간행위 가운데 어느 하나도 자신의 사고에서 나오지 못하게 하는 것으로 정의되고 있다. 자유의 개념과 달리 이 억압은 베유에게 좀더 현실적이고 구체적인 것으로 나타나고 있다. 즉 그 개념은 사고력의 박탈로 나타나고 있지만, 그 억압 조건은 물리적이다. 그녀의 공장생활 경험을 통해서 적나라하게 표출되고 있듯이, 그 조건들은 기업주들의 착취의 희생이 되고 있는 노동자들의 저임금, 노동의 악조건과 위험 등으로 제시되고 있다. 베유가 이와 같은 억압의 물리적인 면에 철저하게, 근본적으로 반대하고 있는 것은 그 억압의 형태가 노동자의 사고능력을 약화시키는 데 있기 때문이며,[3] 이와 같은 결과는 최악의 굴욕이기 때문인 것이다.

베유 사회학의 핵심은 억압의 기능적인 이론이다. 이 이론의 본질은 명령하는 자와 그 명령을 받는 자의 관계가 인간 존재의 조건상 필연적으로 존재하는 것이므로, 억압 또한 극복될 수 없다는 것이다. 베유는 무정부주의자는 아니었다. 그녀는 이와 같은 종속관계가 사회적인 질서에서 제거될 수 있으리라고 믿지 아니했다. 지배자와 피지배자 사이에 생기는 갈

---

2) Simone Weil, *Oppression et liberté* (Paris: Gallimard, 1955), 113, 115~117쪽 등.
3) Simone Weil, *La Condition Ouvrière* (Paris: Gallimard, 1951), 여러 곳에 이런 태도가 나타나고 있음.

등의 문제는 투쟁이 아니라 타협함으로써 해결될 수 있으리라 생각했다. 가령 로지에르 공장노동자들이 파업을 일으켰을 때, 그녀가 노동자와 기업주 양쪽의 입장에 서서 노동환경의 개선을 위해 쌍방이 의견의 일치점을 찾게끔 노력했던 것을 보아도 알 수 있다. 베유는 공장의 기술고문인 베르나르에게 보낸 편지에서 이렇게 말하고 있다.

지금 곳곳에서 개선을 요구하는 노동자 측과 이를 가능한 한 제한하려는 경영자 측이 서로 의견을 나눔으로써 문제를 해결하려는 새로운 움직임을 보이고 있습니다. 다시 말하면 이제는 노동자들도 어느 면에서 경영에 참가하고 있습니다…… 저로서는 이런 사회적인 변화가 보다 넓은 평등의 세계를 향해 나아가길 바라고 있습니다. 이제는 혁명으로 노동자들의 조건이 개선되기를 바랄 수는 없습니다. 설령 혁명이 일어난다고 해도 이제까지 지속되어 온 수동적인 복종의 체계가 앞으로도 그대로 지속된다면, 결국 노동자들은 다시 복종하는 상태를 면하지 못할 것입니다. 명령하는 사람이 자본주의이든 사회주의이든 노동자에게는 마찬가지입니다…… 이 문제는 정치와 독립되어 이제까지의 완전한 복종으로부터, 복종과 협동이 함께 있는 상태에서 완전한 협동을 향해 나아가고 있습니다.

베유에게 모든 억압과 제약의 전폐는 불가능할 뿐만 아니라 상상할 수조차 없는 것이었다. 그녀에게 억압은 의식적인 인간욕구의 결과에서 나온 것이 아니라, 필연적인 사회관계의 산물인 것이다. 따라서 베유는 억압을 낳는 객관적인 조건들을 분석함으로써 그것을 감소시키는 문제로 접근했던 것이다. 억압을 낳는 객관적인 조건들은 그녀의 사회학의 기본을 이루고 있다. 그녀에 따르면 지식 정도의 차이와 노동분업에 의해 필연적으로 다른 사람의 운명을 결정하는 권력의 소유자가 나타나기 마련이라는 것이다. 베유의 이론에서는 경쟁으로 인해, 그녀가 일컬었던 권력 투쟁으로 인해, 권력의 행사가 억압적이 되고 있다.

시몬 베유의 권력투쟁에 대한 분석은 홉스의 분석과 비슷하지만, 그것과 완전히 일치하지는 않는다. 그녀에 따르면, 인간은 자신이 스스로 결정하고자 하는 적극적인 존재기 때문에 권력의 소유자와 복종자 사이에 투쟁이 있으며, 무기나 자산, 지식 같은 권력 도구는 그것을 갖지 못한 사람들에 의해서 얻어질 수 있으므로, 권력의 소유자와 복종자 사이에는 투쟁이 있게 마련이다. 권력을 소유한 사람은 그 권력을 지키기 위해 노력하고, 그 상대자는 그 권력의 자리를 대신하려 한다. 권력의 소유자들은 그들을 지켜주는 것이 권력이므로, 그들의 권력을 계속 유지하는 것이 그들에게 불가피한 것이다. 그러나 권력은 그 권력이 위협받는 한 결코 안전하지 않은 목적에 대한 하나의 수단에 불과하므로, 권력을 위한 싸움 이외에 사실상 권력 자체는 결코 존재하지 않는다. 이와 같은 권력을 위한 싸움에서 권력의 소유자는 그들의 권력을 지탱하기 위해 필요한 모든 수단을 통해 통제를 강화하고, 확대하고자 한다. 그 결과 생겨난 것이 억압이다.[4]

이상의 분석에서 베유의 이론은 홉스와 비슷하지만, 그와 다른 것은 권력의 소유자가 오직 개인적인 이해 때문에 그들의 권력을 유지하려는 것이 아니라는 것이다. 그들은 그들의 권력을 지키는 것을 의무로 생각한다. 왜냐하면 그렇게 함으로써 그들은 역시 기존사회 질서를 스스로 지키고 있다고 믿기 때문이다. 베유에게 권력은 질서의 문제와 깊이 관련되어 있다. 누구나 질서 없이는 살 수가 없기 때문에 권력에 대한 요구도 현실적이다. 사회질서의 유지를 하나의 사회적인 필요성으로 보는 그들을 베유는 부분적으로 옳다고 생각했다. 사회적인 질서가 악이라 할지라도 그

---

[4] Simone Weil, 앞의 책, *Oppression et liberté*, 88~90쪽.

것을 불가피한 것으로 믿는 베유는 우리가 그 질서를 파괴하려고 해서는 안 되며, 또한 그것을 개선하려는 노력을 저버려서도 안 된다고 강조하고 있다. 「자유와 복종에 관한 고찰」에서 그녀는 이렇게 피력한 바 있다.

> 우리는 사회질서를 위협하는 사람들을 비난할 수도 없으며, 사회질서를 옹호하는 사람들을 비난할 수도 없다…… 자유를 사랑하는 사람에게는 이 갈등이 사라지는 것보다 어떤 한계 내에서 그대로 지속되는 편이 낫다.

사회질서를 전적으로 파괴함 없이 자유로운 비판과 토론을 통해, 지배와 복종관계에 있는 자들이 투쟁이 아니라 피차간의 타협을 통해 이루어지는 협동의 세계를 강조한 베유는 마르크시스트들과 달리 혁명과 개혁 가운데 개혁의 편에 섰다. 시몬 베유는 끝까지 혁명가이기를 단념하지는 않았지만, "종교가 아니라 혁명이야말로 민중의 아편이다"라고 할 정도로, 그녀의 정치활동이나 사회활동의 사고방식에서 균형이란 그녀에게 무엇보다 중요한 것이었다. '균형'이라는 것을 중시했기에 베유는 그녀가 '역사의 미신'이라고 여겼던 것을 거부하고, 키르케고르식으로 헤겔적인 진보주의를 비난했다.[5] 그녀는 한편 '진보'라는 이교(異敎)와 그 독(毒)을 현대세계에 등장시키고, 그리하여 '비(非)기독교화'로 줄달음쳐 왔던 기독교를 날카롭게 비난했다.

가톨릭으로 귀의하여 그녀의 일생에 두 번째 사상적인 변혁을 가져온 1938년 이후, 베유는 그녀의 초기 글들에서 찾아볼 수 없는 영적·초자연적인 문제에 전념했다. 그러나 이때도 베유가 사회조직과 정치조직의 문제에 대한 관심을 잃지 않고 있었다는 것을 우리는 그녀의 마지막 논문

---

5) Simone Weil, *L'Enracinement* (Paris: Gallimard, 1949), 99쪽.

이 마르크시즘에 대한 한 비평이었던 것을 보아도 알 수 있다. 베유는 사회과학의 필요성에 대한 확신을 끝까지 가졌지만, 이때에 와서는 오직 힘이나 권력을 중심적인 것으로 보는 초기의 기계적인 사회관에서 탈피해, 사회과학은 초자연적인 것의 과학적인 연구와 자리를 함께해야 한다는 확신을 갖게 되었다.

베유는 개인적으로 자신을 기독교인으로 생각했지만, 어떠한 교회에도 자신을 귀속시키지 않았고, 교회에 대한 비판을 아끼지 않았다. 그녀가 교회 밖에 있었던 것은 교회를 하나의 사회구조로 보고, 그것이 사회구조인 이상, 악의 지배 아래에 있는 세속적인 권력에 예속된 것을 못마땅하게 여겼기 때문인지 모른다. 이보다 베유가 그녀의 부모에게 쓴 편지에서

저로서는 세례를 받지 않은 것을 후회하지는 않습니다. 만일 세례를 받았더라면 이 세상에서의 제 임무 가운데 한 가지를 성취하지 못했을 것입니다. 즉 자기반성을 통해 죄를 정화하는 것 말입니다.

라고 밝힌 바처럼, 자기반성을 통한 자기 정화를 교회 자체가 대신해줄 수 없다는 확신 때문인지 모른다. 베유는 기독교 이외의 다른 모든 종교들에 대해서 결코 배타적이 아니었다. 그녀는 모든 종교 사상이 보편적인 진리를 갖고 있는 한 순수한 것이라고 생각했으며, 이런 원칙에서 베유는 유대교를 배척했다. 이것은 유대인들이 국수주의 개념을 만들어냈다는 개인적인 생각에서 나온 것이다.

그러나 무엇보다도 베유가 가톨릭으로 귀의한 뒤 그녀의 사상에서 뚜렷한 변모가 있다면, 그것은 노동에 대한 그녀의 관점의 변화다. 다시 말하면 사회가 육체노동의 가치를 본질적으로 인식해야 한다는 베유의 믿음은 일생을 통해 일관했지만, 기독교에 귀의한 뒤 이 문제에 접근했던 사상은 초기의 그것과는 상당히 달랐다. 초창기의 글에서는 우리가 앞서

억압의 문제에서 지적했던 것처럼, 노동의 최고 가치를 노동을 하는 행위자가 억압에 의해서가 아니라 자신의 사고와 이성적인 판단에 의해서 창조적인 행동을 하는 바로 그 자유의 개념에 두었다.[6] 하지만 기독교로 귀의한 후의 글에서 베유는 노동을 죄에 대한 하나님의 벌로서 인식하고, 그 고통을 통해서 인간이 하나님과 직접 교제를 할 수 있다는 종교적인 토대 위에 노동의 가치를 두었던 것이다.

역사의 시작부터 인간은 생존하기 위해서 노동을 한다. 인간역사는 어떤 의미에서 노동의 형식, 생산수단, 노동과정에서 생기는 여러 관계의 역사지만, 노동은 생존가치 이상의 그 무엇으로 인식될 수 있는 하나의 행위다. 그것은 우리의 휴머니티에서 없어서는 안 될 부분으로서, 사회와 우리의 관계뿐만 아니라 우리의 의식 자체의 작용과 범위까지도 규정한다. 왜냐하면 의식은 자연과의 적극적인 접촉에서도 나오기 때문이다.

정상적인 인간이 행할 일이 무엇인가를 물었을 때 프로이트는 "사랑하고 노동하라"고 말했다. 프로이트는 노동행위를 단순한 경제적인 필요성을 초월하고 있는 가치, 예컨대 개인의 자기실현을 가져오게 하고 그 개인으로 하여금 현실, 특히 그가 속하고 있는 커뮤니티와 확고한 연결을 맺도록 해주는 잠재적인 수단으로 보고 있다. 카를 융의 말을 빌리지 않는다 하더라도, 인간의 최고 이상은 현실의 한계 내에서 자신의 본유적인 잠재력에 따라 자기자신을 독특한 창조적인 개인으로 실현시키는 데 있다. 융에게 노동은 프로이트와 마찬가지로 일종의 해방이다.

해방의 '에토스'를 가지고 있는 이와 같은 노동이 노동자의 창조적인 정신과 자유의 정신에 의해서 지배되지 않고 구속을 받는 한, 그것은 그들에게 인간적인 욕구를 만족시켜주지 못하며 좌절만을 가져오게 하는 것이다. 오늘날 산업사회에서 공장노동자들이 대면하고 있는 상황이 바

---

6) Simone Weil, 앞의 책, *Oppression et liberté*, 140~141쪽.

로 이러한 것이며, 노동이 영혼이 없는 상태일 때, 삶 그 자체는 고갈되어 버린다는 사실을 지각한 사람들 가운데 하나가 베유다. 시몬 베유가 우리 시대의 중요한 과업은 뿌리의 회복이며, 이는 노동을 삶의 영적인 중심에 다시 두는 것이라면서 "우리시대는 그 특별한 사명, 즉 소명으로서 노동을 신성화하는 데 토대를 두는 어떤 문명이 구축되어야 한다"[7]고 역설했을 때 그녀는 루소 · 프루동 · 톨스토이 · 마르크스의 정신을 이어받고 있다.

그녀는 일찍이 노동을 "경제적인 필요성에 따르는 의식적인 복종의 행위"로 간주했지만, 노동자와 그가 속하고 있는 커뮤니티의 모든 사람이 노동이 삶의 영적인 '뿌리'를 이루고, 윤리적 · 문화적인 가치들을 창조한다는 것을 함께 인식하고 있는 한, 노동행위는 일종의 창조적인 기쁨이 될 수 있다고 생각했다. 베유에게 노동의 윤리는 노동자가 모두 스스로를 창조적인 존재라는 것을 십분 인식해야 하지만, 이는 그들이 독립된 존재로서가 아니라 하나의 커뮤니티에 속하고 있으며 집단적인 목적을 위해 협동하고 있다는 의식과 연결되어 있어야 한다는 것이다. 하루하루의 노동행위가 사회적인 맥락에서 협동의 형식으로 나타나지 않고 갈등과 대립의 형식으로 존재하는 한, 그러한 상태에 있는 인간을 뿌리가 없는 존재로 보고 있는 것이다.

그러나 헤겔이나 마르크스 등이 우려했던 것처럼, 베유는 현대의 산업사회가 가져온 자본주의 경제체제 아래에서 현대의 노동자들은 오직 자기생존을 위한 현실적인 필요에 의해 일을 하고 있고, 즉 베유가 일컬었던 "명상의 대상"으로서 그들이 만든 상품을 바라보는 창조적 행위자로서 일을 하지 않고 있기 때문에, 그녀는 그들의 노동의 가능성에 대해서 아주 비관적이었다. 베유는 노동자의 정신상태를 비판하는 데 그녀의 붓

---

7) Simone Weil, 앞의 책, *L'Enracinement*, 87쪽.

을 아끼지 않았다. 하지만 그보다는 노동자를 예속하여 그러한 상태로까지 몰고온 기업주뿐만 아니라, 근대 산업기술 자체에서 노동자를 억압하는 비인간적인 요소를 찾고, 그것들에 더욱 비난의 화살을 돌렸던 것이다. 베유는 「자본과 노동」이라는 글에서 이렇게 말하고 있다.

> 자본주의에서는 노동자가 자본에 종속되어 있다. 그러나 이보다는 노동자가 기계와 원료로 구성되어 있는 물질적인 자본에 종속되어 있다고 하는 편이 옳다. 오늘날 자본주의 제도는 노동자와 노동수단의 관계가 서로 바뀌었다는 사실에 그 기반을 두고 있다. 다시 말해서 노동자가 노동의 수단을 지배하고 있는 것이 아니라 노동의 수단이 노동자를 지배하고 있다. 마르크스에 따르면 기계는 결국 인간이 단순히 기계적인 역할밖에는 하지 못하게 되어 있다고 한다…… 오늘날 산업시대에 와서는 인간이 기계에게 봉사하고 있다.

기계에 종속되는 것은 많은 사람들이 이야기하는 바와 같이, 우리의 문명의 '뿌리'가 근절되고 비인간화되어 가는 과정, 다시 말하자면 사회학자 뒤르켐이 일컬었던 일종의 '아노미' 현상으로서, 베유에게는 이 현상은 심각하게 다가왔다. 따라서 그녀에게 완전한 혁명은 노동자가 노동에 예속되지 않을 수 있는 노동수단을 발견하는 데 있었다. 베유는 여기에 대한 뚜렷한 답을 얻을 수 없었다. 노동자와 직접 노동을 함께하면서 그들의 비참한 현실을 목격하는 가운데 어떤 대안책이 가능하리라는 생각에 베유는 자신의 신분을 숨기고 공장노동자로서 일하게 되었던 것이다. 그러나 그녀는 노예화된 노동자를 노동에서 해방시킬 수 있는 방법을 발견할 수가 없었다. 베유는 노동자가 그들을 노예화하는 기계와 너무나 직결되어 있다고 결론을 내렸다. 기계와 기술의 혁신을 위해 무엇을 해야 할지 그녀 스스로도 알 수 없었다.

공장생활의 비참한 경험으로 인해 베유에게는 그 후 인간의 고통과 굴욕에 대한 문제가 떠나지 아니했다. 그때의 경험을 통해 그녀는 "인간의 참된 가치를 알게 만드는 것은 굴욕·타락·노예화·죄·잘못이며, 이것은 가톨릭교의 기본이 되는 위대한 사상"이라는 것을 알게 되었다. 베유는 마르크스와 마찬가지로 노동 자체는 그것의 이상이 교육의 수단과 원천이 되어야 한다는 인식을 갖고 있었다. 그녀는 가톨릭에 귀의한 후에도 여전히 이와 같은 노동이 우리의 문명을 영적인 삶의 중심으로 회복시킬 수 있게 하는 수단으로 보고 있었다. 그러나 베유는 노동도 죽음과 같이 인간의 죄에 대한 하나님의 벌로 인식하고, 노동이 주는 고통에 의해 하나님과 직접 교제하게 된다는 것을 깨닫게 되었다.

이리하여 베유는 노동이 주는 고통을 극복할 수 있는 합리적인 수단의 추구를 사회적인 개혁이나 혁명에서 찾지 않고, 노동이 주는 고통을 통해 하나님과 직접 교제함으로써 그것의 극복방법을 찾았던 것이다. 만년에 가서 정의는 하나님의 은총을 통해서만 나타난다고 믿었던 베유에게 그와 같은 결론은 당연한 것인지 모른다. 그러나 카뮈가 부르짖었듯이, 은총과 정의도 가능할 수 없는 이 현실에서 우리는 어떻게 살아야 할 것인가를 생각할 때, 베유가 하나님에게 돌아간 것은 그녀에게는 행복일 수도 있으리라.

필자는 베유의 사상 가운데서 중요한 것으로 생각되었던 몇 가지 문제만을 이야기했다. 그러나 베유에 대한 전문적인 연구가 우리나라의 사회학자와 철학자에 의해서 이루어지리라 믿기에 비전문가의 한 사람으로서 무리한 글을 쓰게 된 것에 이해를 구할 수밖에 없다. 우리에게 더 중요하게 보이는 것은 베유의 사상 자체가 아니라 약자와 억압받는 자들을 위해 여자의 몸으로서 투쟁했던 그녀의 불꽃 같은 인생 그 자체다. 페트레망의 말을 인용하지 않는다 할지라도 베유에게 단 하나 부족한 것이 있었다면, 그것은 이기심이었다. 약자를 위해 삶의 전부를 바친 시몬 베유의 행적들

은 이 책의 역자가 피력했던 것처럼,

끊임없이 우리의 주의를 끌고 우리를 안이한 상태에 머물지 못하도록 괴롭힌다. 이 때문에 간혹 우리는 그녀를 잊고 싶어한다. 그러나 이 세상에 그녀의 투쟁의 상대였던 불평등과 대립, 곧 약자와 강자, 빈자와 부자의 대립이 존속하는 한 결코 우리는 그녀를 잊어버릴 수가 없다.

정치와 인간의 운명
케슬러의 『한낮의 어둠』과 실로네의 『빵과 포도주』

'정치소설'

문학에서 정치는 연주(演奏)가 한창 진행되는 가운데 터지는 피스톨의 총소리와 같은 것이라고 스탕달이 말한 적이 있다. 시끄럽고 속되지만 그럼에도 관심을 가질 수밖에 없는, 여러 가지 모양의 가면을 쓰고 우리 삶을 지배하는 '익명의 사자(使者)'이기 때문인지 모른다. R. 알베레스 같은 다소 세련된 비평가마저 현대 작가, 특히 참여문학의 작가들이 너무 지나치게 정치에 관심을 두고 있다고 불평을 한다.

여러 가지 모습으로 등장하는 정치 위기는 우리시대의 일반적 위기의 가장 명백한 표현이고, 여러 가지 모습으로 등장하는 정치 억압 같은 것이 우리시대의 도덕적 위기의 가장 명백한 표현이라면, 정치에 관계되는 소설은 그 피할 수 없는 현실 논리의 산물인지 모른다. 나폴레옹은 오래전에 '운명의 현대적 형식'이 정치라고 일컬었지만, 20세기만큼 인간의 운명이 정치에 의해 결정되고 있는 시대도 역사상 일찍이 없었던 것 같다. 우리가 정치를 무시한다 하더라도 정치는 우리를 무시하지 않는다는

• 1982

것이, 오늘날 우리가 경험하고 있는 피할 수 없는 현실의 논리다. 우리의 온갖 도덕적·이데올로기적인 갈등, 그밖에 모든 갈등이 정치적인 배경을 가지고 있으며, 우리의 사생활 가운데 어느 면에서도 정치적인 갈등과 어떤 식으로든 얽혀 있지 않은 것이 거의 없다. 우리가 이렇게 말한다고 해서, 정치가 오늘날 문학에서 중요한 주제, 또 더 나아가서는 유일한 주제라는 것을 뜻하는 것은 아니다. 정치가 그 어느 시대보다도 오늘날에 글자 그대로 배경, 그것도 생생한 배경이 되고 있다는 사실만은 부인할 수가 없다는 것이다.

'정치소설'이란 무엇인가? 문학 장르의 이름으로서도 생소하며 그 성격을 규정하기도 만만치 않은 정치소설을 어빙 하우는 다음과 같이 규정하고 있다.

> 정치소설을 나는 정치 이념이 지배적인 역할을 하고, 정치 환경이 지배적인 무대가 되는 소설로 규정한다. '지배적'이라는 말이 조금 문제가 되고도 남기 때문에, 어떤 수정이 다시 불가피하지만 말이다.[1]

하우가 소설을 이야기할 때, 부르주아 계급의 문화적 산물인 리얼리즘 계통의 소설을 중심에 두고 말하려는 좁은 시야가 보이기는 하지만, 정치소설은 사회의 움직임뿐만 아니라 작중인물의 의식을 통해서 문제적인 양상을 띤 채 작동하는 사회의 '이념'에 관심을 지닌다고 했을 때,[2] 그는 정치소설을, 하나의 추상적인 실재인 '사회' 내부에서 들끓고 있는 힘에 깊은 관심을 보여주는, 일종의 고전적 사회학의 허구적인 등가물로서 보고 있는 것이다.

---

1) Irving Howe, *Politics and the Novel* (New York: Horizon Press, 1957), 17쪽.
2) 같은 책, 16쪽.

"추상적인 이념이 늘 예술작품을 오염시키며, 그러니까 예술작품으로부터 멀리 안전한 거리에 두게 해야 한다"는 일반적인 생각에 반대하는 입장을 취하면서, 하우는 본격소설에서는 '이념'이라는 것이 빠져서는 안 되는 필요불가결한 것임을 강조하고 있다. 이념을 이처럼 강조하기 때문에 그가 정치소설을 19세기 사회소설, 말하자면 부르주아 계급의 리얼리즘 소설에서 발전된 하나의 형식으로 보는 것도 당연한 일이다.

소설이 그 기원과 발전에서 산업화 및 부르주아 계급의 형성과 밀접하게 관련되어 있고, 산업화 이전 사회의 봉건적 질곡에서 해방된 부르주아 계급의 문화를 반영하는 주요한 문학 장르로 등장했다는 것은 이제 누구나 인정하는 사실이다.[3] 루카치가, 산업문명의 발전에 본질적으로 내재하는 여러 가지 모순과 한계를 내다본 발자크와 스탕달의 작품을 통해, 부르주아 계급 이념 자체가 그 자체의 경제적인 기초, 즉 자본주의의 힘에 의해서 해체되는 비극적인 과정, 예컨대 문학이 한갓 상품으로 변형되는 등, 모든 지적 창조가 '자본화'되어 가는 과정을 일찍이 예리하게 지적한 바 있거니와,[4] 개인주의의 이데올로기와 부르주아 계급의 세속적인 진보와 직접 연관이 있는 문화 산물로서의 소설의 운명에 대해서도 많은 이들이 논의해왔다. '산업화' '자본화' '물상화' 등 여러 형태에 의해 특징 지어지는 부르주아 계급 사회 내에서 개인의 고립과 소외는 소설의 어쩔 수 없는 운명인 것처럼, 개인과 사회의 갈등은 소설형식의 근본적인 구조 가운데 하나가 될 수밖에 없었다.

사실 역사의 시작부터 인간이 '개인'으로서 존재해왔다는 생각은 18세

---

3) 가령 Georg Lukács, *Studies in European Realism* (New York: Grosset & Dunlap, 1964); Ian Watt, *The Rise of the Novel* (Berkeley: Univ. of California Press, 1957); Lionel Trilling, "Manners, Morals, and the Novel", in *The Liberal Imagination* (New York: Doubleday, 1953), 200~215쪽; Alan Swingewood, *The Novel & Revolution* (London: Macmillan, 1975), 3~30쪽 등.
4) Georg Lukács, 같은 책, 47~64쪽을 볼 것.

기 부르주아 계급이 낳은 신화다. 절대적 관념론의 한 형식인 이른바 '실재론'(實在論)에 대한 플라톤적인 믿음이 쇠퇴하고, 그 대신 개개의 존재의 실체성을 강조한 '유명론'(唯名論)이 득세해감에 따라, 실제적·현실적인 것에 대한 정의는 구체적인 사물 그 자체로 방향이 옮겨졌다. 따라서 실제적·현실적인 것은 단순히 '보편적 인간'보다, 예컨대 『1984년』의 주인공 스미스와 같은 특수한 인간과 동일시되었다.

와트는 이름과 자기 정체(正體) 사이의 관계를 중시하고, "개별적인 자기 정체의 문제는 논리적으로 고유명사의 인식론 상의 지위와 밀접하게 연관되며…… 고유명사는 인간 개개인의 특수한 자기 정체의 언어에 의한 표현"[5]이라고 지적했다. 그는 근대 리얼리즘의 뿌리를 데카르트와 로크에서 찾을 수 있음을 시사하면서, 소설 형식은 개인주의적인 견해를 가장 충분히 반영하는, 아니 그 견해에서 결과적으로 나온 문학 장르임을 주장했다.

따라서 소설이 개인과 사회의 갈등구조를 그 근본적인 현실 가운데 하나로 부각시킬 수밖에 없었던 것은 인간은 '개인'으로서 존재한다는, 18세기 부르주아 계급이 낳은 개인주의의 이데올로기에서 어쩔 수 없이 나온 역사 발전의 결과인 것이다. 초기 부르주아 계급의 진보 이념이 퇴색해가면서, 이 계급에 의해 주도되어온 산업화와 경제체계가 온갖 인간적인 위기와 사회 모순을 노출하기 시작하면서부터 소설 내에서 주인공과 사회의 갈등과 대립은 한층 뚜렷한 형식으로 나타나기 시작했다.

19세기 리얼리즘의 소설은 주로 산업화·자본화·물상화 등으로 특징지어지는 부르주아 계급 사회 내에서 일어나는 개인 소외를 다루고 있다. 하지만 이 소외를 자본주의의 근본 위기의 하나인 역사적 현상으로 다

---

5) Ian Watt, "Realism and the Novel Form", *Approaches to the Novel*, Robert Scholes 엮음 (San Francisco: Chandler Pub. Co., 1966), 83쪽; E. Auerbach, *Mimesis*, Willard R. Trask 옮김 (Princeton: Princeton UP, 1968)도 참고할 것.

루고 있다는 점에서, 소외를 비(非)역사적·비시간적으로 해석하는 오늘날의 모더니즘적인 미학에 기초를 두고 있는 문학작품과 본질적으로 다르다.

우리는 소외를 비시간적·비역사적으로 해석하는 쪽을 '형이상학적'이라는 말로 대치할 수가 있다. 하이데거·야스퍼스·틸리히·마르셀에 이르기까지 현대 실존주의의 한 면의 전통을 이어받고 있는 문학가들과, 이른바 '부조리' 내지 '신(新)소설'의 계통에 속하는 문학가들은 소외를 비시간적·비역사적인 것으로 해석하고 있다. 소외는 인간조건의 비극이며, 인간의 운명이기에 그 조건에서 구원은 없으며, 구원이 있다 하더라도 그것은 '시간' 이외의 계시와 신의 은총을 통해서만 가능하다는 것이다.

리얼리즘 문학가들은 소외를 시간적·역사적으로 해석하며, 인간의 본질적인 특성은 그 '사회성'에 있다는 것, 즉 '인간은 정치적인 동물이자 사회적인 동물일 뿐만 아니라, 인간 개개인은 다른 사람과의 관계 속에서 더불어 존재하는 데 있다고 본다. 따라서 리얼리즘의 문학은 그 주제를 고독한 자아의 한정된 세계에 국한시키는 것이 아니다. 리얼리즘의 소설은 그 주인공을, 개인적인 존재로서 독자적으로 겪고 있는 다른 사람들의 경험과 마주치게 한다.

다른 곳에서 지적했듯이,[6] 리얼리즘 문학의 주인공들은 그들 자신이나 스스로의 개인적인 운명보다 더 큰 사회적·집단적 인간들과 그들의 운명을 대변한다. 그 주인공들은 구체적인 개체지만, 동시에 일반적 또는 집단적인 인간 실체다. 어떤 특수한 시기에 변화의 모든 힘을 자신 속에 집중시키면서, 사회 변화를 실천에 옮길 어떤 결정적인 힘―가령 그 가장 성숙된 힘이 그밖에 다른 힘에 의해서 비극적으로 끝난다 할지라도―

---

6) 이 책의 제2부 「우리시대의 리얼리즘」을 볼 것.

을 불러일으켜 주는 '문제적'인 인물이다.

현실의 본질이 모순이기에, 이 현실의 본질을 구체화하는 이미지에다 현실이 어떻게 되어야 하는가의 상상적인 비전을 더해주는 것이 리얼리즘 문학의 자세이며, 이 모순의 극복이 리얼리즘의 윤리정신이다. 오늘날 제3세계 문학에 대한 관심이 확산되면서 서구 리얼리즘의 전통이 안고 있는 몇 가지 한계를 뛰어넘으려는 시도가 진지하게 이루어지고 있지만, 리얼리즘의 그 기본정신은 흔들릴 수가 없는 것이다.

'정치소설'은 한 세기 이상 이어지고 있는 리얼리즘 문학의 특수한 형식이다. 따라서 리얼리즘의 소설에서처럼, '정치소설'은 그 주제를 주인공의 고독한 자아(ego)의 세계에 국한시키는 것이 아니라, 주인공의 이데올로기와 운명을 집단적인 인간의 그것과 동일화시키는 데까지 나아간다. 주인공은 가능한 한 가장 넓은 의미에서 피할 수 없는 정치의 영향을 경험하면서, 어떤 의미에서는 역사의 집단적인 운명이나 의미를 표상하고 있다.

정치소설에 특징이 있다면, 거기에는 화해가 없다는 것이다. '사회소설'에서는 정치적인 갈등이 있음에도 불구하고 화해가 가능하지만, 정치소설은 화해를 거부한다는 것이다. 루카치가 리얼리즘 문학을 비극적인 것으로 보지 않고 서사적으로 보는 것도, 그가 소설에서 '총체성'을 비극적 비전보다 서사적 비전과 동일시하는 것도, 결국은 사회주의적 리얼리즘에는 비극적인 것이 진정한 자리를 차지할 수 없다는, 계급 없는 사회주의에 대한 그의 확고한 이데올로기적인 자세에서 기인하는 것이다. 따라서 루카치가 리얼리즘을 논하면서 비극적이라는 형용사를 그 용어 앞에 결코 붙이지 않았던 것은 당연하다.

'정치소설'은 개인과 사회, 더 엄격히 말하면, 개인과 그 개인의 가치와 이상을 방해하는 정치체제 내지 집단 사이의 화해를 거부하기 때문에 '비극적 리얼리즘'의 소설이라고 이름할 수도 있다.[7] 골드만의 견해를 굳이 따르지 않는다 하더라도, 비극적 비전은 세계와 인간 사이에 '깊은 위기'가 감도는 기간에 강렬성이 더해지는 것이라고 볼 수 있다.

오늘날 세계, 좀더 좁은 의미에서 유럽을 지배하고 있는 두 가지 가장 중요한 신념체계가 있다면, 그것은 기독교와 사회주의다. 그러나 개인과 기독교의 깊은 위기는 이미 19세기에 시작되었고, 후자와의 깊은 위기는 20세기에 시작되었다. 카뮈에 따르면, 19세기를 지배했던 커다란 물음은 은총 없이, 즉 하나님 없이 어떻게 살 것인가였고, 그 대답은 적어도 많은 이에게 "정의(正義)에 의해서"였다. 하나님의 왕국에 절망한 이들에게 사회주의 또는 공산주의는 인간의 왕국을 약속했다. 이 약속의 복음은 이 세기가 끝날 때까지 자본주의 사회체제에 환멸을 느낀 모든 이의 가슴속에 불을 질러놓았다. 그러나 사회주의 체제 초기의 이상적인 이념이 변형·타락해감에 따라, "인간의 왕국은 뒤로 후퇴했고" 제1·2차 세계대전은 유럽의 가장 오래된 국가들을 쑥밭으로 만들었으며, 이리하여 "반항아들의 피는 벽(壁)을 얼룩지게 했고, 전체 정의는 한 발자국도 더 가까이 나아가지 못했다." 따라서 20세기를 괴롭히는 물음은 "은총 없이 어떻게 살아갈 것인가뿐만 아니라, 은총과 정의 없이도 어떻게 살아갈 것인가"[8]였다.

그러므로 20세기의 '정치소설'이 인간의 왕국을 약속한 사회주의의 자기 배반의 결과로 나온 전체주의적 체제에 대한 고발로 특징 지어지고 있는 것도 무리는 아니다. 그러나 오늘날 '정치소설'은 이런 좁은 의미에서 공산주의 국가들의 전체주의 체제에 대한 고발로 끝나지 않고, 자본주의 사회 내에서 자유라는 탈을 쓰고 억압적인 정책을 행사하는 전체주의 체

---

7) John Orr, *Tragic Realism & Modern Society* (London: Macmillan, 1977)를 참고할 것.
8) Albert Camus, *The Rebel*, Anthony Bower 옮김 (New York: Vintage Books, 1956), 195쪽.

제에 대한 항변으로도 확산되고 있다. 이는 '정치소설'이 리얼리즘의 근본적인 윤리정신을 잇는 인간해방의 논리에 궁극적으로 그 근거를 두고 있기 때문이다.

문학의 정치·사회참여 문제에서 '참여'의 성격을 어떻게 규정하고 행동하는가는 개개의 예술가들의 자유에 속한다. 그러나 "어떠한 사건에서도 예술가는 가령 인류가 관심을 표시하지 않는다 하더라도, 자신을 인류의 양심으로 여기는 것을 포기할 수 없다"[9]는 것은 정치소설의 작가들에게 가장 걸 맞은 명제다.

이곳에서 소개하는 케슬러의 『한낮의 어둠』과 실로네의 『빵과 포도주』는 '운명의 현대적 형식'인 정치가 인간의 운명 또는 조건과 어떤 긴장된 함수관계를 가지고 있는가를 보여주는 현대 정치소설의 대표적인 작품들이다.

『한낮의 어둠』

우리 세기의 가장 중요한 사건 가운데 하나가 러시아 혁명이다. 오염되어가는 자본주의 사회에서 신념의 빵과 포도주를 동경하는 이들에게, 또 역사의 수수께끼, 사회의 불평등과 모순을 해결할 수 있는 열쇠를 찾는 이들에게 러시아 혁명은 새로운 삶의 형태에 대한 비전을 안겨주었다. 헝가리 출신 영국작가인 케슬러는 자신이 공산당에 가입할 무렵인 1931년경의 시대상황을 "순수한 유토피아에 대한 집착"과 "오염된 사회에 대한 반동"이라는 말로 규정했다. 그러면서 "1930년대에 공산주의 신념으로의 전향은 하나의 유행 또는 광기가 아니었다. 그것은 절망에서 태어난

---

9) Eric Bentley, *The Theatre of Commitment, and Other Essays on Drama in Our Society* (New York: Atheneum, 1967), 153쪽.

낙관주의의 성실한, 자발적인 표현이었다"[10]고 말하고 있다.

케슬러는 초기 혁명의 정치 비전에 대해 열렬한 지지를 보냈고, 자발적으로 공산당에 가담하여 당을 위해 모든 희생을 하려는 의지를 보여주었다.

사실 파시즘이 부르주아 사회를 위협했던 1931년까지 러시아 혁명은 그의 사상에 영향을 주지 않았고, 그는 러시아의 정치나 마르크시즘에 대한 별다른 지식도 없이 공산주의 운동에 참여했던 것 같다. 1935년 당과 결별할 때까지 케슬러는 사실상 스탈린주의의 골수분자로서 남아 있었던 것이다.

우리는 초기 혁명의 순수한 정신이 변질되자 마르크시즘으로 전향했던 대다수의 인텔리겐치아들이 기대와 좌절의 갈등 속에 머물다가 마침내 공산주의의 이데올로기를 향한 비판으로서의 지적인 활동을 시작했던 것을 알고 있다. 20세기 정치소설의 주제는 주로 이러한 초기의 정치적 희망과 그 후의 환멸에서 유래되는 배반감과 절망감을 말해주고 있다. 혁명의 실상은 그가 꿈꾸던 것과는 판이하게 다르고, 초기의 이상과도 다른 방향으로 달려가고 있음을 깨달은 케슬러는 1937년부터 1955년까지 공산주의를 반대하는 참여작가로 활동하면서, 오웰 · 말로 · 실로네와 더불

---

[10] Arthur Koestler, *Arrow in the Blue* (New York: Macmillan, 1952), 274쪽.
    케슬러만큼 제1차 세계대전 이후 유럽의 부르주아 계급의 삶을 지배했던 영적인 공허를 훌륭하게 묘사한 사람도 별로 없다. 1920년대의 부르주아 사회, 그 자신이 그 속에서 성장했던 그 사회는 "통화팽창, 불경기, 실업, 삶의 방향을 가리켜줄 신념의 부재로 몹시 괴로움을 당하고 있었다." 이런 상황에서 "붕괴되어가는 그들 부모들의 세계에서 도피하고자 하는 부르주아 계급 아들딸들의 대량 이주"가 초래되었다. 어떤 이들은 우익 쪽으로, 다른 이들은 좌익 쪽으로 이주했고, 나머지 이들은 "무의미하게 삶을 계속했다." 같은 책, 270~280쪽. 이런 와중에 케슬러는 신념에 대한 목마름으로 인해 공산주의를 택한 자들 가운데 한 사람이었다. 그에게 서구의 자본주의는 과거로, 러시아의 5개년 계획은 미래로 표상되었으며, 러시아는 새로운 유토피아를 지상에서 건설하고 있는 것으로 여겨졌다.

어 정치적으로 적극적인 활동을 한 유럽 작가의 전 세대를 대변했던 자라고 볼 수 있다.

케슬러는 1956년 이래로 과학과 신비주의 문제에 깊이 빠져 사색해온 사상가로 알려져 있다. 하지만 그가 오늘날 우리의 기억에 주로 남아 있는 것은 참여작가로서의 그의 정치소설들, 특히 "20세기의 정치윤리를 다룬 최고의 작품 가운데 하나"라고 격찬을 받았던 『한낮의 어둠』을 통해서다. 스탈린 통치 아래의 악명높은 모스크바 정치재판을 배경으로 하고 있는 이 소설은 루바소프라는 구(舊) 볼셰비키 지도자의 눈을 통해 혁명의 순수한 이상과 그 실상과의 엄청난 괴리를 그리면서, 혁명적인 이상주의의 붕괴와 구 볼셰비키 혁명지도자들이 스탈린 통치 아래의 관료체제에 무릎을 꿇는 굴종을 다룬다.

1930년대의 '대숙청'은 아마도 평화시에 한 사회의 국내 엘리트 일부가 다른 일부를 향해 행했던 테러 가운데 가장 처절한 역사적 예가 될 것이다. 이 숙청은 그 동기를 어떻게 해석하든 간에 스탈린이 개인 독재를 유지하기 위해 남아 있는 모든 구 볼셰비키를 비롯한 당내외의 지도자 수천 명을 체포하고 처단한 이유를 잘 설명해준다.

이 숙청의 희생이 되고 있는 소설의 주인공 루바소프는 그들의 전 생애를 혁명운동에 바쳤지만 후에 스탈린에 의해 배신당한 구 볼셰비키 지도자들을 상징하는 인물이라고 이따금 말해지고 있다. 이 소설은 그 내용이 루바소프의 투옥 · 심문 · 공개재판 · 처형으로 이루어지지만, 그 초점은 루바소프 내부에서 일어나고 있는 갈등에 맞춰져 있다.

사실 케슬러는 소설의 무대를 감옥으로 설정함으로써, 마치 햄릿이 덴마크를 두고 그렇게 말했듯이, '이런 사회', 말하자면 전체주의 국가의 사회에서의 삶은 '감옥생활'이라는 이미지를 미리부터 제시하고 있다. 감옥의 독방에서 혼자 있을 때 루바소프는 그의 지난 과거를 되돌아보게 된다. 루바소프는 제각기 다른 시기에 추상적인 대의를 위해 독일의 한 젊은 공산주의자인 리하르트, 그와 함께 사랑을 나눈 그의 비서 알로바, 또 다른 한 사람을 희생시켰던 것에 처음으로 죄의식을 느끼고 있다. 초기에 그는 당은 어떠한 개인보다 더한층 중요하며, 혁명 이념을 역사 속에 구현하고 있는 당은 결코 잘못을 저지를 수가 없는 것이라고 확신했다.

당은 결코 잘못 알고 있을 수가 없네. 자네나 나는 실수를 할 수 있지. 그러나 당은 아니야. 당은, 이보게 동지, 자네나 나 그리고 자네와 나 같은 수천 명의 다른 사람을 능가하는 것이야. 당은 역사 속에 깃들인 혁명이념의 구현이지…… 역사는 자기 길을 알고 있어. 역사는 실수하지 않아. 역사에 대한 절대적인 믿음을 갖고 있지 않은 사람은 당의 대열에 끼지 못하네.

한때 역사의 궁극적인 목표를 위해 모든 인간적인 가치를 희생시켰던 루바소프는 이제 목적은 어떠한 수단도 정당화시킨다는 당의 철저한 논리가 그와 다른 공산주의 지도자들을 비인간적인 존재로 만들었다고 느끼고 있다.

그런데 역사상 언제 어디에, 도대체 그렇게 결함 많은 성인(聖人)들이 있었단 말인가. 도대체 언제, 선한 대의가 그보다 나쁜 것으로 나타난 적이 있었단 말인가. 당이 역사의 의지를 구현하고 있다면, 바로 역사 자체에 결함이 있는 것이었다…… 우리의 원칙은 전부 옳았었지…… 그런데 그 결과는 잘못되었어…… 우리의 의지가 굳고 순수했으므로 마땅히 우리는 인민의 사랑을 받아야 했어. 그러나 그들은 우리를 증오하고 있지. 어째서 우리가 그렇게 밉고 혐오스럽단 말인가.

이 소설의 나머지 사건은 이 의문에 답하는 것으로 구상되고 있는데,

그를 가혹하게 심문하는 글래트킨의 젊은 세대, 목적은 어떠한 수단도 정당화시킨다는 필연적인 논리의 법칙에 따라 행동하는, 말하자면 역사에서 과거와 단절된 채 살아가는, 비역사적이고, 비인간적인 글래트킨의 젊은 세대를 루바소프는 네안데르탈인이라고 서슴지 않고 일컫는다. 케슬러는 유토피아에 대해서 다음과 같이 말한 바 있다.

혁명적인 유토피아는 겉으로는 과거와 완전히 단절된 것처럼 보이지만, 항상 잃어버린 낙원, 전설적인 황금시대에 대한 어떤 이미지를 위해 구상된다…… 모든 유토피아는 신화적인 원천에서 그 자양분을 얻으며, 사회적 혁명가들의 청사진은 단지 오래된 교과서를 재판(再版)한 데 지나지 않는다.[11]

그들에게는 '과거'가 단절되어 있기 때문에 글래트킨의 젊은 세대들에게는 판단의 기준이 될 만한 것이 없다. 기준이 있다면 그것은 '제1인자'(넘버원)인 스탈린의 논리다. 그것이 윤리이며 도덕이다. 이 같은 상태를 루바소프는 바닥짐 없이 항해하는 배에 비유하고 있다.

우리의 단 하나의 지침원리는 필연적 논리의 원리다. 우리는 우리의 사고를 최후의 논리적인 귀결까지 좇아가고 거기에 맞춰 행동하고자 하는 무시무시한 강박관념에 사로잡혀 있다. 우리는 바닥짐도 없이 항해하고 있으며, 따라서 키를 한번 잡는 것 하나하나가 생사의 문제인 것이다.

혁명의 순수한 이념을 망각한 채 탯줄도 없이 태어난 세대들의 가장 큰

---

[11] R.H.S. Crossman 엮음, *The God That Failed* (New York: Harper, 1950), 16쪽.

과업은 이 필연의 논리라는 줄을 단단히 쥐는 일이다. 이 필연의 논리, 결코 증명될 수 없는 논리를 신봉하고 있는 루바소프 자신의 신념이 흔들리기 시작한 것이다. '제1인자'는 바로 이러한 신념이 확고하나, 루바소프는 그렇지 못했기 때문에 결국 패배하고 만 것이다.

루바소프와 같이 혁명의 구 세대에 속하면서 그를 심문하는 이바노프는 "목적이 수단을 정당화시킨다는 원칙은 정치 윤리의 유일한 법칙으로 남는다"고 말한다. 루바소프가 거부하기 시작하는 것은 이와 같은 마키아벨리적인 윤리체제다. 이바노프는 혼돈이 이 세상을 지배하고 있는 동안 신은 시대착오적인 존재이며, 이른바 양심이라는 것과 타협하는 것은 배신행위임을 역설한다. 그는 혁명에 의한 인간희생은 그것이 자연재해에 따른 무의미한 희생보다는 가치가 있으므로 정당화된다고 믿고 있다.

'제1인자'의 논리를 따르는 이들이 양심의 가책을 느끼지 않는 이유는 그들이 철저히 신봉하고 있는 역사의 법칙 때문이다. 이바노프는 "역사는 선험적으로 비도덕적이다. 그것은 전혀 양심을 가지지 않는다"고 말한다. 이들의 빈 배와 같은 상황에서 이들에게 중요시되고 있는 것은 역사의 법칙이라는 것이 객관적으로 옳고 그름이 아니라, 누가 더 강한, 결코 후회하지 않는 신념을 가지고 있느냐의 문제, 다시 말해 누가 더 강하게 논리적인 일관성의 법칙에 의해 비합리적인 것까지도 수행할 수 있느냐 하는 신념의 문제다.

오웰의 정치소설에서와 마찬가지로 케슬러에게도 개인은 지배적인 이데올로기의 신념과 투쟁을 통해서만 정치적인 존재로서 존재한다. 루바소프는 목적이 어떠한 수단도 정당화시켜준다는 가정 아래 출발했지만, 비합리적인 것까지도 수행할 수 있는 신념의 결핍으로 체포되어 투옥된 것이다. 루바소프의 세대는 스스로가 잉태한 신념의 덫에 걸려들고 만 셈이다. 내면적으로는 개인의 운명은 중요하지 않다는, 공산주의의 앞으로의 행진은 그것이 수백만의 생명을 희생시킨다 하더라도 정지되어서는 안 된다는 논리를 포기하지 않는다. 그는 그가 포기하지 않는 이 '혁명적인 논리'의 덫에 스스로 걸려, 당을 향한 최종적인 봉사인 죽음에 의해 '제1인자'에게 굴복하고 마는 것이다.

 목적을 위한 수단의 정당화는 중요한 혁명 윤리 가운데 하나인 개인과 전체의 문제로 자연스럽게 이어진다. 혁명 윤리로서는 철저히 당 우선적인 원칙이 적용된다. 루바소프는 당이야말로 역사 속의 혁명 이념의 구현이며, 어떠한 개인 존재보다 더 중요한 무엇이라고 믿었고, 현재도 믿고 있다. 이에 대한 증거로 많은 혁명가들이 반동으로 낙인이 찍혀 죽는 순간, 법정에서 당과 국민 앞에 당이 조작한 것을 허위자백함으로써 마지막 충성을 바치도록 강요당했던 것이다.

 20년 동안 자신과 개인의 가치에 대한 생각을 할 겨를도 없이 '제1인자'가 요구하는 정책과 논리적인 일관성만을 추구해왔던 루바소프가 결국 '나'라는 일인칭 단수는 단지 '문법상의 허구'라는 것을 깨닫고, 지금까지 추구해온 그의 정치적 삶이 얼마나 헛된 것인가를 느끼면서 잃어버린 '나'를 돌아보려는 순간 역사는 그에게 속전을 요구하는 것이다.

 당이야말로 '진실'이라고 믿었고 지금도 여전히 그렇게 믿고 있는 루바소프는 현재 '제1인자'의 통치체제가 독재 관료체제가 되어 40년 전에 그가 가담했던 초기 당의 이념이 변질되었다 하더라도, '진실'은 당이라고 말하면서 "당신은 당의 내분이 내전을 유발시킬 것이 틀림없다는 것을 알면서도 당의 분열을 꾀했소…… 당의 긴급한 필요성은 단결"이라는 글래트킨의 주장에 이의를 제기할 수 없었다. 그만큼 지난날의 루바소프는 자신을 정당화해줄 만한, 올바른 정치윤리를 추구하지 못했다.

 자본주의 사회에서 민중에 대한 잔혹한 착취에 도덕적인 분노를 느껴 공산주의에 몸을 담은 루바소프는 계급 없는 공동사회를 실현시키기 위해 휴머니즘에 입각한 신념을 가지고 정치활동을 계속하지 않았다. 목적이 수단을 정당화시킨다는 가정 아래 독일의 젊은 공산주의자인 리하르트와 그의 비서인 알로바, 그리고 다른 사람의 희생을 묵인하면서, "역사는 우리에게 거짓이 이따금 진실보다 역사에 더 이바지하는 것을 가르쳐 주었다"며 당의 혁명의 과업을 미화시키지 않았던가.

정치 모략에 의해서 희생당하는 주인공들에게 우리가 바랄 수 있는 마지막 기대는 자기를 억압하는 모든 것에 맞서서 자기를 실현시키고자 하는 그 용기다. 이 소설의 주인공은 '문법상의 허구'에 지나지 않는 1인칭 단수인 '나'라는 빈 껍질을 깨고 최후에 가서 현 체제를 부정하고 매도할 수 있는 그런 용기가 없다. '비극적인' 주인공을 '비극적인' 인물로 가능케 할 수 있는 독특한 속성이 있다면, 그것은 패배 가운데서도 자기를 잃지 않고 내세우는 용기와 오만인 것이다.

허위자백을 통해 당을 위한 마지막 충성의 제단에 바쳐질 속죄양이 될 것을 각오한 루바소프는 자신이 반혁명적인 동기에서 당의 노선에 반대하는 범죄를 저질렀고, 외국을 위해 조국에 반하는 행동을 했다는 '객관적인' 죄의 자술서의 내용에 서명함으로써, 당 정책의 정당성에 반대하는 불평분자, 반혁명분자, 더 나아가 조국에 대한 반역자라는 낙인을 자발적으로 짊어졌다.

독재체제·관료체제의 실상을 폭로하는 용기를 저버리고, 최후의 진술에서 과거를 뉘우치지 않고 당과 혁명운동에 순종치 않는다면 죽을 가치도 없다는 논리를 펴면서 조국과 인민대중에게 무릎을 꿇고 사죄하는 최종적인 모습을 보여줌으로써, 루바소프는 당의 단결을 강조하는 '제1인자'의 정책에 마지막 충성을 바치고 형장의 이슬로 사라지는 것이다.

이것은 그의 세대가 잉태한 혁명의 논리, 목적은 수단을 정당화시킨다는 논리, 개인은 전체를 위해 희생되어야 한다는 논리의 덫에 걸려 패배와 배신을 당한 구 볼셰비키 당원인 한 지도자의 비극적인 운명을 말해주고 있다. 그의 비극은 어쩌면 케슬러가 말하고 있듯이 제도상의 잘못이었는지 모른다.

어쩌면 그 잘못은, 여태껏 그가 논의의 여지가 없는 명백한 것으로 생각해왔던 원칙—그 원칙의 이름으로 그는 다른 사람들을 희생시켰고 이제 그 자신이 희생되고 있지만—즉 목적은 수단을 정당화한다는 그 원칙에 있는 것인지도 몰랐다…… 바로 그 원칙이 위대한 혁명동지들을 죽였고, 그들 모두를 미쳐 날뛰게 만들었던 것이다…… 아마도 악의 핵심은 거기에 놓여 있을 것이다…… 그리고 어쩌면 이성 하나만으로는 불완전한 나침판이기에, 구불구불하고 험한 항로로 이끌려 다니다가 마침내 목적지는 안개 속에 사라져버리는 것인지도 몰랐다.

콘래드처럼 케슬러는 사회적인 진보의 수단으로서의 혁명 행위를 거부하고 있다. 그리고 그는 목적은 어떠한 수단도 정당화시켜준다는 혁명가의 이념은 모든 이상을 궁극적으로 타락시킨다고 말하고 있다. 그렇다고 케슬러는 어떤 주의를 옹호하는 것이 아니다. 그는 초기 혁명의 변질과 실패에 대한 실망뿐만 아니라, 인간은 결국 완벽한 낙원을 이룰 수 없다는, 말하자면 제1·2차 세계대전의 충격, 부르주아 계급의 쇠퇴, 파시스트와 나치스들의 비인간성, 새로운 러시아의 유토피아에 대한 환멸 등 개인적인 경험을 통해 그가 얻은, 결국 인간은 완벽한 낙원을 이룰 수 없다는 실망도 말해주고 있는 것이다.

그러나 루바소프의 종국적인 행위가 지난 볼셰비키 혁명가들의 행위를 대변하는 전형적인 것이라는 케슬러의 설명은 정당한가. 1940년대의 글에서 그는 구 볼셰비키 지도자 가운데 한 사람인 므라츠코프스키의 고백에서 그의 이론의 지지를 시사하고 있지만 그것은 지나치게 단순한 논리에 불과하다. 므라츠코프스키는 모스크바 재판에서 육체적인 고문을 당하면서 저항했지만, 이바노프와 글래트킨 유형의 심문에서는 복잡미묘한 논리에 굴복하고 스탈린의 '용서'에 유혹당한 뒤 자신의 온 정력을 철도 건설에 바쳤던 것이다. 루바소프가 글래트킨에게 "당을 위해 할 수 있는 일은 무엇이든지 하겠다"고 말할 때, 그는 혁명적인 마르크시즘에 반대되는 관료주의체제, 사회주의적 민주주의에 반대되는 일당독재의 전체주의적인 정책을 옹호했던 볼셰비키의 소수 그룹의 한 멤버로서 이야기하고 있다는 사실을 간과해서는 안 된다.

루바소프는 혁명운동에 전 생애를 바쳤지만 스탈린에 배신당한 구 볼셰비키 지도자들의 전형적인 표상은 아니다. 케슬러의 설명은 스탈린의 정책에 맞서서 그들의 신념을 굽히지 않고 스탈린 통치 아래 비밀경찰들의 손에 죽었던 수천 명의 구 볼셰비키들, 트로츠키파들, 다른 반대자들의 행동과 전혀 일치하지 않는다. 케슬러는 루바소프의 최종적인 진술이 제3차 모스크바 재판에서 부하린 — 케슬러는 부하린을 루바소프의 모델로 삼았다고 이야기되고 있다 — 의 증언을 근거로 했다고 논의하고 있지만, 역사적인 증언의 기록은 케슬러의 입장을 지지해주지 못하고 있다. 케슬러가 분명히 읽었던 그 당시 재판의 사본은 부하린이 그를 비난하는 자들의 정책과 사상에 공감을 표시하기는커녕, 그들에 대한 확고한 반대를 표명했던 것이다.

물론 루바소프와 부하린 사이에는 표면상의 유사성은 있다. 부하린은 한때 스탈린에게 굴복했고, 자기 자신의 정책을 매도했으며, 당 중앙위원회, 노동자계급, 인민 앞에서 그의 죄를 인정했다. 또한 초창기에는 스탈린주의자들의 숙청을 정당화하기도 했다. 루바소프와 같이, 또 트로츠키와는 달리 부하린은 끝까지 당에 대한 신뢰를 지켰고, 당내에 머물러서 개혁을 위해 싸울 필요성을 견지했다. 그러나 허구적인 인물 루바소프와는 달리 부하린은 후에 공개재판에서 그에게 처형의 올가미를 씌운 당의 반대자들의 주장을 체계적으로 논박했고, 강요된 자백을 자행케 하는 것은 "중세기의 원칙"이라고 지적함으로써 그의 최후진술을 마무리지었다. 여기에서 루바소프와 부하린이 근본적인 차이가 드러나는 것이다.

부하린이 스탈린을 증오했던 것은 잘 알려진 사실이다. 1936년 앙드레 말로에게 그는 "나를 죽이려는 악마"라고 스탈린을 비난했다. 중앙위원회 회의에서 스탈린이 고의적으로 테러와 고문을 획책하고 있다고 공개적으로 힐난했으며, 레닌의 전통으로 되돌아가자고 촉구했다. 그의 이미지에는 무력하게 패배하는 루바소프의 잔영은 없는 것이다. 그는 그의 아내와 새로 태어난 아들을 죽음으로 몰아가려는 위협에 굴하여 스탈린의 각본에 참여했지만, 자신이 처형될 것이라는 것을 직감한 뒤, 다른 혁명가들과는 달리 그에게 남아 있는 유일한 수단인 공개재판을 이용해 세계여론과 역사 앞에서 그를 정죄한 스탈린주의자들을 정죄했다. 부하린은 스탈린주의를 거부하고 볼셰비키즘과 마르크시즘의 민주주의적인 원칙 위에 확고히 섰던 것이다.[12]

루바소프의 "우리는 윤리라는 바닥짐 없이 항해하고 있는 배"라는 주장은 볼셰비키즘이 아닌 스탈린주의에 대한 공격으로 받아들여야 한다. 스탈린의 '위에서부터의 혁명', 급속한 산업화와 강제집단화, 사회주의적 민주주의의 말살은 '선한 목적'에 '악한 수단'의 단순한 적용은 아니었다. 차라리 그의 일당의 1917년 혁명에 의해 확립된 사회골격 내에서 그 권력을 확장시키려는 필요성의 결과였던 것이다. 노동자의 민주주의는 관료주의, 국수주의와는 양립될 수 없었던 것이다.

우익 부하린은 스탈린주의가 결코 볼셰비키즘의 계승자가 아님을 알고, 레닌적인 혁명에 대한 그의 신념을 확인했던 것이다. 자신의 정치 논리의 덫에 걸려 용기와 신념을 잃고 패배한 루바소프와 부하린의 차이는 역력한 것이다. 케슬러는 루바소프를 스탈린에 의해 배신당한 구 볼셰비키 지도자의 전형적인 인물로서, 루바소프의 고백을 스탈린에 굴복한 볼셰비키의 특수한 유형의 전형적인 고백으로 믿었던 것 같지만, 그의 관점

---

12) Alan Swingewood, 앞의 책, 186~188쪽; Stephen F. Cohen, *Bukharin and the Bolshevik Revolution: A Political Biography, 1889~1938* (New York: A.A. Knoff, 1973), 372쪽도 볼 것.

이 옳지 않음은 부하린과 같은 인물들을 통해서 알 수 있다.

　루바소프의 진정한 죄는 그가 자신의 신념에 따라 행동할 수 없었다든가, '제1인자'에 대한 그의 반대를 실천적인 행동으로 옮길 수 없었다는 데 있다. 케슬러의 소설은 특수한 역사적 사건과 인물들에 기초를 두고 정치적인 이데올로기와 혁명적인 실천을 일반화하려는 작품이다. 그렇기 때문에 이 소설이 묘사하고 있는 스탈린 치하의 숙청이라는 특수한 정치배경을 염두에 두고 판단해야지, 이 소설을 통해서 케슬러가 혁명의 순수한 이상에서 출발한 볼셰비키즘과 마르크시즘 내의 혁명 일반을 스탈린주의 및 스탈린식 혁명과 거의 동일하게 변질된 정치윤리로 파악해 정죄하고 있다고 해석한다면, 케슬러의 스탈린의 관료체제 · 독재체제의 속성에 대한 관점은 예리하지만, 그밖의 것은 정당하다고 볼 수 없는 약점이 있는 것이다.

　정치소설은 자본주의 사회가 안고 있는 사회 불평등과 모순에 대한 관점에서 전체주의 사회의 비리를 고발하는 쪽으로 그 관심을 옮겨 온 것이 사실이다. 그러나 전체적으로 19세기보다 20세기에 더 많은 전체주의의 독소가 횡행했는지를 평가하기는 어려울 것이다. 전체주의 체제에 대한 관심은 소련 사회를 비난하는 작품들에서 두드러지게 나타나고 있다. 이 독재체제를 비난하는 이들의 그 본래 동기가 무엇이든 간에──사회주의에 대한 두려움이든 혁명에 의해 배신당했다는 믿음이든──그들의 적의는 일차적으로 혁명 후의 소비에트 러시아에 돌려지고 있는 것이 특징이다.

　어빙 하우는 "우리시대의 중요한 사건은 러시아 혁명"으로서, "초기의 정치적인 희망과 그 후의 환멸 사이의 대조가 20세기 정치소설의 중요한 주제가 되고 있다. 즉 말로 · 실로네 · 케슬러, 이 모두가 혁명의 실패감 또는 배신감에 사로잡혀 있다"[13]고 말하고 있다. 러시아의 초기 혁명가들의 정치적인 이상이 그 후 세대들에 의해서 변질되면서 그 순수성을 잃었지만 전체주의 사회에 대한 비판은 러시아에만 국한될 수 없을 만큼 오늘날 세계도처에 여러 가지 기만적인 탈을 쓰고 그 사악한 모습을 드러내 놓고 있다.

프랑스의 철학자 메를로-퐁티가 그의 『휴머니즘과 테러』에서 『한낮의 어둠』을 비난하는 강력한 논조를 전개시킨 것은 잘 알려진 사실이다. 그 저서에서 메를로-퐁티는 케슬러가 매도한 "혁명적인 폭력"을 정당화시키면서—여기에 대해서 우리는 의문점을 제기할 수 있지만—이름뿐인 자유민주주의 체제가 현실적으로 더 억압적이 될 수 있으며, 폭력을 인정하는 체계는 그 속에 보다 더 순수한 휴머니티를 가질지도 모른다는 역설적인 진술을 한 바가 있다.[14]

그의 이와 같은 역설적인 진술은 우리가 인정하든 안 하든 간에, 루바소프가 말하듯이 마키아벨리즘을 엉성하게 모방하는 반혁명적인 독재체제가 여전히 잔재하고 있는 우리시대의 여러 상황에 적용되기 때문에, 케슬러의 『한낮의 어둠』은 비록 모스크바의 악명높은 재판을 중심으로 공산당 내부의 부패상을 폭로하지만, 단순한 폭로만으로는 받아들일 수 없는 것이다. 목적과 수단, 개인과 전체의 문제는 그것이 잘못 악용될 때는 여전히 우리에게 악몽의 역사만을 안겨다 줄 수 있기 때문이다.

『빵과 포도주』

이탈리아의 작가 실로네가 오웰을 제외하고 말로, 케슬러 등과 다른 점은 그가 정치적인 투쟁에 결부되는 도덕 문제를 끊임없이 강조하면서 그 문제를 기독교적인 관점과 떼려야 뗄 수 없는 연관을 맺어주고 있다는 점

---

13) Irving Howe, 앞의 책, 205쪽.
14) Maurice Merleau-Ponty, *Humanism and Terror: An Essay on the Communist Problem*, John O'Neill 옮김 (Boston: Beacon Press, 1969), xv쪽.

이다. 물론 그의 작품에서 이데올로기는 중요한 문제지만, 이 이데올로기를 뛰어넘는 도덕 질서의 문제도 못지않게 중요한 것으로 제시되고 있다.

소지주의 아들로 태어나 지방 신학교에서 교육을 받았던 그가 여러 굵직굵직한 사회 문제들을 해결하는 데서 종교와 교회의 능력의 한계를 깨닫고 1921년 공산당 창설에 참가하여 파시즘 반대운동에 적극적으로 활약하기 전까지는 충실한 가톨릭 신자였다. 1930년 스탈린의 정책에 환멸을 느껴 공산당을 떠났으나 10년 후인 1940년에 이탈리아 사회당에 참여하여 그때 이후 사회주의자로서 남았다.

실로네 정치소설의 대표작인 『빵과 포도주』는 반파시스트 지하운동을 다룬 일종의 모험적인 피카레스크 소설로 읽힐 수 있을 만큼 단순한 내용을 가지고 있으나, 거기에는 1930년 중반 유럽의 국민들이 당면했던 도덕적·정치적 딜레마가 풍부한 상징 속에 기술되고 있다. 민주주의는 무력하고 파시즘은 광포하게 날뛰는 상황 아래, 파시즘에 대한 대응책을 내세우는 공산주의도 이와 못지않게 악할 때 인간은 어디로 가야 하나, 또 정의를 위한 싸움에서 인간은 무엇을 할 수 있는가의 문제가 다루어지고 있는 것이다.

이 소설의 배경은 1935년대 무솔리니의 권력이 정점에 와 있고, 공산주의 조직은 탄압으로 무너졌으며, 무솔리니가 에티오피아를 침공하려고 하는 무렵이다. 지적이고 이상주의적인 공산주의혁명 지도자인 주인공 피에트로 스피나가 망명지에서 비밀리에 귀국해 농민들과의 유대를 재정립하고, 또 그의 마르크스 이론들이 실천에 옮겨지고 있는가를 보기 위해 고향 근처 아브루지라는 한 산촌에 잠입하면서 이야기는 진행된다.

이곳에 도착한 뒤 그는 곧 공허한 정치선전이란 것은 파시스트 지배 아래에 있는 곳에서는 부적절하며, 슬로건에 의해 갈피를 못 잡고 있는 농민들은 정치선전의 구호를 불신하고 있음을 알게 된다. 스피나는 지금 필요한 것은 강령이 아니라——가장 훌륭한 마르크시즘 강령이라도——강령에 맞는 훌륭한 실천임을 느낀다. 잠입한 뒤 지하조직을 형성하는 가운데 건강이 악화되어, 친구인 눈치오의 도움을 입어 파올로 스파다라는 이름의 신부(神父)로 가장하고 병을 치료하기 위해 피에트라세카라는 산촌으로 가게 된다. 이곳에서 우연히 한 처녀의 병을 고치게 된 결과 이후 '성자'라는 대우를 받게 되며, 그가 로마에서 당의 동지들과 접촉하기 위해 그곳을 잠시 떠나는 것말고 그의 행동반경은 이 피에트라세카에 국한되고 있다.

이곳 농민들은 교육을 전혀 받지 못한 자들로서, 자연 또는 인간제도가 그들에게 가하는 고통에 어떠한 저항도 하지 않고 조상 대대로 그것에 익숙해져온 사람들이다. 그들의 마을에서 나오는 위대한 인물이란 성자와 수녀들뿐이지만, 그들은 이를 자랑거리로 여기고 있다. 이처럼 신앙은 그들의 삶을 계속하게 하는 유일하고도 뿌리깊은 원동력이다.

그러나 주인공인 스피나에게 현대 기독교는 이 농민들에게 구원을 이야기할 충분한 자격을 갖춘 것으로 비치지 않고 있다. 무솔리니의 파시즘에 의해 또 하나의 새로운 바빌론의 포로가 된 자들의 편에 서고 있는 것이 아니라 오히려 압제자들과 야합하고 있는 것으로 보였다. 국가나 교회에서 권력의 소유자와 땅의 소유자는 억압자이면서 착취자로 주인공에게는 여겨졌다. 그리하여 종교와 사회정의가 서로 깊은 관계를 맺고 있기는커녕 이들은 서로 양립할 수 없게 되어버린 것이다. 스피나가 "나는 나의 눈에 정의롭고 참되게 보이는 것을 위해 싸우겠다"고 말할 때, 그의 말은 현재 실상 그대로의 기독교를 받아들일 수 없다는 것을 시사하고 있다.

이곳에서 그는 수녀를 꿈꾸는 신앙심이 깊은 처녀 크리스티나를 알게 되는데, 그는 그녀에게서 세속화되기를 거부하는 기독교의 전형을 발견하고 있다.

하나님을 느끼지 못하는 영혼은 나무에서 떨어져 나온 잎사귀, 하나의 고독한 잎사귀일 따름이죠. 그것은 땅에 떨어져서 말라 썩어버리죠. 그렇지만 하나님과 하나가 된 영혼은 나무와 하나가 된 잎과 같아요. 자신이 먹고 사는 수액을 통해 그 잎은 가지와 줄기와 뿌리, 대지와 얘기를 주고받거든요.

어떤 의미에서 주인공인 스피나의 전 생애는 정신과 물질 사이에는 화해할 수 없는 갈등이 있다는, 또 "타협을 찾는 것은 물질에 정신을 희생시키는 것을 의미한다"는 크리스티나의 진술에 대한 전면적인 부정(否定)이라고 말할 수 있다.

앞에서도 지적했듯이 러시아의 볼셰비키 혁명은 유럽의 인텔리겐치아들에게 희망과 기대를 안겨다 주었다. 낭만주의자들이 프랑스 혁명을 지상에서 천국이 건설되는 것으로 보고 환호했던 것처럼, 그들이 러시아 혁명을 또다시 20세기에 내려온 '천국'으로 받아들였다 해도 무리한 것은 아니었다. 따라서 공산주의로의 전향은 종교적인 개종과 비슷한 것이었다. 종교적인 개종이 자기 자신에 대한 절망에서 생기는 것이라면, 공산주의로의 전향은 오염된 서구문명의 여러 가치에 대한 절망감에서 일어난 것이다.[15]

1930년대에 이탈리아에서 공산주의자가 된다는 것은 곧 어떤 예측할 수 없는 희생을 당할지 모르는 절박한 상황을 전제로 하고 있었다. 실로 네 자신이 회고하듯이, 공산주의는 위험을 피하기 위해 가족들과의 관계마저 절연해야 하는 '완전한 헌신'을 요구했던 것이다.[16] 마치 교회에 순교자의 피를 바치는 것과 마찬가지로 공산주의의 수도사들은 그의 영혼을 당에 바쳤던 것이다. 니체가 기독교를 '노예의 종교'라고 비난했던 이

---

15) Richard Crossman, 앞의 책, 4쪽.
16) 같은 책, 98~99쪽.

유와는 정반대의 맥락에서 현대 기독교는 오히려 진정한 노예의 종교이기를 거부함으로써 시대적 사명에서 손을 씻은 빌라도처럼 되어왔던 것이다. 이런 상황 아래에서는 실로네의 말처럼 공산주의는 하나의 '신앙'으로 대체되었다.

나는 사회주의 정치형태가 어떤 특정한 이론과 결부되어 있는 것이 아니라 믿음과 결부되어 있다고 생각한다. 사회주의 이론이 과학적임을 공언하면 할수록 그만큼 더 공허해질 뿐이다. 그렇지만 사회주의가 보유하고 있는 가치들은 영원한 것이다.[17]

소설의 주인공인 스피나가 사회주의 운동에 참가한 본래의 이유는 교회의 실제행동과 교회가 행하는 설교 사이의 괴리에 대한 혐오감 때문이었다. 실로네는 그의 작품에서 "그가 교회를 떠난 것은 교리나 성례의 효능을 더 이상 믿지 않았기 때문이 아니라, 그에게 교회가 지금껏 싸움의 대상이 되어올 수밖에 없었던, 타락하고 사악하고 잔인한 사회와 똑같은 것으로 보여졌기 때문"이라고 말하고 있다. 그는 그리스도의 부활은 믿지 않지만, 억압하는 이들을 위해 자신을 바쳤던 그의 고통과 고뇌는 믿고 있다. 그에게 그리스도는 이런 의미에서 처음이자 아마도 최후가 될 수 있는 가장 인간적인 존재로 비치고 있다.

우리시대에 와서 상당수의 신학자들, 가령 카를 바르트에서 자크 마리탱, 테야르 드 샤르댕에 이르기까지, 실천적인 윤리의식을 강조하는 신학자들이, 기독교는 이 현실 세계의 문제에 등을 돌려서는 안 되며 세속적 사회의 온갖 불의와 비리에서 인간을 자유롭게 하기 위해 실천적인 행위를 호소해온 것을 알고 있다. 그들은 괴테적인 원리——이 원리는 또한 마

---

17) 같은 책, 114쪽.

르크시즘의 기초가 되고 있지만——즉 중요한 것은 현실에서의 실천 행동이라는 원리를 터득했기에, 또한 그리스도가 보여준 성육화의 진리와 하나님의 '말씀'(logos)이 바로 '행동'이라는 사실을 재발견했기에, 사회적·역사적 책임에서의 도피나 초월적 정의에서 은신처를 찾는 시대는 지나가고 있다고 역설하고 있다.

주인공의 은사이자 덕망 높은 기독교 교인인 돈 베네데토는 이런 실천 행동의 윤리를 인정하는 인물이다. 현실 문제에 등 돌린 기독교에 대한 신앙을 오래전에 잃어 버렸다고 스피나가 고백하자, 그는 고개를 저으며 스피나에게 이렇게 일깨워준다.

　　천부님께서 자신의 모습을 숨기시고 익명을 취할 수밖에 없겠노라고 느끼신 건 이번이 처음이 아닐걸세…… 허나 어떤 가난한 사람이 한밤중에 일어나서 마을의 담벼락에 숯이나 와니스로 "전쟁일랑 집어치워라"라고 쓴다면, 천부님께서는 의심할 바 없이 그 사람의 뒤에 임재하고 계신 것이네.

즉 신은 자신을 감추고 교회 밖으로 나와 민중을 고무시키는 사회정의라는 이상과 그 운동 속에 '익명'으로 존재하고 있다는 것이다. 신도 지하운동을 하고 있다는 이 주제는 실로네의 또 하나의 소설 『그리하여 그는 자신을 숨겼노라』에서 더욱 상징화되고 있다.

이런 점에서 볼 때 혁명의 공작원인 피에트로 스피나가 신부 파올로 스파다로 가장하는 것에는 단순한 가장 이상의 의미, 즉 세속적인 메시아니즘을 구현하려는 상징적인 의미가 있는 것이다. 『빵과 포도주』에 나타나는 인물의 이름은 실제로 성서적인 은유가 많이 들어 있다. 가령 주인공의 실제 이름인 피에트로와 가명인 파올로는 사도 베드로와 바울을 의미하며, 이들은 다 같이 로마에서 순교를 당한 인물들이다. 성(姓)조차 스피나는 '가시', 스파다는 '칼'을 상징하며,[18] 돈 베네데토는 '축복'과 연관되고 있고, 여주인공 크리스티나도 크리스천과 연관되어 있다.

한편 주인공의 친구인 눈치오는 검은 수도복을 스피나에게 건네주면서, "수도복은 희생과 초자연적인 영감의 상징이 되어왔으며, 이를 입는 것은 곧 혁명이라는 신비교에 입문하는 것"이라고 말한다. 레닌이 왜 혁명당원에게 수도복을 안 입혔는지를 이해할 수 없다는 눈치오의 말은 혁명가는 희생물이 되어야 하며 민중을 위해 새로운 세계를 계시해줄 임무가 있다는 것을 지적하는 것이다. 주인공 피에트로 스피나는 단순히 비타협적인 기독교인이 아니다. 그는 기독교적인 '사회주의자'다. 혁명의 개념과 방법을 그는 다음과 같이 재정의하고 있다.

혁명은 새로운 삶의 방법의 문제이며 새로운 인간이 되는 문제요. 아마도 혁명은 그 진정한 의미에서 하나의 인간이 되는 문제라고 충분히 말할 수 있소. 모든 혁명은 그 속 깊이 기초적인 질문을 새롭게 던지오. 즉 인간은 무엇이냐 하는 질문이오…… 당신은 우리나라와 같은 나라에 혁명이라는 것이 과연 무엇을 의미하고 있는지 상상할 수 없을 것이오…… 만약 모든 개인적인 안전을 포기하고 타락에 맞서며 사유재산·섹스·출세의 집착에서 벗어나서, 절대적인 성실과 형제애 위에서 하나가 되고자 하는 100명의 젊은이가 있다면, 말하자면 민중 속에서 살려고 하고, 노동자와 농민들과 접촉하고, 그들에게서 떨어져 나오기를 거절하려는 100명의 젊은이가 있다면, 또한 모든 질문과 상황에 대

---

18) 스피나— '가시'—라는 이름은 예수와 피할 수 없는 연상을 가져오며, 스파다— '칼'—라는 이름은 교회와 종교의 무력함에 의해 현실의 온갖 모순과 악이 극복될 수가 없으므로, 실천적·혁명적인 행동으로 주인공이 나가는 결단을 상징하는 것이다. 주인공을 예수 그리스도의 이미지로 부각시키고 있는 책 Theodore Ziolkowski, *Fictional Transfigurations of Jesus* (Princeton: Princeton UP, 1972), 191~214쪽을 볼 것.

해서 진실만을 이야기하고 진실에 따라 살기를 원하는 100명의 젊은이가 있다면 말이오.

"우리 같은 사회에서의 영적인 삶은 혁명적인 삶일 수밖에 없다"고 스피나는 크리스티나에게 말한다. 그에게 이 혁명적인 삶에는 우선 새로운 타입의 성자, 새로운 타입의 순교자나 새로운 타입의 인간이 필요하다는 것이다. 이런 영적인 삶, 혁명적 삶은 투쟁과 온갖 위험을 떠맡는 삶이다. 그의 기독교적인 사회주의에서는, 인간의 역사에 신의 은총의 하사라는 데 기초를 둔 기독교의 전 초월적인 의미가 제거되고 있다. 스피나는 알베르 카뮈식의 물음, 즉 "신에 대한 믿음이 없이 성자가 되는 것이 가능한가."라는 물음을 다시 묻고 있다. 이처럼 정치적 이상주의와 도덕적·종교적 이상주의가 결합된 실례를 실로네는 무리카라는 인물을 통해서 보여주고 있다.

무리카는 경찰의 위협에 굴복해 정보를 제공하는 공산주의자였다. 자기를 구하기 위해 경찰에게 몸을 팔았던 여인의 희생을 매도하고 고향에 왔으나, 고뇌에서 벗어날 수 없어 마침내 돈 베네데토와 신부로 가장한 스피나에게 자기의 죄를 고백하고 절대적인 도덕의 세계로 들어간다. 그는 결국 체포되나 마치 예수 그리스도와 같은 형태의 순교자적인 죽음을 당한다.

포사에 있는 민병대 막사의 앞마당에서 그들은 그의 머리에 면류관 대신 요강을 씌우고 "이것이 진리다"라고 말했고, 또 그의 오른손에 왕홀 대신 빗자루를 쥐어주고, "이것이 형제애다"라고 조롱했다. 그러고 나서 그들은 그를 마룻바닥에 깔린 붉은 양탄자에 둘둘 말아 두들겨 패고 발길로 차면서 "이것이 노동자의 왕국이란 말이다……."

이 소설의 제명인 '빵과 포도주'가 성찬식을 나타내는 기독교적인 상징임은 두말할 나위가 없다. 이 빵과 포도주는 무리카가 스피나에게 고해한 뒤 같이 나눈 음식물이었고, 무리카가 죽은 뒤 그의 아버지가 고인의 친구들에게 대접하는 음식물이다. 무리카의 아버지는 "이를 먹고 마시라. 이는 그의 빵이고 이는 그의 포도주"라는, 성찬식에 흔히 사용하는 말을 한다. 이 빵과 포도주는 무리카가 노동으로 수확한 것이며, 죽어간 무리카의 살과 피에 유추되고 있다. 그의 빵과 포도주는 새로운 개념의—그러나 다분히 기독교적인—교제를 상징한다.

빵은 많은 이삭에서 난 낱알들로 만들어지니까 하나가 됨을 뜻합니다. 포도주는 많은 포도알로 만들어지므로 역시 하나가 됨을 뜻합니다…… 이처럼 하나가 된다는 것은 또한 진리와 형제애를 의미합니다.

이러한 스피나의 말은 무리카가 죽기 전에 "진리와 형제애가 거짓과 증오 대신에 인간 사이에 군림하게 될 것이며, 노동이 돈 대신 군림하게 될 것"이라고 한 말을 새로운 의미의 성찬과 연결시켜주고 있다.

스피나가 처음에 교회에서, 그다음 당에서 간파한 커다란 악(惡)이 추상적인 논리 또는 공리였다면, 그에게 그 반대는 서로를 아끼는 인간다운 유대. 이 소설에서 이런 유대를 가장 뚜렷하게 상징하고 있는 것은 기독교의 미사도, 당세포의 모임도 아니다. 『분노의 포도』의 중심적인 사상과 거리가 멀지 않은, 빵과 포도주를 함께 나누어 먹는 것, 바로 그 인간다운 교제다. 또 진리와 형제애라는 혁명의 이상이 성찬 속에서 표상되고 있다는 것은 혁명의 도덕적 순결도 지켜져야 한다는 점을 시사하고 있다.

그러나 도덕적·기독교 윤리와 혁명윤리의 결합형태는 이상과 현실의 그것처럼 사실상 갈등구조의 형태다. 공산당이 요구하는 무조건적인 복종은 말로가 쓴 『인간의 조건』의 퀴오처럼 전체와 개인의 문제라는 갈등을 일으킨다. 또한 역사적 필연성이라는 혁명적인 과업을 수행할 때는 '도덕'이 '능률'에 의해 희생당할 수 있다는 공산주의 논리도 케슬러의 루바소프처럼 주인공에게 회의를 불러일으킨다. 스피나는 소설의 처음에는 정통적인 마르크시스트인 것처럼 보이나, 이야기가 진행됨에 따라 당의 지시와는 동떨어진 위치에 서서 행동한다. 그가 피에트라세카의 농민들과 접촉하면서 알게 된 것은 그들이 가난과 무지에 찌들었음에도 적어도 공허한 정치이론에 매혹되기에는 한층 더 현명하고 건전한 현실감각을 소유하고 있다는 사실이다.

그의 당에 대한 실망은 그의 로마 방문에서 더욱 심화된다. 충성스러운 당원으로 15년을 지낸 뒤, 스피나는 그가 전에 교회의 무력한 도그마에 진저리를 느꼈던 것과 똑같이 당의 추상적인 정치이론에 진저리를 느낀다. 결국 공산당 공작원 로메오의 '당성', 즉 맹목적인 당노선 추종에 반발을 느낀 그가 피에트라세카로 다시 돌아와 체포의 위협을 느껴 이곳을 탈출하기 전까지 이곳에서 다시 신부로서 고해성사를 하면서 농민들의 의식을 개조시키는 데 몸바치게 된다.[19] 그에게 당은 당이 맞서고 있는 파시즘의 전체주의적인 악덕을 오히려 흡수하고 있는 것처럼 보이기 때문이었다.

무리카와 스피나가 혁명을 통해 구현하려 하는 것, 즉 '하나가 됨'(union)은 '전체'(totality)라는 전위된 형태와는 다른 것이다. 작중인물 가운데 한 사람인 울리바는 당의 노선과 인연을 끊은 전(前)공산주의자로서, 그를 회유하려는 스피나에게 그는 역사 발전이라든가 낙관주의적인

---

19) 루이스는 모든 실로네 작품의 주요한 주제는, 충성스럽고 적극적인 공산주의자로서 거의 10년을 활동한 뒤 당을 떠나는 저자 자신의 결정을 이치에 맞게 정당화시키려는 데 있다고 지적했다. R.W.B. Lewis, *The Picaresque Saint* (Philadelphia: Lippincott, 1959), 135쪽; A. Soctt, *Rehearsals of Discomposure: Alienation and Reconciliation in Modern Literature* (New York: King's Crown Press, 1952), 66~111쪽을 볼 것.

변화를 믿지 않는다고 말한다. 공산주의 혁명세력이 전체주의를 깨뜨리고 나면 또 다른 전제정부가 들어설 것이며, 이번에는 노동자계급과 연합하여 반대자, 즉 지주와 산업가들에게 박해를 가할 것이라고 말한다. 아브루지의 농민 출신으로 이상(理想)의 환멸을 알고 있는 그는 잔인한 규율에 눌려 있는 거짓된 삶에 맞서 싸울 수 있는 유일한 무기는 인간의 자유의지에 따르는 것, 즉 삶 그 자체의 파괴라고 생각한다.

이러한 그의 태도는 말로의 『인간의 조건』에서 죽음의 의식에 사로잡혀 있는 고독한 테러리스트 첸을 연상시킨다. 장개석을 암살하기 위해 그가 타고 있으리라 추정되는 차 밑에 폭탄을 안고 뛰어드는 첸의 모습은 나중에 울리바가 정부요인들이 모이는 교회를 폭파하려고 계획했다가 폭발사고로 아내와 함께 죽는 모습과 너무도 흡사하다. 스피나는 울리바의 생각을 비난할 수만은 없는 것이다. 사실 스피나는 친구 눈치오가 펼치는 점진적인 개선주의론에 대해 "자네 기다려서는 안 돼. 행동해야만 되네"라고 반박을 가한 바 있다. 점진적인 개선주의는 사회적인 진화라고 볼 수 있는데, 인간의 행동 없이도 이상적인 방향으로 나간다는 믿음, 즉 진화에 대한 확신이다.[20] 반면 '행동'한다는 것은 혁명에 대한 확신에 찬 믿음을 말한다. 승리에 관계없이 혁명의 과정 자체는 개인에게 가치 있는 것이다. 가령 자유로워지려고 노력하는 투쟁은 이미 일종의 자유를 누리는 것이 된다고 스피나는 말한다. 그러므로 그는 "독재 아래, 즉 독재와 싸우는 조건 아래에서 자네는 자유로운 인간이 될 수 있다"고 덧붙인다.

그러나 그의 행동주의적인 모습은 변형을 겪는다. 그가 농민들과 대화를 할 때, 그들에게 고통이 끝날 것으로 믿느냐고 묻는다. 그들은 앞으로 올 세상, 즉 사후의 세계에서나 바랄 수 있다고 대답한다. 이 세상에서 이

---

20) Raymond Williams, *Modern Tragedy* (Stanford: Stanford UP, 1966), 70쪽.

루어진다는 생각은 "하나의 아름다운 꿈에 지나지 않는다"는 것이다. 그들의 생각에 대해 스피나는 그의 일기장에 "그들이 옳을지도 모른다"고 말하는데, 농민들의 대답은 그의 내부에 숨어 있는 또 하나의 의식을 반영하고 있다.

농민들은 "땅 위의 영원한 저주"를 믿고 있으며, 자기들의 고통을 "신의 징벌"이라고 생각한다. 이러한 체념의 상태를 넘어서 투쟁해야만 하는 주인공이지만, 이들의 믿음이 전적으로 그르다고 부정할 수 없는 이 생의 어두운 그림자를 그도 보고 있는 것이다. 그는 베네데토에게 "아마 내일도 오늘같이 되겠지요. 우리는 썩은 씨앗을 뿌리고 있는지 모릅니다"라고 고백한다. 내일도 오늘과 같으리라는 이 말은 역사의 진보를 믿지 않는 울리바를 연상시키며, 구원이라는 단정적인 단어가 존재할 여지를 주지 않는다. 이러한 그의 혁명에 대한 이중적인 태도가 당과의 관계에서도 그를 중간적인 위치에 있게 한다.

말로에서처럼 실로네에게도 작중인물들은 대조적인 세 그룹으로 나뉜다. 첫째 그룹에는 당과 완전히 결별한 개인주의적 테러리스트로서 울리바가 이에 속하며, 둘째 그룹에는 비판 능력이 있고 독자적인 인간성을 지니면서도 당과 완전히 관계를 끊지 않는 인물로 스피나가 속한다. 셋째 그룹에는 당에 전적으로 맹종하는 인물로서 로마의 지하공작원 로메오 등이 이에 속한다.[21] 스피나가 당과 결별하지 않는 것은 그가 당의 노선에 회의를 가졌다 하더라도 정치 투쟁의 내적 의미를 중요하게 여기기 때문이다.

그가 세우려는 나라는 울리바가 야유했던 전제주의로 흐르기 쉬운 이데올로기적인 정부가 아니다. 혁명의 결말에 대한 그의 궁극적인 비전은,

---

21) Murray Krieger, *The Tragic Vision* (Chicago: U of Chicago Press, 1960), 77쪽을 볼 것.

"아직 존재하지 않지만 우리가 인간의 형상대로 창조하고자 하는 체제"다. 인간주의적인 정치체제를 그는 바라고 있는 것이다. 이런 휴머니스틱한 비전에는 "인간을 인간되게 하는 것을 방해하는 모든 것"이 악이며 투쟁의 대상이다. 이런 상황 아래 있을 때, 그는 교회의 기회주의뿐만 아니라 공산당의 마키아벨리즘도 함께 비난해야 한다. 또 이런 상황 아래 있을 때, 그는 어느 파에도 속해 있지 않으므로, 그의 투쟁은 '모든 악'에 대한 도덕적인 투쟁이 된다.

정치 투쟁이 도덕 투쟁이 되는 것은 실로네의 작품에 나타나는 중요한 특징이다. 스피나는 "도덕은 오직 실제생활에서만 살 수 있고 융성할 수 있다"라고 주장한다. 이처럼 윤리를 실제생활과 연결시키는 것은 형이상학적인 문제를 현실에 도입함으로써 단순한 정치 차원을 넘어서는 것이다. 일반적으로 역사적 필연성이라고 주장되는 마르크시스트의 혁명을 개인적·형이상학적 기초에서 재조명하는 일은 역사적 혁명과 형이상학적 혁명의 차이를 구별하는 일로 그친다. 형이상학적인 문제를 정치 수단에 의하여 해결하려는 시도는 "나는 반항한다. 그러므로 우리는 혼자"라는 카뮈의 말에서 볼 수 있듯이, 비극적인 암시를 내포하고 있다.

실로네에게 혁명가는 다시 말해 모럴리스트여야 하며, 특히 기독교적 윤리에 터한 모럴리스트여야 한다(사회 개조는 인간 개조와 일치되기 때문이다). 그러나 사회를 개조시켜야 하는 혁명적 필요성과 개인을 개조시켜야 하는 도덕적 필요성은 서로 갈등상태에 있을 수밖에 없다. 작품 속에서 스피나는 신부로 가장한 파올로 스파다라는 자기 역할과 끊임없이 화해하려고 하지만, 완전히 하나가 되어 새로운 성자의 빛나는 역할은 감당하지 못한다. 시골에서는 파올로, 로마에서는 오직 스피나일 뿐이다. 이상과 삶 자체 사이의 괴리가 모든 악의 근원이라고 스피나가 말하고 있듯이, 진정한 혁명가는 이 이중적인 갈등 속에서 살 수밖에 없는 비극적인 인물이다.

파올로와 스피나가 사실은 하나라는 것이 밝혀졌을 때, 그는 경찰이 체포할 대상이 된다. 그가 '염소 안장'이라고 불리는 골짜기를 넘어 탈출을 시도했을 때, "곧 어두워질 거예요. '염소 안장'에 도달한다 해도 눈보라에 묻히게 될 거예요"라고 여관 여주인이 울면서 하는 말에서 우리는 쇠약한 몸으로 설산을 넘는 스피나가 생명을 잃을지도 모른다는 불안을 느낀다. 제18장에서 울리바는 스피나에게 "나는 자네가 몇 년간 삶과 일종의 낭만적인 투쟁을 벌이는 걸 보아왔지. 자네가 더 좋아한다면 그걸 창조주와의 싸움이라고 말할 수도 있지. 그건 자신의 한계를 뛰어넘어 서려는 피조물의 투쟁일세!"라고 말한 바 있다. 그런데 이것은 스피나가 자신의 한계를 뛰어넘기 위한 투쟁에서만 존재의 의의를 찾고 있다는 것을 지적하는 말이다. 스피나는 마치 비극의 주인공처럼 투쟁과 혁명을 신이라는 절대적 도덕의 수준까지 높이는 오만을 소유하고 있는 것이다.[22]

혁명이 지향하는 것은 늘 현재의 한계를 넘어서는 것이다. 그러므로 정치적인 '인류의 구원'이라는 희망은 실제로 비극적 전망을 가지기 쉽다. 그렇기에 혁명에 관계되는 작품들은 수많은 혁명가의 죽음으로 점철되는 것이다. 실로네의 작품에서 혁명의 과정에 희생되는 사람들은 모두 '전향자'의 집단이다. 따라서 이들은 자신들의 희생을 '진실'과 '형제애'의 제단에 바치며, 이 작품에서 "지상(至上)의 행위"라고 일컬어지는 자기희생의 거룩한 빵과 포도주를 인류에게 제공하는 것이다. 그들은 20세기의 일반현상인 에고이즘의 폐쇄된 공간을 넘어서 더 큰 투쟁으로 향했던 것이다. 그러므로 스피나는 이들이야말로 구원받은 자라고 말한다.

나는 오늘과 같은 시대에 인간의 영혼을 구할 또 다른 어떤 길이 있다고 생각지 않소. 그 자신의 개인적인 이기주의, 그가 속한 계급과 가

---

[22] 같은 책, 82~83쪽.

족중심적인 이기주의를 극복할 때, 또 자기 주위에 있는 악에 물들려는 생각에서 그의 영혼을 자유롭게 할 때, 그 인간은 구원을 받는 것이오.

그러므로 스피나가 무리카의 죽음 앞에서 "우리가 모두 그처럼 산다면 그는 죽지 않은 것이나 마찬가지다"라고 말할 수 있었던 것이다.

실로네 소설에서는 오웰·말로·케슬러의 작품과는 달리 폭력이나 죽음의 장면에 휩싸이지 않는다. 앞서 이야기했던 케슬러의 『한낮의 어둠』은 공포와 짓눌리는 듯한 분위기로 우리를 압도한다. 일반적인 현상으로서 전체주의를 규정하려 할 때, 전체주의의 의미와 본질은 이런 것이라고 확연하게 대답하기란 쉬운 일이 아니다. 그러나 다시 한 번 일반적인 현상으로서의 전체주의를 그리려고 할 때 우리의 머릿속에 와 닿는 것은, 케슬러를 포함해서 오웰, 카프카, 초기 러시아의 풍자작가들이 그들의 작품을 통해서 그 현상을 창조해놓은 허구적·상징적 이미지다.

다른 말로 하자면 전체주의 현상의 가장 순수한 표현형식은 그 물리적인 실체가 아니라 그 힘에서 하나의 꿈, 또는 악몽으로서 표현된다는 것이다. 이는 전체주의의 일반적인 현상이 물리적인 실체를 결하고 있다든가 그 실체가 힘을 결하고 있다는 것이 아니라, 그것이 우리의 무의식에 주는 충격을 통해서, 그것이 그 희생자에게 창조해내는 정신적인 상태를 통해서 가장 깊이 그 의미와 본질을 나타내준다는 것이다. 케슬러의 작품 속에 나타나 있는 그 분위기를 우리가 악몽이라고 생생하게 느끼는 것은 바로 이런 까닭이다.

실로네의 작품이 그렇지 못한 것은 작품의 무대가 시골이고, 등장인물들이 거의 시골 출신이기 때문이다. 시골은 도시와 비교할 때 한층 신선한 도덕적인 자산을 소유하고 있다. 따라서 실로네의 작품에 떠도는 목가적인 분위기는 잃어버린 소박한 삶에 대한 향수에 그치지 않고 아직까지 인간에게 존재하고 있는 그 잠재력을 암시하고 있다. 도시에는 이데올로기가 횡행하지만 시골에는 아직도 소박한 삶을 지향하려는 순수한 도덕적인 윤리가 존재하는 것이다.

스피나는 이데올로기를 "고정관념의 거미줄"이라고 규정하고 있으며, "나는 정치이론을 말하는 것이 아니라, 우리가 우리의 삶을 위해 무엇을 해야 하나를 말하는 것이오"라고 말함으로써, 정치 문제는 결국 삶의 문제에 환원됨을 밝히고 있다. 그에게 있어 그 삶의 기본은 '빵과 포도주를 함께 나누어 먹고 마시는' 그런 초대 교회적인 순수성을 아직도 찾아볼 수 있는 농민들의 소박한 삶——무시되어왔으나 끈질기게 그 생명을 유지하는——에 있는 것이다.

이 소박한 삶의 재발견에 혁명의 궁극적인 목표를 두었던 스피나가 그의 정체가 신부가 아닌 혁명가라는 것이 밝혀진 뒤 눈보라 몰아치는 골짜기를 향해 탈출할 때, 우리는 이 고독한 혁명가의 장래를 두려워한다. 그는 어떻게 될까 하고 우리는 그의 앞길을 불안한 눈초리로 바라보게 된다. 그를 따르던 크리스티나가 골짜기에서 늑대들에게 물려 비참하게 죽듯이, 스피나 또한 인간 늑대들에게 의해서 최종적으로 희생이 될 것인가.

정치소설에서 정치는 화해를 거부한다. 화해의 가능성은 작가가 의도하는 주제에 따라 결정적으로 제한을 받는다. 도스토옙스키 · 콘래드 · 솔제니친, 또 우리가 보아왔던 케슬러는 주인공과 그가 대면한 전체사회 사이에 화해가 허용되지 않고 있음을 인식할 수 있다. 대체로 주인공의 패배가 아니면 희생 또는 고립에 의해서 마무리되기 때문에 정치소설을 '비극적 리얼리즘'이라고 칭할 수 있는 것인지 모른다.

「파블로 네루다에게 바치는 비가」(1966)에서 프랑스의 시인 아라공은 시인들을, '밤의 피조물'이지만 그럼에도 그의 내부에 태양을 짊어진 자라고 묘사하고 있다. 이 시의 배경은 파블로 네루다의 집을 강타하고 파괴한 1965년의 칠레의 지진이다. 그의 친구에게 연민을 표현한 후에 아라공은 시인들을 배신하고 있는 지구 자체를 비난하고 있다. 그러고 나서 그는 정의·행복에 대한 고결한 꿈과 그 꿈을 현실화하기 전에 극복해야 할 장애 사이의 괴리를 시인들이 깨달을 때 이보다 더 커다란 재난이 있다는 것을 보여줌으로써 그의 주제를 넓히고 있다. 아라공의 메시지는 인간을 인간되게 하는 것을 방해하는 모든 것에 시인들, 아니 우리 모두가 투쟁을 멈춰서는 안 되며, 눈을 크게 뜨고 늘 긴장된 상태에 있지 않으면 안 된다는 것이다.

케슬러에게 전체주의 체제는 늘 존재해왔고, 정치적 진보는 환상이며 인간의 역사는 반복할 수밖에 없다는 보수주의적인 세계관이 깔려 있지만, 실로네에게 혁명의 궁극적인 목표는 결국 "수백만의 사람들이 인간다운 존재로서 행동하는 것을 방해하는 모든 악의 제거"라는 진보적인 세계관이 떠나지 않고 있다. 그의 내부 속에 태양을 안고 골짜기로 향해 달려가고 있는 스피나, 아니 폭력과 전체주의 사회, '초월'이 없는 세계를 고독하게 대면했던 실로네를 위해 눈부신 태양의 빛은 언제쯤 온누리에 비칠 것인가.

한 젊은 니힐리스트의 죽음
투르게네프의 『아버지와 아들』

19세기 러시아 소설

리얼리즘을 논의할 때 우리는 리얼리즘 문학의 중요한 매체인 소설을 고유한 영역으로 인정하고 있다. 소설이라는 형식이 산업사회 부르주아 계급의 세계관을 반영하는 문학 장르로서, 18세기에 발전해 19세기에 완성이 된, 본질적으로 중산계급의 문화 산물이며, 그 출발점은 그 이데올로기를 수용·합리화하는 데서 시작되었다. 하지만 그 이데올로기와 그에 따르는 부산물을 비판하는 반동적인 문학형식으로 발전되어왔음을 인정하고 있다. 여러 선구적인 비평가들이 소설을 부르주아 계급 문화의 특징적인 표현으로 파악했지만, 이 공식은 위대한 리얼리즘 문학을 낳은 19세기 러시아의 소설에 그대로 적용되는 것은 아니다. 톨스토이·투르게네프·도스토옙스키 등은 부르주아 예술형식으로서의 소설의 신화를 파괴했기 때문이다.

부르주아 계급의 형성과 발전을 점차적인 과정으로 소화시켰던 유럽과는 달리, 러시아는 후에 마르크스가 통찰했듯이 부르주아 계급의 형성 없

• 1982

이 봉건체제에서 산업사회로 이행했다고 볼 수 있다. 가령 부르주아 계급을 대표하는 농노 출신의 상인계층이 형성되었다 하더라도 이 러시아 부르주아 계급은 결코 독자적인 지배세력으로 등장하는 것이 허용되지 않았다. 관료주의체제의 억압적인 정부가 '시민사회'의 영역을 통제했으므로 봉건주의 유산을 가진 귀족주의적인 지배에 문화적 반동을 행사했던 유럽의 부르주아 계급과는 달리, 중요한 의미에서 러시아의 부르주아 계급은 전혀 신흥계급으로 발전하지 못했다. 그들에게는 그람시가 의미하는 헤게모니적인 주장도 국부적·단편적이었으며, 사회구조와 이데올로기를 융합할 수 없었기에 차르 체제를 반대하는 거대한 힘으로 규합될 수 없었던 것이다.

러시아의 19세기 소설은 프랑스 리얼리즘의 영향 아래서 부르주아 예술형식으로 발전했지만, 이것도 정치적으로 무능한 부르주아 계급에 의한 헤게모니가 불가능하게 된 사회 내에서였다. 따라서 개인과 사회와의 갈등이 첨예하게 부각되고 있으며, 문제적인 주인공은 곤차로프·투르게네프·도스토옙스키 등의 소설의 '잉여 인텔리겐치아'의 모습 속에서 그 최고의 표현을 성취하고 있다. 사회와의 갈등 해소를 무익한 죽음 속에서 찾는 투르게네프의 루딘·인사로프·바자로프 등과 같은 잉여 인텔리겐치아들을 유럽, 특히 영국 소설에서는 거의 찾아볼 수 없는 것도 19세기 러시아 소설의 중요한 특징 가운데 하나로 꼽을 수 있다. 소설을 "부르주아의 서사시"라고 일컬었던 헤겔 또는 루카치식의 공식에 걸맞지 않게, 19세기의 러시아 소설은 주로 19세기 중반의 두 주요한 사회계급인 귀족계급과 인텔리겐치아 간의 여러 정치적·사회적인 복잡한 관계에 초점을 두었던 것이다.

조금 전에 지적했듯이, 지배적인 부르주아 계급의 형성 없이 산업사회로 치닫고 있었기에 러시아는 유럽의 안정된 사회와는 달리 사회구조의 모순으로 날카롭게 대립될 수 있는 요소들을 그 속에 내포하고 있었다.

이리하여 러시아 소설은 예외 없이 고골의 『죽은 영혼들』(1842)에서부터 톨스토이의 『부활』(1899)에 이르기까지 앞으로 밀어닥칠지도 모르는 혁명이라는 격변의 불안을 예시하는 가운데 잉태되고 있었다. 19세기의 러시아 소설가들은 구약의 예언자의 그것과 비길 만한 강력한 비전을 갖고 그 거대한 힘을 지각하고 예언하고 있었던 것 같다. 정치 · 경제적으로 사회구조를 송두리째 붕괴시키고 사회 전체의 삶을 변화시킬 수 있는 힘이 혁명이라는 것을 깊이 꿰뚫어볼 수 있었기 때문에, 톨스토이를 비롯한 19세기의 러시아 작가들은 동시대 유럽 리얼리즘 문학가들이 추구한 그 한정된 문학세계를 초월할 수 있었던 것이다.

19세기의 유럽 소설은 어떤 의미에서 그 출발부터 한계를 안고 있었다. 부르주아 계급의 형성과 발전을 성숙하게 소화시킨 유럽은 자본주의의 안정된 사회구조를 가졌으므로, 소설 이면에도 안정된 무대가 별다른 흔들림 없이 자리를 굳히고 있었다. 리얼리즘 문학의 거장으로 인정되어왔던 발자크 · 디킨스 · 플로베르 · 스탕달 같은 작가들도 사회 구조를 철저히 와해시키고 사회 전체의 삶을 압도할 수 있는 거대한 힘이 무엇인가를 간파할 수 없었다. 그 원인을 부르주아 계급의 이데올로기나 귀족계급의 이데올로기를 기존 가치로 잠재적으로 인정하는 그들의 세계관에 돌릴 수도 있겠지만, 어쨌든 그들의 작품세계 속에서 일어나는 비극적인 사건도 엄밀히 말해서 개인적 · 세속적인 차원을 넘어서지 못했던 것이다.

투르게네프

문학사상에서 투르게네프의 『아버지와 아들』(1861)[1]만큼 논란의 대상

---

1) Ralph E. Matlaw의 영역본, *Fathers and Sons* (New York: Norton, 1966)를 텍스

이 되었던 작품도 흔치 않다. 이 작품이 나온 당시는 물론, 오늘에도 그 논란의 지속성은 소비에트 문학비평가들에 의해서 끊이지 않고 있다. 투르게네프가 창조한 주인공 바자로프는 격동기에 처해 있었던 그 시대의 '니힐리스트'들을 대변하는 전형적인 인물인가, 이 인물의 사상과 행동을 통해서 당시의 비귀족계급 출신인 급진주의 인텔리겐치아들을 옹호하고 있는가 또는 매도하고 있는가 등 주인공 바자로프를 중심으로 한 논란은 계속되어오고 있다. 그만큼 바자로프는 러시아 소설의 주인공들 가운데에서 독특한 인물로 부각되기 때문이다.

러시아 리얼리즘의 발전에서 최초의 위대한 작가로 위치를 굳힌 투르게네프는 동시대의 다른 작가, 가령 톨스토이나 도스토옙스키와 달리 우리에게 커다란 관심 대상이 되지 못했다. 이는 러시아 문학의 두 거봉인 톨스토이나 도스토옙스키와 비교할 때 그의 문학적 업적이 상대적으로 크게 평가받지 못한 것에도 부분적으로 원인이 있겠지만, 뚜렷한 러시아적인 특색을 가지면서도 삶을 조망하는 스케일에서 장대하고 깊이 있는 그들과 달리, 지나치게 단순한 작품의 줄거리, 절제된 어조와 완만한 이야기 진행, 시간·장소·인물들을 설정하는 데 있어서의 한정된 스케일, 서구적인 색채를 뚜렷이 풍기는 비러시아적인 성격에도 부분적으로 원인이 있는지 모른다.

이런 의미에서 러시아 작가들 가운데 투르게네프가 최초로 유럽에 알려졌고, 그의 작품들 또한 최초로 그곳에서 번역된 것도 우연의 일치만은 아닌 것 같다. 또 당시 산문소설의 거장 가운데 한 사람으로 존경을 받았고 작가 기질이 비슷했던 플로베르와 그의 생애의 마지막 10년간 각별한 친교를 맺은 것도 우연의 일치만은 아닌 것 같다. 그의 작가생활의 시작에서부터 그의 예술을 높이 평가했던 헨리 제임스가 『프랑스 시인과 소설

트로 함. 이 작품의 인용문은 필자 자신의 번역임.

가』라는 제목의 책 속에 투르게네프에 관한 논문을 포함시키고 있는 것은 프랑스 문학에서 투르게네프의 위치를 나타내주는 하나의 중요한 사실로서 인식될 수 있다는 것 외에, 투르게네프의 작가 기질과 정신이 유럽 전통에 뿌리박고 있음을 보여주는 것이다. 삶의 대부분을 유럽, 특히 프랑스에서 보낸 투르게네프가 톨스토이와 도스토옙스키보다 예술의 미학 측면에 더 관심을 가진 작가로서 평가받고 있는 것도 이런 맥락에서 이해될 필요가 있다.

우리는 어떠한 예술작품도 그것이 묘사하는 현실과의 관계에서 완전한 객관성을 주장할 수 없다는 것을 알고 있다. 작가가 작품의 소재를 선택하고 정리하기 때문에 어떠한 작품도 절대적인 현실을 제공해줄 수 없으며, 작가가 제공해주고 있는 것은 기계적인 현실의 복사가 아니라 "글로 씌어진 현실"[2]이라는 플로베르의 예술관에 동일한 보조를 맞추고 있는 투르게네프는 소설가가 일차적으로 제공해주고 있는 것은 세계가 아니라 '말'이라는 사실을 결코 잊지 아니했다. 우리가 어떤 작품을 리얼리즘 정신에 입각해서 평가할 때 객관적인 예술적 진실이라고 일컬을 수 있는 것이 그 속에 내포됨을 알 수 있다. 투르게네프 작품에서 이 예술적인 진실의 존재가 19세기의 러시아와 유럽의 문학비평가에 의해 일반적으로 인정되었지만, 전체적으로 볼 때 소비에트 시대에는 투르게네프에 대한 어떤 급진적인 재평가도 이런 점에 입각해서 이뤄지지 아니했다.

소비에트 문학비평가들은 보통 그를, 억압받는 농민의 운명과 같은 커다란 사회 문제를 꿰뚫어볼 수 있을 만큼 인간 존재의 운명에 날카로운 관심을 가진 위대한 작가로서 평가해왔다. 따라서 그의 작품에는 '진보적' 작품이라는 딱지가 늘 붙어다녔다. 소비에트 비평의 일반적인 추세인 문학작품의 사회성에 대한 강조 때문에, 투르게네프에게 붙여진 이 '진

---

[2] *Correspondance* (Paris: Conrad, 1926~33), iii, 268쪽.

보적'이라는 항목은 지나치게 강조되었고 이 결과 투르게네프가 후에 가서 표시한 혁명적 사상에 대한 회의는 그 효과가 상쇄되었다.

그러나 투르게네프 예술에 대한 소비에트의 비평은 1960년대에 와서 그의 작품, 특히 『아버지와 아들』의 이데올로기 측면에 관계되는 문제를 다시 들춰내 열띤 논쟁을 전개시킨 바 있다.[3] 이 글에서 다루고자 하는 대부분의 논의가 새로운 것은 아니라 하더라도, 우리는 투르게네프의 『아버지와 아들』이 왜 그토록 논의의 초점이 되고 있는가를 다시 한 번 고찰함으로써, 이 작품이 안고 있는 문제성을 나름대로 검토할 필요성이 있다고 본다. 논의의 전개를 위해서 이 소설의 줄거리를 요약하면 대충 다음과 같다.

『아버지와 아들』

투르게네프의 『아버지와 아들』은 1859년 5월 페테르부르크 대학에서 학교를 마친 아르카지가 바자로프라는 한 젊은 니힐리스트와 함께 그의 고향 마리노에 돌아오는 것에서 시작된다. 그의 아버지 니콜라이 페트로비치는 농노 200명이 일하는 영지를 가진 지주지만, 이웃사람들에게는 진보적인 사상을 가진 인물로 인식될 정도로, 이미 일부 농노를 해방시켜 그들에게 토지를 나누어주는 등, 악의 없는 전형적인 러시아 사나이로 나타나고 있다. 홀몸인 그는 농부의 딸 페니치카를 내연의 처로 삼고 있으나, 그의 형 파벨 페트로비치의 계급적인 편견에 경의를 표하기 위해서 그녀와의 결혼을 삼가고 있다.

파벨은 퇴역한 미남형의 군인장교로 자존심이 강하고, 귀족적인 가치

---

[3] Zbigniew Folejewski, "The Recent Storm around Turgenev as a Point in Soviet Aesthetics", *The Slavic and East European Journal*, 6: 1(1962)을 볼 것.

를 존경하며, 실연으로 끝난 한 여성에 대한 열애 때문에 일생을 독신으로 보내면서 그의 동생 니콜라이 집에 기거하고 있다. 아르카지는 바자로프를 열렬히 숭배하고 그의 사상을 자신의 것으로 흡수하고 있는 선량한 청년이지만, 바자로프는 예술을 포함한 일체의 권위와 전통을 부정하는 냉소적인 인물로 부각되고 있다. 전공이 의학인 그는 아르카지 집에 온 후 개구리를 해부하는 것으로 소일한다.

투르게네프는 그의 주요인물들의 대립적인 감정에 입각해서 당시의 일반적·지적 이데올로기의 갈등을 드러내주고 있는데, 그는 이를 작가 자신의 직접적인 진술보다는 대립적인 인물들 간의 대화와 전면적인 논쟁으로써 보여주고 있다. 일체의 권위를 부정하면서 자연과학 외의 어떤 것에도 경멸을 표하는 바자로프가 오랫동안 손님으로 머물고 있는 동안, 니콜라이 페트로비치는 이 젊은 니힐리스트를 두려워하면서 아르카지에 대한 이 사나이의 영향이 과연 유익할 것인가 의심하고 있다. 파벨 페트로비치는 그와의 논쟁에서 시를 포함한 예술 전체와 문명, 그밖에 모든 것을 부정하는 바자로프의 태도에 분개하고 그를 극히 미워하고 있다. 그들 형제는 아들 세대인 아르카지와 바자로프 사이에 깊은 거리가 있음을 느낀다.

이렇게 머무는 동안 두 젊은이는 근처의 니콜스예촌을 방문하게 되는데, 거기서 그들은 미모의 젊은 미망인 오진초바와 그녀의 여동생인 카차를 만난다. 오진초바는 아르카지보다 몇 살 위인 스물아홉 살의 침착하고 냉정한 성품과 관습에 얽매이지 않는 생각을 가진 여성으로, 두 젊은이를 저택에 초대한다. 그녀의 부유한 집에 머무르면서 바자로프는 자신의 니힐리스트 원칙—그의 말을 빌리자면 사랑은 난센스요 얼빠진 잠꼬대라는 원칙—에도 일체의 귀족적인 태도를 매도하던 버릇까지 팽개친 채 오진초바를 사랑하게 된다.

오진초바는 사랑을 갈구하는 듯하면서도 사랑에 빠지지 않는 타입의 여성이다. 그녀는 자신이 바자로프에게 일으킨 격렬한 감정에 놀라 그와의 관계에서 물러난다. 그 여인이 생각날 때마다 바자로프의 피는 끓어오른다. 그것은 그 자신이 형용할 수 없는, 그가 지금까지 냉소해오던, 그의 자존심을 상하게 하는 내부의 정욕, 그것은 증오를 닮은, 적어도 그것에 가까운 격렬한 사랑의 감정이다. 모든 면에서 친구를 따르는 아르카지는 처음에 자신도 역시 오진초바를 사랑하고 있다고 상상하지만, 곧 그의 취미에 더 걸맞는 카차에게 끌리게 된다.

바자로프는 실연을 경험한 이후 아르카지를 동반하고 시골에서 조용히 살고 있는 그의 부모를 찾아간다. 그의 아버지는 퇴역한 군의관이며 그의 어머니는 소박한 구식 여성이다. 그들은 자식을 무척 숭배하고 있다. 아르카지는 이곳에 머무르고 있는 동안, 자신과 바자로프 사이에 점차 간격이 벌어지고 있음을 알게 된다. 아르카지는 내심 깊은 곳에서부터 니힐리스트가 될 수는 없었다. 그는 바자로프가 그의 아저씨 파벨을 조롱하는 것에 화를 내면서 거의 주먹다짐을 할 뻔하는 데까지 이르지만, 그들은 함께 다시 아르카지의 집으로 돌아가기로 작정한다.

아르카지의 집으로 되돌아온 바자로프는 니콜라이 페트로비치의 내연의 처 페니치카에게 마음이 끌린다. 강제로 단 한 번의 키스밖에 하지 않았지만 이 장면을 파벨이 목격하고 그에게 결투를 신청한다. 바자로프는 결투에서 다치지 않고 파벨만 상처를 입는데, 상처가 회복되는 동안 파벨은 젊은 시절에 그가 사랑했던 한 여인에 대한 강력한 추억이 페니치카로 인해 되살아나고 있음을 알게 된다. 그는 동생 니콜라이 페트로비치에게 자신을 진정으로 사랑하는 여인을 잃는 위험에 처하지 말고 페니치카와 정식으로 결혼할 것을 권고한다.

한편 카차에 대한 아르카지의 사랑이 익어감에 따라 그는 결혼을 신청하고 곧 수락을 받는다. 이러한 그의 행동은 바자로프와 그의 니힐리즘과의 마지막 결별을 의미하는 것으로, 여기서 우리는 아르카지가 나이를 먹으면 그 또한 자기 아버지 세대와 똑같은 종류의 사람—즉 성실한 지주, 애정 있는 남편, 계몽된 사상을 가졌으나 혁명적이지는 않은 선량한 시민—이 되리라는 것을 짐작할 수가 있다.

다른 한편 바자로프는 아르카지와 오진초바에게 작별인사를 하고 그의 고향으로 돌아간다. 거기서 그는 서재에 들어앉아 책을 읽으면서 지내나 그것에도 권태감을 느껴 마침내 자기가 할 일을 찾게 된다. 그는 아버지의 진료를 도와주면서 어느 날 티푸스로 죽은 한 환자의 시체해부를 맡게 되는데, 해부용 칼이 잘못 스쳐 손에 상처를 입게 된다. 감염당한 며칠 뒤에 바자로프는 죽음을 목전에 둔 채 마지막으로 오진초바를 불러 만난 다음, 쓸쓸하게 그러나 용감하게 죽어간다.

그러나 이 작품은 바자로프의 비극적인 죽음에도 일종의 해피엔드로 끝난다. 페트로비치 집안은 결혼식을 두 차례 치른다. 니콜라이 페트로비치는 페니치카와 정식으로 결혼한 뒤 농노해방의 조정자가 되어 열심히 일하고, 아르카지는 카차와 결혼한 뒤 충실한 농장경영자가 되어 그의 농장은 눈부신 수확을 올리고 있다. 오진초바도 극히 총명하고 착실한 법률가와 결혼을 하게 된다. 파벨 페트로비치는 독일로 이주한 뒤 영국이나 러시아의 여객들과 교제하면서 여생을 보낸다. 러시아에서도 도시에서 멀리 떨어져 있는 벽지의 작고 쓸쓸한 무덤, 늙은 두 사람의 노인 부부 외에는 인간의 손길이 닿지 않는 젊은 니힐리스트 바자로프의 무덤 위에는 꽃들만이 물결치고 있다.

바자로프

『아버지와 아들』은 어떤 의미에서 사랑의 주제를 다룬 작품이라고 할 수 있다. 말하자면 니콜라이와 페니치카, 바자로프와 오진초바, 아르카지와 카차 등의 사랑의 관계에서 그들의 관계가 마침내 결혼으로 이르지만,

바자로프만이 고립된 채 죽어가므로 이 작품은 어쩌면 주인공의 사랑의 비극을 취급한 작품이라고 할 수 있다. 그러나 이 소설은 그 이상을 펼쳐주는 작품이다. 『아버지와 아들』은 러시아 역사에서 결정적으로 중요한 시기에 등장한 새로운 타입의 니힐리스트, 또는 비귀족출신의 인텔리겐치아인 '라즈노치네즈'의 출현을 기록한 정치소설이라고도 할 수 있기 때문이다.

투르게네프는 러시아 지성사에서 새로운 시대의 개막을 상징하는 이 새로운 타입의 인간의 혁명적인 태도와 그 미묘한 변화를 목격하여 기록하는 데 독특한 재능을 보여주고 있다. 인간의 성격과 행동을 규정하는 환경의 중요성을 강조한다든가, 따라서 주인공이 처한 사회적 배경과 이에 대한 반응을 두드러지게 부각시킨다든가, 사건 중심의 플롯보다 작중인물의 성격과 태도에 초점을 두면서 일종의 전기적 소설의 색채를 띠게 하고 있다든가 하는 등 러시아 리얼리즘 작가들과 공통적인 특징을 함께하면서, 투르게네프는 주인공 바자로프를 통해 당시의 사회적 쟁점을 정교한 필치로써 제시해주고 있다. 따라서 그의 소설은 주인공 바자로프에 대한 일종의 인물연구라고 할 수 있다. 한 특정인물, 때때로 두 인물에 초점을 두는 것이 투르게네프의 흔한 기법이듯이, 이 작품에서도 초점은 바자로프를 향하고 있다.

그의 대부분의 소설에서처럼 투르게네프는 여기서도 먼저 주인공을 등장시키고, 그런 다음 다른 인물들을 소개하면서 각각 독립된 장(章)에서 이 인물들의 과거와 현재를 설명해주는 일종의 전기(傳記) 형식을 취하고 있다. 이후 주인공을 중심으로 사건의 진행을 펼쳐주면서 이야기를 끌고 나간다.

바자로프가 이 소설의 중심인물이라는 점은 여러 가지 측면에서 강조된다. 바자로프는 다른 인물들과 달리 전기 형식의 기법으로 소개되지 않는다. 그의 배경은 작가의 직접적인 진술에 의해서가 아니라 다른 인물들이 그를 두고 말하는 대화, 특히 제5장의 아르카지와 파벨 페트로비치 사이의 대화에 의해서 가볍게 스케치된다. 이 대화들이(이 대화들이 없다면 작품에서 바자로프의 중요성을 독자는 이해할 수 없다) 그에 관한 배경을 제공하면서, 그밖의 인물들과는 다른 사회적인 배경을 가진 바자로프의 대조적인 성격을 설명해준다.

바자로프가 중심인물로 부각되고 있는 것은 한편 작자의 직접적인 진술에 의해서가 아니라, 그의 다른 인물들과의 접촉에 의해서다. 말하자면 그것은 바자로프와 그와 다른 대립적인 관점을 가진 인물들과의 대화와 전면적인 논쟁이라는 전형적인 극적 형식을 통해서 바자로프의 우월성이 입증되는 것에 의해서다.

바자로프가 중심인물로 부각되고 있는 것은 또 한편 이 소설이 그를 점차적으로 다른 인물들로부터 고립시키게끔 구성되어 있다는 사실에 의해서도 입증된다. 이 고립은 바자로프를 따르던 아르카지가 카챠와 사랑을 맺으면서 마침내 그와 그의 니힐리즘을 거부하는 것에서 절정에 달한다. 아르카지는 바자로프와 절연하면서부터 소설 속 그의 적극적인 역할도 끝난다. 따라서 바자로프만이 소설의 진행에서 중심인물로 남게 된다. 이런 기법에 의해서 투르게네프는 소설 자체 내에서 그의 고립을 강조함으로써 사회적 타입으로서뿐만 아니라 한 인간 존재로서 바자로프의 고립의 비극을 강조하고 있다. 우리가 『아버지와 아들』을 일종의 바자로프에 대한 인물연구라 말했던 것도 이런 사실 때문이다.

이 소설의 중심인물인 바자로프를 통해 투르게네프가 이야기하고 싶은 것이 무엇인가를 두 가지 측면에서 고려할 필요가 있다. 그 하나는 1860년대 러시아의 지적 해방운동으로 "러시아적인 독특한 현상"[4]이라고 일

---

4) Nicholas Berdyaev, *The Origin of Russian Communism* (Ann Arbor: U of Michigan Press, 1960), 48쪽.

컬어지고 있는 니힐리즘을 구현하고 있는 바자로프를 통해 투르게네프가 무엇을 보여주려고 하는가이고, 또 하나는 이처럼 사회적 타입으로서가 아니라 하나의 인간 존재로서의 바자로프의 고립과 죽음을 통해 투르게네프가 과연 무엇을 보여주려고 하는가다.

본질적으로 바자로프의 이야기인 『아버지와 아들』은 1860년 러시아 사회의 중요한 역사적 단계에서 새로운 타입의 인텔리겐치아인, 이른바 니힐리스트들의 출현을 기록한 정치소설이라고 할 수 있다. 이 소설은 다른 모든 리얼리즘의 문학작품과 마찬가지로 당시 러시아 사회의 특수한 상황을 떠나서는 이해하기가 힘들다.

1860년대는 초기 실증주의와 일원론적 유물론의 시대였다. 러시아 젊은 세대의 니힐리스트들은 과학적 실증주의를 진리에 이르게 하는 최상의 방법으로 환영했다. 이상주의적 철학가들이 그 해결에 실패했던 온갖 사회적인 문제를 해결하는 새로운 치료약으로서 과학이 등장했다. '아들'의 세대인 니힐리스트들은 모든 도덕적·철학적·미적 개념뿐만 아니라 과학적 논리에 입각하지 않는 진리·이론·윤리 등을 일체 거부했다. 콩트·다윈·뷔히너 등의 저작에서 영향을 받은 그들은 유물론과 실증주의라는 확고한 신념에다 무신론이라는 복음주의적인 모티프를 첨가했다.

차르 체제는, 기존질서에 도전하는 이 새로운 위협을 재빨리 간파했고, 자연과학은 공식적인 공격을 강력하게 받았다. 다원적인 인간의 개념은 기독교적인 가르침에 정면으로 도전했을 뿐만 아니라, 과학적인 능력은 사회비평가와 혁명가들을 양성하는 최고의 능력으로 인식되었다. 이런 과학적 실증주의는 러시아 니힐리스트 사상의 주된 특징으로, 이 때문에 쇼펜하우어 또는 니체의 철학적 니힐리즘과 확연히 구별되었던 것이다.

따라서 러시아 인텔리겐치아의 니힐리즘은 그 성격이 사회적·정치적이었다. 그 목적은 차르 정치체제의 타도와 착취당하는 인민 해방에 있었다. 1860년대 러시아의 니힐리스트들은, 이론화할 수는 있었지만 행동할 수는 없었던 전시대 또는 동시대의 지식인들을 용납할 수 없었다. 그들은 추상적·형이상학적·신비적인 것에 대항해서 싸웠다. 그들이 믿고 있는 진실은 늘 구체적·사실적·실제적인 것이었다. 그리하여 사회적인 효용성을 적극적으로 강조함으로써 모든 예술—시·음악·그림—과 미의 예찬 일반을 조롱했다.

여기에는 사랑과 같은 미묘한 감정도 포함되어 있었다. 이와 같은 것들은 쓸모없는 감정의 사치, 자기탐닉, 자기현혹의 한 형태로서 배척당했다. 합리적인 입장에 따라 새로운 사회를 수립하기 위해 온갖 낡은 체제는 파괴되어야 하며 불평등이 가득찬 사회를 개조하기 위해 사회혁명 없이 정치혁명은 불가능하다는 입장을 고수했다. 러시아의 니힐리스트는 억압받는 민중을 위한 보다 나은 삶을 구축하기 위해 싸웠던 정치적 급진주의자들이었다. 그들의 대부분은 미래의 사회주의 또는 무정부주의 사회를 믿었다. 이리하여 그들의 부정주의는 사실상 미래에 대한 적극적인 희망에 의해 균형을 이루었다. "1860년 이래 니힐리즘은 지각 있는 러시아인들, 유럽인들에게 문제 중의 문제가 되었다."[5]

이러한 흐름이 새로운 타입의 지식인, 즉 비귀족출신의 인텔리겐치아인 '라즈노치네즈'의 출현과 맥을 같이한 것은 우연한 일이 아니었다. 이들 가운데는 1917년 러시아혁명이 일어날 때까지 수많은 혁명가에게 깊은 영향을 미쳤던 벨린스키·체르느이셰프스키·도브롤류보프·피사레프 등이 있었다. 1830~40년대 유럽을 휩쓸었던 시민혁명의 좌절은 이 인텔리겐치아에게 큰 교훈을 주었다. 유럽의 시민혁명은 경제 기반에 대한

---

5) Thomas G. Masaryk, *The Spirit of Russia* (London: George Allen & Unwin, 1919), 2: 81쪽.

개혁 없이 이루어진 것이기 때문에 실패하지 않을 수 없었다고 진단하고, 정치혁명은 사회혁명 없이는 불가능하다는 원칙 아래 전제정치의 구조뿐만 아니라 전 사회질서의 개혁을 위해 싸웠다. 권위와 전통에 대한 존경, 러시아 사회에 부패적인 영향을 가져다 준 위선과 순응주의를 우선 근절하지 못한다면 혁명은 그 뿌리를 내리지 못할 것이라고 생각했다. 그들의 강령 가운데 또 하나의 주요한 측면에 여성해방과 가족제도의 폐지가 포함되었던 것도 이러한 맥락에서 이해될 필요가 있는 것이다.

니힐리스트인 바자로프에게서 투르게네프는 '라즈노치네즈'의 본질적인 특징을 정확하게 예시했다. 그의 신분도 그의 조부가 밭을 갈았고, 그의 아버지 또한 육군 군의관이듯이 비귀족적인 것이다. 19세기 러시아 소설의 그 많은 잉여 인텔리겐치아 가운데 바자로프는 문학사상 주인공으로서 새로운 출발이었다. 그것은 그가 새로운 태도 또는 이데올로기를 갖고 자신을 불태우는 듯, 살아 있는 인물로 묘사되고 있기 때문이다. 우리가 여기서 '살아 있는 인물'이라고 부르는 까닭은 투르게네프가 작품의 인물을 설정할 때, 그의 상상에서 나온 것이 아니라 그가 직접 만나고 또 경험한 사람들에게서 그 원형을 찾았다는 데도 있다.

투르게네프는 그의 주인공 바자로프의 원형을 실제로 살아 있는 인물에서 찾았다. 그는 "나는 나의 출발점으로서 사상이 아니라 실제로 살아 있는 인물——이 인물에게 적절한 요소들이 점차적으로 더해지지만——을 가지지 않는 한 어떤 인물도 창조해내려고 시도하지 않는다"[6]고 말했다. 그의 작중인물인 바자로프의 원형이 되었던 '살아 있는 인물'은 투르게네프가 여행 중에 기차에서 만났지만 1859년경에 죽었다고 추측되는 한 젊은 시골의사로, 이 젊은 의사는 그에게 깊은 인상을 남겨주었다.

---

[6] N.L. Brodsky 엮음, *Ottsy i deti* (Moscow, 1955), "Po provodu Ottsov i detey"(A propos Fathers and Children), 213쪽.

투르게네프에 따르면 이 젊은 의사가 "다만 최근에 머릿속에 떠올랐을 뿐 아직 결정화되지 않았던, 즉 뒤에 가서 니힐리즘이라는 이름을 가지게 되었던 요소"[7]를 구현했다는 것이다. 투르게네프의 문제적인 주인공 바자로프의 원형이 되었던 그 시골의사가 어떠한 인물이었는가에 대한 논의는 지금까지 결정적인 해답을 낳지 못하고 있다.

그렇지만 이 문제는 이 작품을 이해하는 데서 궁극적으로 그다지 중요한 것은 아니다. 투르게네프는 그의 작품을 두고 실제 인생에서부터 장면과 무대를 그대로 '복사'했다는 비평가들의 주장을 격렬하게 부정했고, 의식적으로 원형을 이용했다는 주장도 부정했다. 그가 인정했던 것은 그의 '출발점'으로서 어떤 실제인물 또는 인물들을 필요로 했다는 것뿐이다. 플로베르의 표현을 빌려 말한다면, 그는 하나의 도약대로서 현실을 이용했던 것뿐이다.

그가 바자로프라는 인물을 창조할 동안, 그 젊은 시골의사가 아닌 다른 인물들이 그의 마음속에 끼어들어왔음이 틀림없다. 그는 바자로프 타입의 전형적인 인물들을 찾기 위해 주위를 둘러보았고, 그들을 엄밀히 연구했다고 말한다. 벨린스키(투르게네프는 그를 기념하기 위해 『아버지와 아들』을 바쳤다)·도브롤류보프·피사레프와 그들의 동지들이 그 가운데 속한다고 시사되어왔다. 이들, 또 이들 외의 다른 인물이 "점차적으로 더해진 요소들"의 일부를 이루었음이 틀림없다.

그러나 투르게네프는 사실 그 시골의사 외에는 어떠한 인물들도 바자로프의 또 다른 원형들로서 언급하지 않았다. 그의 소설이 적의에 찬 반응을 불러일으킨 뒤, 바자로프 원형의 일부분 정체를 밝힐 필요성을 당시 느꼈겠지만, 투르게네프는 바자로프가 아닌 아르카지의 아버지인 니콜라이 페트로비치를 두고 "니콜라이 페트로비치는 나를 포함해서 오가

---

[7] 같은 글, 213쪽.

레프[8], 또 수천 명의(러시아의) 다른 사람들을 대표한다"[9]고 밝혔다. 니콜라이 페트로비치가 당시 러시아 사회의 대표적인 타입에 속하는 인물이기는 하지만, 투르게네프가 그렇게 말한다고 해서 작자 자신 또는 다른 어떤 특정인물들이 니콜라이 페트로비치의 원형이라는 것이 그의 말 속에 함축되어 있는 것은 아니다. 그가 실제 인생으로부터 복사했다는 주장을 부인하는 동안 그는 그의 인물들의 전형성과 현실성을 동시에 고집했던 것이다. 이것이 아마도 그의 인물들을 현실주의적으로 만들면서도 허구적인 것으로 만들고 있는 이유일 것이다. 니콜라이 페트로비치가 작가의 자화상이 아닌 것과 마찬가지로, 그 시골의 젊은 의사도 바자로프의 원형이 아닌 것이다.

'라즈노치네즈'에 속하는 바자로프는 우리가 지적한 러시아 특유의 니힐리즘을 구현하는 그 시대의 전형적인 인물로 표상되고 있다. 니힐리즘이라는 말은 이따금 오해되고 있듯이 투르게네프가 처음으로 사용한 말이 아니다. 이 말은 1790년에 독일에서 이미 사용되었다고 한다. 그러나 『아버지와 아들』에서 씌어진 의미로 이 말이 통용되기는 1860년대에 와서야 비롯되었던 것이다.

그의 소설에서 보여준 그대로 니힐리즘을 모든 것에 대한 전체적 부정, 전체적 회의로서 규정하고, 1860년대의 젊은 인텔리겐치아의 태도와 사상을 특징 짓기 위해 이 말을 부정적인 의미로 통속화시킨 이가 투르게네프였다면, 그가 선택한 이 용어는 근본적으로 잘못 선택된 것이라고 볼

---

8) 오가레프(N.P. Ogarev, 1813~77): 시인이자 헤르첸의 오랜 친구. 런던에서 거주했지만, 그들은 1850년대를 거쳐 1863년까지 혁명운동의 지도자로 인정받았다. 그들의 글은 급진주의자들에게 커다란 영향을 주었다고 한다.
9) 투르게네프가 K.K. Sluchevsky에게 파리에서 1862년 4월 14일에 보낸 편지에서 나왔다. 이 작품과 관련해서 편지를 통해 투르게네프가 자신의 견해를 밝힌 출처는 Ralph E. Matlaw 편역, *Fathers and Sons* (New York: Norton, 1966), "From Turgenev's Letters"에 의존했다(185쪽).

수 있다. 1860년대 러시아의 젊은 인텔리겐치아들은 그들의 신념에 따라 행동하는 데 결코 회의적이고 무기력하지 않았기 때문이다. 따라서 뒤에 가서 다시 이야기하겠지만, 투르게네프가 그 용어를 선택한 것은—그가 반대로 말한다 하더라도—아들 세대에 대한 보이지 않는 불신을 그가 품고 있었다는 것을 암시해주는 것 같다.

투르게네프는 거의 작중인물들로 하여금 이 말의 어원을 추적해 그 뜻을 밝히는 데까지 나아가고 있다. 아르카지가 바자로프를 니힐리스트라고 말하자, 니콜라이 페트로비치는 "니힐리스트는 내 판단에 의하면 라틴어 '니힐', 즉 무에서 나온 것 같아. 이 말은 결국 아무것도 인정하지 않는 사람을 뜻하는 게 아닌가?"라고 반문한다. 이 말에 그의 형 파벨 페트로비치가 "아무것도 존중하지 않는 사람이라고 하는 편이 좋다"고 시사하자, 아르카지는 "모든 것을 비판적인 관점에서 바라보는 사람입니다⋯⋯ 니힐리스트는 어떤 권위 앞에서도 굴하지 않고 어떠한 원리도 그대로 신앙으로서 받아들이지 않는 사람입니다. 가령 그 원리가 주위로부터 존경을 받는 것이라 하더라도 말입니다"라고 설명해준다. 바자로프는 과학 외에 어떤 권위도 인정하지 않으며, 파벨 페트로비치가 "그는 원리를 믿는 것이 아니라 개구리를 믿는다"고 비웃듯이, 어떤 원리도 인정하지 않는 인물로서 부각되고 있다.

1860년대 니힐리스트들의 공통적인 태도와 사상을 언급했을 때 우리가 지적했듯이, 바자로프도 그들처럼 귀족적인 인간들의 관습과 삶의 스타일에 조롱을 퍼부으면서 일체의 권위와 전통을 배격하고 있다. 또 그들처럼, "착실한 과학자는 어떤 시인보다 더 유익하다", "라파엘 같은 놈은 동전 한 푼어치 가치도 없다"고 주장할 만큼 예술 전체를 인정하지 않고 있으며, "자연은 신전이 아니라 공장이며, 인간은 그 속의 노동자"라고 단언할 만큼 미의 대상, 경외의 대상으로서 자연을 부정한다. 사랑을 감정의 사치로서 매도하고, 철학도 로맨티시즘의 일종으로서 배격하고, 가족제도와 문명 자체까지도 철저히 부정하는 바자로프는, 인간은 나무와 같으므로 서로 따로 분리시켜서 연구하는 것은 아무런 의미가 없다고 주장할 만큼 개인의 존엄과 독특성까지도 부정하고 있다.

"현재에 있어서 가장 유익한 것은 부정하는 것"이라고 말할 때, 파벨 페트로비치는 그를 향해 "그렇다면 당신은 무엇이든지 파괴하는군. 하지만 결국 건설이라는 것은 해야 하지 않소?"라고 반문한다. 바자로프는 "그것은 우리가 벌써 할 일은 아닙니다. ……우선 터전을 깨끗이 닦아놓지 않으면 안 되니까요"라고 대답한다. 바자로프에게 사회의 모든 악과 병은 사회를 변혁시키면 치료될 수 있으며, 사회 자체의 변혁을 위해서 사회 자체의 부정·파괴가 선행되지 않으면 안 된다고 믿는다. 그다음은 그에게 문제되지 않으며, 철저한 부정과 파괴 자체가 그에게 당면한 목적이 된다.

이처럼 철저한 부정주의자인 바자로프도 투르게네프에 의해서 모순적인, 그렇기 때문에 또한 인간적인 인물로서 그려지고 있다. 그가 얼빠진 난센스, 감정의 사치라고 혐오했던 사랑을 오진초바에게 쏟을 때 우리는 그를 지탱해오던 그 확고한 원칙도 일순간 무너져버리는 인상을 받게 된다. 오진초바가 사회적인 신분과 기질에서 그와 공통적인 것을 많이 가지고 있지만, 바자로프가 그녀에게 끌리는 것이 그녀의 귀족적인 아름다움과 귀족적인 냉정한 성품에 있다는 것도 아이러니컬하다. 하나의 개인으로서 그를 오진초바와 비교할 때, 그에게는 그녀에게 두려운 존재로 인식되게끔 처음부터 끝까지 그녀를 압도하는 우월한 면이 있다. 그러나 스스로 경멸했던 로맨티시즘이 그의 내부에서 폭발하는 것을 볼 때, 혁명가로서의 그의 약점을 비웃기보다 투르게네프는 처음으로 그의 인간다운 모습을 보여줌으로써, 인간으로서 가진 가치의 일면을 강조하고 있다.

혁명의 이상을 행동으로 옮기게끔 한 강한 열의도 무기력과 권태로 대신하는 것을 볼 때, 1860년대의 강한 신념에 불타 있던 젊은 니힐리스트

세대의 잔영(殘影)도 그에게는 떠나 있다. 그가 "인간이란 전체적으로 그리 아깝게 여길 만한 가치는 없는 것입니다. 나 같은 놈은 더 그렇지요"라고 오진초바에게 자신을 비하시키면서, 앞으로 자신은 시골의사로서 남을 것이라고 규정하는 것을 볼 때, 또 한편 아르카지에게 "내가 점령하고 있는 이 좁은 지면은 내가 있지 않는 그밖의 공간, 나와는 전혀 관계가 없는 공간에 비교하면 실로 너무 작은 것이다. 내가 어쩔 수 없이 살아야 할 시간의 양도 나라는 것이 그 속에 있어오지 않았고 또 있지도 않을 영겁에 비교하면 실로 하찮은 것이 아닌가…… 이 한 개의 원자 속에, 이 수학적인 일점 속에 피가 순환하기도 하고 뇌가 활동을 하고 뭔가 희망을 가지고 있으니까 말이야, 이 무슨 추태인가? 또 얼마나 무의미한가?"라고 푸념할 때, 우리는 바자로프가 혁명가로서 그 자신의 중요성을 '느끼고' 있지만, 그에 못지않게 인간 존재로서의 무가치함을 '인식하고' 있는 모순적인 딜레마에 빠진 인물임을 놓칠 수 없다.

그의 '느끼고 있음'과 '인식하고 있음'의 차이는 뚜렷하게 나타나고 있다. 바자로프는 남보다 뛰어난 인간, 그 자신을 '진정한 인간'이라고 일컬을 만큼 뛰어난 인간임을 느끼고 있으며, 이 우월성에 대한 느낌 때문에 그는 파벨 페트로비치와 같은 아버지 세대의 귀족적인 자세와 보수적인 사고를 멸시하고 있을 뿐만 아니라, 앞으로 그들을 위해 몸바쳐 희생하지 않으면 안 될 농민들을 멸시하고 있다.

그는 러시아 농민들을 향한 어떤 연민이나 부드러운 감정에 의해서 마음이 움직이지 않는다. 사실 그는 그가 만나는 농민들을 무관심한 태도로 대하고 그들의 견해를 진지하게 받아들이지 않는다. 또 그들에게서 어떠한 감사도 기대하지 않으며, 심지어 그들의 조건을 개선하기 위해서 일하는 그의 궁극적인 가치에 대해서도 회의적이다. 그는 아르카지에게 다음과 같이 말한다.

자네는 오늘 마을 촌장인 필립의 집을 지나면서 "실로 희고 깨끗한 집이군. 러시아의 가장 가난한 농민들이 이런 집에 살게 되면 그때야말로 러시아는 완전한 나라에 이를 것이다. 우리들은 전적으로 그것을 성취하게끔 일하지 않으면 안 된다"고 말했지? 그런데 나는 이 필립이라든가 씨돌이라든가 하는 농부가 미워서 견딜 수 없어. 나는 이런 자들 때문에 뼈 깎는 고생을 하지 않으면 안 되지만, 그들은 나에 대해서 감사하다는 말은 한마디도 해주지 않아…… 또 그런 말이 무슨 짝에 소용 있겠나? 그들은 깨끗한 집에서 살겠지만, 그때는 내 무덤 앞에서는 쐐기풀이 자라고 있을 거야—그다음에 또 뭐가 있겠어.

아르카지에게 바자로프의 이와 같은 진술은 원칙 없는 인간의 말로 들린다. "오늘 자네의 이야기를 듣고 있으니까 우리들에게 원칙이 없다고 비난하는 사람들에게 어쩔 수 없이 동의하고 싶어지는 걸." 그러나 바자로프는 인생에 어떠한 원칙도 없으며 오직 감정만이 있을 뿐이라고 말한다. "자네는 마치 자네 백부님 같은 소리를 하는군. 일반적인 원칙 따위는 없어. 자네는 아직 그걸 모르고 있었나? 감정이 있을 뿐이야. 모든 것이 이 감정에 좌우되고 있단 말이야"라고 내뱉는다.

바자로프는 모든 것을 부정하는 방향으로 나가고 있는 것은 감정 때문이라고 역설한다. 기존의 질서·권위·전통, 그밖에 모든 것을 거부하고 파괴하고자 하는 그의 자세는 내부에서 끓어오르는 불만과 증오의 소리인 감정에 기초를 둔 것이다. 이 감정이 그를 휩싸고 있을 동안, 그는 모든 것에 대한 철저한 부정에 불타 살아 있는 인간으로 나타나지만, 죽음 앞에 선 인간으로서 존재의 무가치성을 인식하고 있을 동안에는 실의와 권태에 찬 무기력한 인간으로 나타난다.

조금 전에 인용한 말의 마지막 부분, 즉 "그때는 내 무덤 앞에서는 쐐기풀이 자라고 있을 거야—그다음에 뭐가 있겠어"에서, 우리는 바자로프가 죽음의 불가피성을 인식하고, 인간으로서 존재의 무가치성을 인정한다는 걸 알 수 있다. 바자로프는 투르게네프가 규정한 그 유명한 인간 타입, 돈 키호테와 햄릿의 복합체 같은 모습을 드러내놓고 있다.

그가 감정적으로 일체의 권위를 부정하려는 열의에 젖어 있을 동안, 그의 내부에는 죽음에 의해서 패배할 수밖에 없는 인간 존재의 덧없음에 대한 인식이 언제나 자리잡고 있었다. 이 모순적인 양면적 갈등에서 헤어나올 수 없었던 바자로프에게는 죽음이 이 갈등을 끝나게 하는 화해의 가능성으로 제시되고 있는 것이다. 그는 죽음의 순간 바로 직전에 찾아온 오진초바에게 "참으로 해결할 일은 많습니다. 나는 거인이니까요. 그러나 지금 이 거인의 문제는 전부 어떻게 하면 훌륭한 죽음을 맞이할 수 있는가에 있습니다"라고 말한다. 그가 죽음을 눈앞에 두고 거인으로서 할 일이 많은 것을 '느끼면서' 두려움 없이 영웅적인 죽음을 맞이할 수 있었던 것은 죽음의 불가피성을 인간의 어쩔 수 없는 궁극적인 운명으로 '인식해온' 그의 내면의 잠재적인 체념 때문인 것이다.

아르카지가 바자로프의 아버지를 처음 만났을 때 "아드님은 위대한 미래를 가지고 있습니다. 그 사람은 머지않아 당신의 이름을 세상에 빛나게 할 것이 틀림없습니다. 나는 처음 만났을 때부터 그것을 확신했습니다"라고 들려준 말에서 알 수 있듯이, 바자로프는 위대한 미래를 위해 싸울 준비는 감정적으로 되어 있었으나, 그의 내부에는 죽음이라는 피할 수 없는 허무의 벽에 좌초하는 인간 존재의 무가치성에 대한 뿌리깊은 좌절의식이 도사리고 있었기 때문에, 그의 혁명의 에토스는 실천적 행동을 결한 감정의 항변으로 끝나고 만 것이다.

투르게네프의 『아버지와 아들』은 러시아 문학사에서 아마도 가장 커다란 스캔들을 낳았다. 바자로프는 적극적인 인물인가, 아니면 소극적인 인물인가? 영웅인가, 아니면 악마인가? 급진주의 혁명을 옹호한다는 일부의 비난은 있었지만, 대부분의 우파 보수주의자들은 파괴적인 니힐리즘의 등장이 가져다주는 공포를 들춰내어 경각심을 불러일으켰다고 해서 투르게네프를 칭찬했다. 좌파 급진주의자들은 인민의 운명에 무관심하고 술과 여자에 정신을 빼앗기면서 적극적인 혁명투사로서가 아니라 냉소적인 인간으로 묘사된 바자로프의 모습에 분개했고, 그를 그들 자신에 대한 악의에 찬 희화(戲畵)라고 간주하면서, 투르게네프를 자유와 진보의 대의를 저버린 자로서 신랄하게 비판했다.[10] 투르게네프의 마음을 아프게 했던 것은 무엇보다도 좌파 급진주의자의 공격이었다.

그러나 좌파 급진주의자 모두가 한결같이 투르게네프를 비난한 것은 아니었다. 좌파 급진주의자들을 대표하는 인물 가운데 한 사람인 피사레프는 그의 「리얼리스트들」(1864)이라는 긴 논문에서 바자로프를 우리의 "리얼리즘의 대변자, 즉 러시아혁명의 대변자"로서 평가했으며, 『아버지와 아들』이 출간된 바로 몇 달 뒤에 「바자로프」(1862)라는 논문에서 그는 대담하게 바자로프와 그의 입장을 동일시했다.

격찬과 비난의 논의가 있은 후, 투르게네프 자신의 반응에 우리가 눈을 돌리면, 우리는 그의 바자로프에 대한 입장이 명확하지 않음을 알 수가 있다. 투르게네프는 바자로프의 예술관을 제외하고는 그의 모든 견해에 동조한다고 말했다. 하이델베르그의 러시아 급진주의 학생들이 그에게 입장을 분명히 할 것을 요구했을 때, 그는 독자가 바자로프를 사랑하지 않는다면 그것은 자신의 잘못에 기인한다고 말했다.[11] 다른 한편 그의 친구이자 보수주의자에 속하는 시인 페트에게는 그가 바자로프를 사랑하는지 미워하는지 자신도 모른다고 말했다.[12] 이처럼 때와 장소에 따라 입장을 달리했던 것이다.

---

10) 『아버지와 아들』에 대한 그 당시의 비판적인 반응에 대한 고찰은 Isaiah Berlin, *Fathers and Sons* (Oxford: Oxford UP, 1972)에서 훌륭하게 논의되고 있음.
11) K.K. Sluchevsky에게 보낸 앞의 편지, 185쪽.
12) 투르게네프가 A.A. Fet에게 파리에서 1862년 4월 6일에 보낸 편지, 184쪽.

투르게네프의 정치성과 그의 비관주의

　투르게네프가 동시대의 러시아가 안고 있던 사회·정치 상황에 깊은 관심을 가지고 작가활동을 시작했던 것은 잘 알려진 사실이다. 그의 소설 『아버지와 아들』을 벨린스키에게 헌납했던 것은 우연의 소치가 아니다. 투르게네프의 세대에게 가장 큰 영향력을 미쳤던 벨린스키는 투르게네프가 일생에 걸쳐 우러러보았던 급진주의자로, 전제체제와 농노제에 혹독한 비판을 휘두르면서 이 두 제도 아래서는 인간성의 가치가 마멸될 수밖에 없다고 주장했다.
　그의 문학적 에세이를 통해 벨린스키는 차리즘의 혁명적 타도를 외치면서, 모든 인간을 고통과 질곡으로부터 구제할 혁명에 의해서만 새로운 사회가 이룩될 수 있다고 주장했다. 그가 죽은 후에도 그의 이미지는 바로 참여문학가의 화신으로 남았고, 벨린스키 후의 어떠한 작가도 글을 쓴다는 것은 우선 무엇보다도 진실을 증인한다는 신념에서 떠나지 못했다. 말하자면 어떠한 작가도 그가 살고 있는 사회와 시대의 중심 문제를 회피해서는 안 되며, 작가 역량을 총동원해 그 시대의 역사 상황을 날카롭게 파헤쳐 진실을 보여줘야 한다는 신념에서 완전히 떠나지 아니했다. 벨린스키는 1848년에 죽었지만 그의 보이지 않는 이미지는 일생 동안 투르게네프에게서 떠나지 않았던 것이다.
　농노제도에 대한 그의 최초의 공격을 가하고 있는『사냥꾼의 스케치』(1847~52)는 벨린스키의 정신을 가장 철저히 이어받은 작품이다. 하지만 투르게네프는 어릴 적부터 학대와 멸시에 고통을 당하던 농노들의 실상을 목격하면서, 비인간적인 제도에 증오의 감정을 키웠다. 대지주의 신분을 가졌던 그의 어머니가 자기 농노들에게 가하는 잔인한 학대와 경멸을 몸소 지켜보면서 성장해온 투르게네프는 그 시작부터 전 러시아 인텔리겐치아들의 정치적인 위치를 특징 짓게 했던, 인간으로서의 개인의 자유와 권위에 대한 존경, 러시아 봉건제도의 유산에 대한 혐오를 몸에 익혔던 것이다. 개인의 자유와 권위에 대한 존경, 봉건제도의 유산에 대한 증오는, 유럽 문명의 유산, 또 그 가치로서 그가 깊이 인식했던 것이다. 투르게네프의 주요작품들은 1850년대 중반 이후 줄곧 인텔리겐치아에게 관심의 대상이었던 그 시대의 정치·사회적 문제에 관심을 기울인 작품들이다. 「아버지와 아들」도 예외는 아닌 것이다.

러시아의 역사에 전형적인 인물로 등장한 니힐리스트 세대의 사상과 행동을 묘사하는 데 투르게네프가 오류를 범하고 있다면, 그것은 그들이 바자로프처럼 그들의 사상을 행동으로 옮기는 데 회의적이지도 무력하지도 않았으며, 미래의 사회주의나 무정부주의의 도래에 대한 그들의 신념도 확고했다는 점이다. 따라서 좌파 급진주의자들인 '라즈노치네즈'가 투르게네프를 맹렬히 비난했던 것도 무리가 아니다. 투르게네프는 '아들' 세대의 그 과격한 태도와 예술 일반에 대한 멸시, 가족제도의 부정, 유럽 문화에서 그가 고귀한 것으로 여겼던 모든 것에 대한 야유를 일삼는 행동을 불안한 눈초리로, 때로는 전율에 찬 눈초리로 바라보며 그들에 대해서 회의적이었던 것이다. 자신이 귀중한 것으로 여기고 싶었던 예술·사랑·자연, 그밖의 미의 예찬을 거부했던 젊은 바자로프들을 그가 불안과 회의의 눈초리로 지켜본 것은 당연했다.

투르게네프는 봉건체제의 유산과 차르 체제의 비도덕성을 거부하는 혁명의 정당성은 인정했지만, 그들의 과격한 행동과 사상은 배격했던 것이다. 투르게네프가 정치적 급진주의를 배격하고 있는 것은 그의 소설 구조 속에 은밀히 반영되어 있다. 작품에 등장하는 인물들, 가령 페트로비치 형제, 아르카지, 오진초바 등 그 누구도 결코 투르게네프에 의해서 악하다, 선하다고 규정되지 않은 채, 도덕적인 판단이 정지되고 있다. 그가 예술과 문명의 가치를 강조하는 페트로비치 형제의 세계관에 깊은 공감을 표시하는 듯한 인상을 짙게 풍기는 것도 숨길 수 없는 사실이다. 투르게네프가 이데올로기를 예술에 종속시키고 있는 순수한 예술가라는 비평을 때때로 듣고 있는 것도 이런 맥락에서 이해해야 할 것이다.

투르게네프 주인공의 역사적인 정확성과 그가 묘사한 사회상은 그의 소설을 리얼리즘 작품으로 설정하는 데 매우 중요하다. 투르게네프는 "진실, 즉 삶의 현실을 재현하는 것은 그 진실이 자신의 공감과 일치하지 않는다 하더라도 작가에게는 가장 커다란 행복"[13]이라고 말한 바 있다. 투르게네프가 그린 주인공의 역사적인 정확성은 우리가 지적했듯이, 부분적으로 논박될 만하다 할지라도, 이 새로운 사회적 타입을 설정하는 데 성공했다고 볼 수 있다. 바자로프는 결국 역사적으로 볼셰비키의 원형으로서 지각되었고, 혁명세대들의 예찬인물이 되었던 것이다. 그러나 투르게네프가 그의 작품 속에서 그린 사회상은 그 시대의 사회상을 그대로 반영한 것이라고 보기 어렵다는 점이 그의 소설을 그 시대의 사회적인 다큐멘터리로서 확고한 위치를 가지지 못하게 하는 결함으로 지적될 수 있다.

인구의 5분의 4를 점유했던 농노의 해방은 최종적으로 1861년 3월에 이루어졌다. 크림 전쟁에서 패배해 국내 정치면에서 커다란 충격을 받았던 러시아는 농노제와 같은 산업사회 이전의 제도에 의존하는 제국체제의 비적합성을 실감하기 시작했다. 군사적인 후진상태에 있다는 자각은 차르의 지원을 받고 있던 관리들에 의한 위로부터의 개혁에 박차를 가했다. 여러 가지 개혁 가운데 가장 중요한 개혁은 차르의 일련의 칙령 가운데 첫 번째 칙령에 의해 시작된 1861년의 러시아의 농노해방이다.

농노해방의 의도는 농노의 인간적인 권위를 회복시킨다든가, 경제발전을 증진시키기보다는 안정과 군사적 효율성을 유지하는 데 있었다. 우선 시민 징집병으로 구성된 군대를 창설하기 위해서는 농민을 위한 전반적인 평등권이 전제조건이었다. 크림 전쟁 이후 잦았던 농노폭동의 위협에

---

[13] N.L. Brodsky, 앞의 책, 201쪽.

민감했던 알렉산드르 2세는 대다수 귀족들의 반대를 무릅쓰고 그들이 농노의 법적인 해방을 수락하도록 요구했다. 지주들은 자신들의 소유라고 생각하는 농토의 일부에 대한 법적 소유권을 농민들에게 양도해야만 했다. 토지를 과거의 노예들에게 배분하는 문제는 제국 당국에 의해 귀족위원회에 맡겨졌다. 이런 조치의 결과, 귀족들은 농노해방령의 전체적 범위 내에서 자신들의 이익을 극대화할 수 있게 되었다.

비옥한 지역의 농민들은 적은 토지를 받았고 더 비옥한 지역에서는 비싼 상환금을 치르게 되었다. 결국 농민들은 몇십 년에 걸쳐 정부에 지불해야 하는 과중한 상환금의 부담을 안은 채, 충분치 못한 토지를 갖고 일을 하지 않으면 안 되었다. 농노해방의 결과 러시아 제국이 얻을 수 있었던 것은 농민을 통제하고 농업에서 세입을 얻는, 좀더 직접적이고 독점적인 역할을 할 수 있게 되었다는 점이다.[14]

급진주의자들인 '라즈노치네즈'에게 농노해방령은 실망인 동시에 희망이었다. 그것이 농촌의 근본적인 불평등을 해결할 수 없기 때문에 그들에게 실망이었고, 각계각층의 러시아인이 변화를 추구하는 데 더 이상 차르 체제에 의존할 수만은 없었다. 따라서 유일한 선택이 혁명뿐이라는 것을 자각하리라고 믿었기 때문에 그들에게는 희망이었다.

농노해방령은 사회 긴장을 완화시키지 못했다. 1861~62년의 정치 상황은 매우 긴박했다. 농촌이나 도시도 불안이 고조되어갔으며, 각처에서 발생한 농민의 소요는 무력에 의해 진압되곤 했다. 페테르부르크에서는 혁명을 고취하는 선언들이 여러 곳에서 나왔고, 학생들의 행동은 격렬해졌다. 수백 명의 인텔리겐치아들이 투옥되는가 하면, 1862년에 체르느이셰프스키와 피사레프가 체포되고 그들의 잡지인 『현대』 『러시아어』가 정

---

14) 테다 스코치폴, 『혁명의 비교연구』(서울: 까치출판사, 1981, 한창수·김현택 옮김), 98~103쪽을 참고할 것.

간되는 등, 위기의 분위기가 열기를 띠어갔다.

투르게네프가 1860년 여름에 처음으로 『아버지와 아들』의 구상에 대해 언급했고, 1861년 7월 또는 8월에 집필을 끝마쳤으니, 그는 농노해방령이 가져온 그와 같은 분위기 속에서 소설을 완성했던 것이다. 『아버지와 아들』의 에필로그를 보면, 사회·정치 불안의 분위기를 찾아볼 수 없고, 농노해방령은 거의 문제시되지 않고 있으며 작중인물들의 생활에 거의 영향을 주지 않는다. 니콜라이 페트로비치는 농노해방의 조정자가 되어서 자기의 담당구역을 돌아다니면서 연설을 하는 등 전보다 한층 분주한 생활을 하고 있고, 그의 아들 아르카지는 충실한 농장경영자로서 그의 농장의 수확을 올리는 등 아무것도 변화한 것이 없다는 인상을 주고 있다.

우리는 그 당시 농촌의 실상을 적나라하게 꿰뚫어볼 수 있는 총체적인 비전이 투르게네프에게는 결여되었다고 평가할 수 있다. 어떤 의미에서 이 소설을 비극적으로 만들고 있는 것은 바자로프의 죽음과 망각이 아니라 알렉산드르 2세의 '대계획'인 농노해방에도 불구하고 농촌의 생활양식은 본질적으로 변하지 않고 있다는 사실이다. 우리는 농촌생활의 실상을 꿰뚫어볼 수 있는 총체적인 비전이 투르게네프에게 결여되어 있다고 지적했는데, 가장 근본적인 원인이 무엇인가가 우리가 다룰 최종의 문제로 남게 된다.

죽음 앞에 선 인간 존재의 덧없음을 '인식하고' 스스로 '낡아빠진 조롱'이라고 일컬었던 죽음을 통해서 아이러니컬하게도 그 갈등의 소용돌이에서 해방될 수 있었던 바자로프의 비극적인 운명에 투르게네프가 지나치게 몰입해 있었던 것이 가장 근본적인 원인처럼 보인다. 투르게네프는 그 작품을 처음 구상하기 시작할 때부터 바자로프를 죽어가는 인간으로 설정하고 있었다고 말한 적이 있다.

나는 한때 산보를 하는 동안 죽음에 대해서 생각하고 있었다…… 즉 각 내 앞에는 죽어가는 한 인간의 모습이 나타났다. 이것이 바자로프였다. 그 장면은 나에게 강한 인상을 낳았고, 그 결과 다른 인물들과 사건의 전개 자체가 나의 마음속에 형상을 갖기 시작했다.[15]

투르게네프의 주인공 바자로프는 다른 의미에서 바로 투르게네프 자신의 투영이라고 볼 수 있다. 투르게네프에게 궁극적으로 비극이란 인생 그 자체로서 "우리 각자는 살고 있다는 단순한 사실로 인해 죄를 짓고 있다"[16]는 그의 말은 에스파냐의 극작가 칼데론의 말을 상기시킨다. 투르게네프가 1840년대에 그렇게 찬미했던 칼데론의 『인생은 꿈』이라는 희곡을 읽기 전에도 그의 첫 주인공인 스테노는 인생을 무의미한 꿈으로 보았다. 삶의 덧없음, 죽음에 대한 생각 등은 그의 일생 내내 떠나지 않았다. 투르게네프는 모든 존재가 일반 법칙—이 법칙에 의해서 인간은 파리와 같고, 삶은 무의미하고 부질없는 것이 된다—에 종속되고 있음을 보았다. 이런 생각은 그가 읽었던 쇼펜하우어의 영향이나, 그가 찬미했던 파스칼의 영향에도 기인하고 있다. 이들은 한결같이 인간 개개인의 삶의 비극적인 비전을 이야기하고 있기 때문이다.

쇼펜하우어와 투르게네프의 유사성은 그들이 절망의 가장 큰 원천이 고통 속에 있는 것이 아니라 존재의 무의미 속에 있음을, 또 인간 존재의 영원한 조건은 권태(ennui)에 있음을 이해했던 데서 찾을 수 있다. 인간 존재의 피할 수 없는 종말을 의식하고 죽음 속에서 삶의 비극적 본질을 본 투르게네프는 쇼펜하우어의 자기부정의 철학을 위안으로 받아들일 수

---

15) Richard Freeborn, *Turgenev: The Novelist's Novelist* (Oxford: Oxford UP, 1962), 69쪽에서 인용함.
16) Eva Kagan-Kans, *Hamlet and Don Quixote: Turgenev's Ambivalent Vision* (The Hague: Mouton, 1975), 92쪽에서 재인용. 투르게네프의 페시미즘에 대해서 이 비평가는 자세히 밝히고 있다. 92~106쪽을 볼 것.

없었고, 죽음을 인간 고통과 비참함을 종결 짓는 해결로도 받아들일 수 없었다.

투르게네프의 관심은 도스토옙스키의 중심 사상인 선과 악의 문제가 아니었다. 그가 추구했던 것은 우리의 경험적인 현실 너머에 있는 또 하나의 존재, 그리하여 죽음의 최종성을 거부할 수 있는 또 하나의 존재에 대한 문제였다. 그는 이 문제의 최종적인 해결을 결코 얻지 못했던 것 같다.

모든 인간 존재에 비극적인 요소가 존재한다는 것이 그의 소설의 미학을 형성했던 투르게네프의 근본적인 신념이었다. "우리 모두는 죽음을 면치 못할 저주받은 자. 그 무엇이 이보다 더 비극적인 것이 될 수 있을까?"[17]라고 그는 부르짖었다. 그의 주요소설들을 채우고 있는 비관주의는 문화의 역사에서 가장 값진 것, 즉 독특한 인간성의 발전이 죽음이라는 운명에 의해서 부정된다는 그의 그치지 않는 의식에서 나온 것이다. 죽음의 최종성을 거부할 수 있는 또 하나의 존재, 무덤 저편에 있을 또 하나의 존재, 그것 역시 아마도 공허 외에는 아무것도 아니라는 것을 깨달았던 것 같다. 바자로프의 죽음에 무관심한 자연은 휴머니티의 열망과 이상에 전혀 무관심하다는 것을 또한 깨달았던 것 같다.

삶은 행복을 위해 주어진 것이 아니라는 결론에 도달했기에, 투르게네프에게 의지의 자유는 환상에 지나지 않았다. 투르게네프의 쇼펜하우어적인 세계관은 인간의 희망과 요구에 자연은 무관심하다는 해석에서 명백하게 드러난다. 자연이 때때로 아무리 아름답다 하더라도 인간으로 하여금 자신을 죽음으로 향하는 존재로서 인식케 함으로써 인간을 억압하는 것이다. 이런 경우에는 바자로프가 인식했듯이 자연은 신전도 아니고 미와 경외의 대상도 아닌 것이다. 투르게네프는 그리스도를 통한 구원의 희망을 제시하지 않는다. 죽음은 모든 싸움에서 정복자로서 존재할 뿐,

---

17) David Magarshack, *Turgenev* (New York: Grove Press, 1954), 216쪽에서 재인용.

개인은 그의 뒤에 아무런 흔적도 남기지 않는다.

바자로프의 죽음은 투르게네프에게 어떤 정치적·사회적인 의미를 던져주고 있지 않다. 아르카지에 의해서, 니콜스예촌의 청년들과 그의 부모에 의해서 미래 러시아의 위대한 지도자로 부각된 바자로프에게 죽음이 덮칠 때, 그의 존재는 그것으로 끝나고 모든 사람에게서 쉽사리 망각되어 버린다. 그러나 죽음이 그를 덮칠 때, 그것을 "낡아빠진 조롱"으로 받아들이면서 영웅적으로 죽는 그의 모습은 우리의 감정을 배신하지 않는다. 그것은 "그 자신의 의지보다 더 큰 어떠한 의지도 가지지 않는"[18] 바자로프가 마지막까지 작중의 어떠한 인물보다도 우월하다는 사실을 다시 한 번 입증하기 때문인지 모른다. 바자로프의 그러한 죽음에서 투르게네프는 인간에 대한 그 자신의 신념을 확인하면서 개인적인 자아의 중요성을 확인하고 있다. 하지만 바자로프의 죽음은 결국 도덕적인 이상과 희망도 한갓 환상에 지나지 않는다는 그의 비관주의적 인생관을 보상해주지는 못한다.

투르게네프의 『아버지와 아들』은 그의 비관주의적인 세계관 때문에 1860년대 러시아의 시대 상황을 총체적으로 파악하는 데 한계를 보여주고 있다. 하지만 이 한계에도 불구하고 이 소설은 젊은 니힐리스트 세대의 등장을 통해서 그 시대가 어떠한 분위기에 젖어 있는가를 밝혀주는 중요한 역사적 기록으로 남아 있게 될 것이다. 역사는 결국 투르게네프의 회의주의가 그릇된 것임을 입증했다. 러시아의 급진주의자들은 망각 속에 침몰되기는커녕, 10월혁명으로 그 절정에 달했던 역사의 주역들이다. 이사야 벌린이 설득력 있게 논의하고 있듯이, 바로 "승리를 쟁취한 이자들이 바자로프들"[19]이다.

---

18) Richard Freeborn, 앞의 책, 124쪽.
19) Isaiah Berlin, 앞의 책, 55쪽 이하를 볼 것.

3

대담·민족문학에 대하여

민족문학의 개념

조동일 근자에 이르러 민족문학에 관한 논의가 매우 활발해지고 있습니다. 제가 이해하기에 민족문학의 개념과 그 논의의 방향은 시대마다 다른 양상을 띠고 있습니다. 그래서 이번 대담의 순서를 우선 과거사람들은 민족문학에 대해 어떻게 이해하고 있었으며, 그런 생각을 하게된 시대적 요청과 여건을 먼저 생각해보는 것이 필요할 것 같습니다.

임철규 이왕 조 선생께서 먼저 말씀해주셨으니 한국 문학사에서 확인할 수 있는 민족문학의 이해에 관한 말씀을 해주시고, 다음 서양문학사에 대한 것을 제가 말씀드리는 순서로 진행하는 것이 어떻겠습니까?

조동일 우리 문학의 역사를 살펴보면 동양의 보편적인 문학——그것이 곧 당대에는 세계문학이었습니다——에 적극적으로 참여하여 수준 높은 성과를 획득하자고 생각했던 한때가 있었습니다. 또 동양의 보편적인 문학을 섭취해서 우리의 민족문학을 수립하는 게 이상적인 것이라고 생각

• 『문예중앙』 1978년 가을호에 실렸던 국문학자 조동일 교수와의 대담 「민족문학, 이것이 문제다」를 「민족문학에 대하여」라는 이름으로 다시 싣는다.

하던 때도 있었습니다.

  이것은 시대적인 차이면서 동시에 입장의 차이이기도 합니다. 이러한 두 입장이 서로 논란을 일으키다가 조선조 후기, 특히 18, 19세기에 이르러서 우리 문학을 수립하는 것이 바람직하다는 대체적인 방향설정이 이루어졌다고 할 수 있습니다. 이후 우리가 스스로 설정한 민족문학의 방향대로 발전되지 못하고 서구문화의 세찬 도전을 받게 되어 역사적인 상황의 변화를 경험하고 혼란에 빠진 것은 주지의 사실입니다. 따라서 오늘날 민족문학은 무엇인가 하는 물음은 새롭게 제기되는 문제인 것 같습니다.

  이것이 민족문학을 바라보는 전체적인 시야가 되지 않겠느냐 하는 생각이고, 이런 관점에서 논의를 진행시킬 수 있을 것 같습니다. 그러면 서양에서는 이 문제가 어떻게 제기되었는지 임 선생님께서 개괄하여 말씀해주시지요.

  임철규 서양문학 전체에 걸쳐 그 문제를 개괄하기에는 저의 전공분야의 한계도 있고 해서, 일단 일반 독자들과 조 선생님께 먼저 양해를 구할까 합니다. 유럽에서는 중세 이후, 더 분명히 말하자면 17세기 이후에 민족문학이라는 개념이 처음으로, 그것도 강한 악센트를 전혀 가지지 않고 나타나지 않았나라고 봅니다. 그전까지만 해도 유럽 각국은 지금과 달리 하나의 단일국가로서 정치적으로나 언어적으로 사실상 미분화된 상태였지요.

  예컨대 12세기 영국의 헨리 2세 때 그가 통치했던 지역이 프랑스 서북지방인 노르망디를 비롯해서 여러 지방을 포함하고 있었던 사실이라든가, 복수국가의 한 전형을 이루었던 게르만족의 신성로마 제국을 보면 유럽 각국은 정치적으로나 언어적으로 미분화된 상태였다는 것을 분명히 보여주는 것 같아요. 그 당시 이 제국에 속한 국민은 이탈리아어, 독일어, 프랑스어는 물론 심지어 슬라브어까지 사용했거든요.

유럽 각국이 정치적·지역적·언어적으로 하나의 단일국가로서 아이덴티티를 가지기 전까지 민족문학이라는 개념은 자생적인 개념으로 인식될 수 없었던 것 같아요. 르네상스 시대에 들어서야 민족문학의 개념이 '민족언어'의 개념과 평행을 이루면서 나타났던 것은 우연한 일이 아닙니다. 그 당시 대부분의 학자들의 동기는 애국적이었죠.

영국의 학자들은 그들의 전 시대와 동시대의 작가들의 목록을 작성하고 모든 주제에서 그들의 문학이나 학문의 훌륭한 업적을 입증하기 위해 노력했습니다. 이 현상은 영국에만 국한된 것이 아니라 프랑스, 이탈리아, 독일의 학자들에게도 똑같이 적용되었던 것입니다. 다른 나라 문학과의 비교에서 자국문학의 특수성과 우월성의 확인보다 자국 문화 존재가치의 인식이 더 강조되었던 것 같습니다.

낭만주의 시대에 와서 자아인식·자아특수성의 강조가 개인에게만 한정된 것이 아니라 민족 전체로 파급되었기 때문에 민족문학의 강조가 두드러지게 눈에 띈 것처럼 보입니다.

그러나 중요한 것은 유럽의 문학적인 전통은 각국 민족문학의 특수성을 강조할 수 없을 만큼 그 전통의 뿌리가 고대 그리스·로마 문학과 기독교 문학에 깊이 박혀 있어요. 그것뿐만 아니라 르네상스 이래로 각국의 문학이 타방에 미친 문학적·사상적 영향 관계는 결코 만만치 않습니다. 대체로 미국 같은 신생국가라든가, 인도 같은 식민지정책에 희생된 국가, 한문문화와 서양문화의 지나친 영향을 감수했던 우리나라 같은 처지에 있는 국가들에게 민족문학이라는 개념이 한층 강한 악센트를 풍길 수 있을 것 같습니다.

조동일 지금 말씀하신 그런 사정은 우리나라를 중심으로 한 동양에서도 대체적으로 같지만 중요한 차이점이 있는 것 같습니다. 동양의 경우, 우선 근대적인 의미의 민족은 없었지만 중국사람·한국사람·몽고사람 등의 민족 구분은 고대부터 있었습니다. 그들은 각각 독자적인 언어와 문화적인 전통을 고대부터 가지고 있었습니다.

중국에서 만들어진 한문을 한때는 동양 전체가 사용했던 적도 있고, 우리나라도 진작부터 그것을 받아들여 문자생활을 영위함으로써, 말하자면 이중적인 문화생활을 해온 것이지요.

한편으로는 한문을 통해 동양의 보편적 문학에 참여하고, 또 한편으로는 우리말을 통해 우리 문학을 이룩한 것입니다.

예를 들어 향가(鄕歌)와 같은 시기의 일본의 시가(詩歌)를 보면 그런 사정을 짐작할 수 있습니다. 그러한 이중적인 문화조건 속에서 민족과 민족언어, 나아가서는 민족문학에 대한 인식이 고대부터 싹튼 것입니다. 그러다가 그 후에 오히려 동양문학의 보편성이 더 강조되는 한때를 경험하게 됩니다. 그것이 절정을 이룬 시대가 조선 전기, 16세기경입니다.

그 과정을 보면 사상적으로 원효나 퇴계 같은 사람을 들 수 있습니다. 원효는 보편적인 불교를 한층 더 높은 수준으로 고양시키고 보편성의 철저한 실현이 궁극적으로 민족문화에 기여할 수 있다는 입장이었고, 퇴계의 경우도 그와 비슷하다고 할 수 있습니다. 중국의 도학(道學)은 이미 타락하여 잘못된 길을 걷고 있으므로, 도학을 철저히 옹호해 중국인이 실패한 데서 도학의 보편성을 철저하게 천명함으로써 한국 도학의 발전에 이바지하자는 입장입니다. 이런 추세는 16세기까지 점차 강화되는 방향으로 나아가다가 곧 저항에 부딪치게 됩니다.

중국의 것이 아닌 우리의 것, 민족문학에 대한 자각과 인식이 그 당시까지는 저류로서 작용해왔지만 17세기, 특히 18세기 후반에 이르러서는 표면화되기에 이릅니다. 그 사이에 있었던 이중적인 문화 속에서 빚어진 갈등의 흥미깊은 예가 최치원입니다. 최치원은 한문으로 이루어진 동양의 보편적인 문학에 깊은 조예를 가지고 중국에서도 문명(文名)을 드날린 사람이지만, 후에 이규보—그도 한문문학에 정통한 문인입니다만—가 평하기를 "최치원의 문학도 결국 중국문학일 수는 없었다"고 한 기록이 남아 있습니다. 이러한 사실은 비록 한문으로 기록된 문학일지라도 우리의 문제, 우리의 생각을 다루는 것이 바람직하다는 생각이 진작부터 있었음을 말하는 것이며, 이런 제 현상 자체가 문화의 이중구조가 빚은 갈등의 구체적인 결과입니다.

한편으로는 구비문학, 구체적으로는 설화(說話)의 재인식·재평가입니다. 이것은 한문문학 이전에 있었던 우리 문학을 재발견·재평가하자는 시도의 하나라고 보며, 일연이나 이규보 등은 높은 평가를 받아야 할 것입니다. 그런 점에서 이들은 동양적인 보편성의 문학을 대변하는 김부식 등과 날카롭게 대립되는 일면이 있습니다. 그렇다 하더라도 16세기까지는 동양적 보편성의 문학이 주류를 이루고 있음을 부정하지 못할 것이며, 우리의 문학도 이 단계에 이르기까지는 동양적 보편성의 문학이 획득하고 있는 문제의식이나 사상의 깊이를 갖지 못했음 역시 사실입니다.

여기서 이런 비교를 전개해볼 필요가 있을 것 같습니다. 한국문학과 일본문학의 비교인데 전문가가 아니어서 정통하지는 않지만 일본문학은 우리와 비교하여 일찍부터 자기문학을 가진 것으로 알려져 있습니다. 우리는 오랫동안 동양적 보편성을 추구해 왔습니다. 이 사실을 두고 볼 때, 민족문학을 위해 다행이냐 불행이냐 하는 물음에는 완전히 양론으로 갈리게 됩니다. 동양적 보편성에 대한 깊은 측면은 우리가 민족문학이란 관점에서도 반드시 부정적으로 평가할 것만은 아니고 그렇게 함으로써 문화적인 폭과 사상적인 깊이가 얻어진 것이 아니겠는가 생각합니다.

동양사상의 두 가지 큰 맥락인 불교와 유교에 대한 깊은 이해와 창의적인 전개는 당시 문학의 한 수준을 보여주고 있습니다. 선행문화의 폭과 깊이는 그 뒤에 그것을 극복하고자 하는 문화의 폭과 깊이를 요구하게 되는 것이므로 반드시 부정적으로만 볼 것은 아니라는 생각입니다.

민족문학의 특수성과 보편성

임철규 중국의 한문문화를 받아들여 이중적인 문화생활을 경험함으로써 오랫동안 한문을 통해 동양적인 보편 문학에 참여해왔던 우리 문학이 하나의 민족문학으로 이야기될 때 고민이 있듯이, 신생국가 가운데 하나인 미국도 우리와는 다른 차원에서 그 고민이 처음부터 컸습니다.

미국이 영국에서 정치적인 독립을 획득한 지 한 세기 이상 지나는 동안 미국문학은 영국문학의 한 가지(枝)로 인정되어왔습니다. 미국의 딜레마는 영국의 문학적인 전통을 거부하면서 유럽의 문화적인 유산을 주장하는 데에 있었습니다만, 영국과 동일한 언어를 가지고 있음으로 해서 독자적인 미국문화의 가능성은 거부되어왔습니다.

1920년대에 와서 미국문학은 미국문학을 발전시켜온 특수한 조건과 이와 같은 조건에서 나오는 특수한 경향을 반드시 지니고 있다고 주장하는 학자들의 자기인식의 자세와 더불어 그들의 '민족문학'은 그 나라, 그 민족의 삶의 경험의 문학적인 표현이라는 개념으로 파악된 것 같아요.

미국학자들은 특히 19세기 미국소설과 영국소설을 비교하는 데서 그들의 특수성을 강조하는 경향이 많아요. 그 당시 미국소설, 예컨대 멜빌, 호손, 쿠퍼 같은 작가들의 작품들은 로맨틱한 반면, 영국소설들은—물론 정도의 차이는 있겠지만—사실적인 소설이었던 것입니다.

실제로 미국사회는 소설의 본질적인 현실의 구조가 될 수 있는, 이른바 부르주아 계급과 귀족계급 사이의 긴장관계가 존재하지 않았습니다. 전통 계급구조의 부재로 인해서 미국작가들은 그들의 관심을 사회 밖으로 돌린 것 같아요. 따라서 주제와 표현형식에서도 영국소설과 달리 미국소설은 신화적·우화적·상징적인 형식을 취했던 것입니다. 물론 이와 같은 차이는 절대적인 것은 아니라 할지라도 지난 30년 동안 이러한 장르의 구별이 미국문학과 영국문학의 전통을 구별하는 데 하나의 근본이 되고 있음은 부인할 수가 없어요.

D.H. 로렌스 이후 이 구별은 별 의미가 없다고 주장하는 학자도 있지만 이와 같은 미국의 전통은 현재까지 계속되는 것이 아닌가 생각합니다. 내친김에 다시 유럽으로 돌아가서 이야기를 계속할까 합니다. 낭만주의를 계기로 해서 민족문학의 자기인식이 어느 정도 활발해졌다고 말했던 것을 기억합니다. 낭만주의로 인한 자아인식, 자아특수성의 강조는 개인뿐만 아니라 하나의 집단으로서 민족 전체에도 적용되었기 때문입니다.

낭만주의 문학가들은 한 민족의 특수한 성격은 그 민족의 민족정신(volksgeist)에 나타나 있다고 보았거든요. 일찍이 1767년 독일의 사상가인 헤르더는, 각 민족은 그들의 모든 관습·제도·문학예술에 나타나는 독특한 성격을 갖고 있으며, 그 자체로 본유의 가치를 갖고 있다고 말했습니다. 당시 억압당하고 있던 여러 유럽 민족을 향한 이 사상가의 관심은 이들이 자아 인식과 자아 신뢰를 찾는 데 무한한 도움을 주었어요.

이왕 낭만주의 문제와 보편성·특수성의 문제가 제기된 이상 낭만주의에서의 보편성과 특수성의 문제로만 머리를 돌릴까 합니다. 지금부터 거의 40년 전 미국의 학자 A.O. 러브조이가 한 나라의 낭만주의는 다른 나라의 낭만주의와 공통분모를 공유할 수 없다고 주장하면서, 낭만주의는 각 나라마다 다양하게 나타난다고 강조함으로써 각 나라의 낭만주의의 특수성을 밝혔습니다.

한동안 그의 주장이 정당한 평가를 받아오다가 그 후 낭만주의의 보편성을 주장한 R. 웰렉에게 도전을 받은 이후, 지금까지 특수성을 강조하던 학자들은 웰렉의 입장에 동조하고 있는 것 같아요. 그는 시적 상상의 본질, 자연의 개념과 인간과의 관계, 상징과 신화를 사용하는 시적 스타일에서 각국의 낭만주의가 공통분모를 가지고 있음을 보여주고 있습니다. 물론 독일문학의 특수성을 낭만주의에서 찾고 있는 독일학자들은 다른 각도에서 그들 문학의 특수성을 강조할 수가 있겠지요. 가령 독일 낭만주의 시인들과 음악가들, 말하자면 베토벤, 슈베르트, 슈만, 베버 등과의 관계가 특수할 수도 있습니다. 이 음악가들이 그 시대의 독일시를 그들 노래의 텍스트로써 이용했을 뿐만 아니라 베토벤은 그의 심포니들을 위한 영감을 시에서 찾았지요. 이 현상은 중요하지만 그 자체가 다른 나라의 낭만주의와 구별하는 특수한 현상은 아닌 것 같습니다. 영국은 아니라 할지라도 프랑스에서는 이 현상이 존재했거든요.

따라서 독일문학의 특수성을 강조하는 독일학자들이 낭만주의에서 그들의 순수한 독일적인 스타일을 찾는다는 것은 무리라는 것입니다. 사실 프랑크푸르트 학파의 영향 이래 독일 낭만주의는 다른 각도에서 비판되고 있습니다. 독일 낭만주의는 그밖의 나라와는 달리 아주 뚜렷한 역사적인 이유 때문에 대단히 성공적이었던 것은 사실입니다. 독일의 계몽주의는 힘과 영향력이 약했을 뿐만 아니라 기간도 짧았으며, 산업혁명도 늦었습니다. 그 결과 지도적인 부르주아들도 없었지요. 각계각층의 지적인 엘리트들이 봉건주의와 중산계급의 이념에 반대해서 일상적인 현실과 동떨어진 문학, 즉 낭만주의 문학을 창조했습니다. 작금에 와서 프랑크푸르트 학파의 문학과 사회의 관계가 강조되는 것과 더불어 독일문학의 특수성을 낭만주의에 귀착하는 것에 대해 일종의 반발도 농후한 것 같습니다.

그러나 영국의 경우에는 사정이 좀 다르지 않나 봅니다. 물론 웰렉이 규정한 낭만주의의 보편성에 영국 낭만주의도 함께 자리하고 있습니다만, 단 한 가지 특수한 현상이 있다면, 영국의 낭만주의 시인들은 프로테스탄트 비국교도의 전통, 말하자면 청교도운동의 좌파에서 나온 일종의 비국교도의 전통에 속한다는 것입니다. 이 문제는 H. 브룸이라는 미국학자가 구체적으로 밝힌 바 있지만, 이 사실은 상당히 중요한 것입니다. 영국시를 보면 전통적인 흐름이 확연히 구별되거든요. 그 하나는 프로테스탄트적·급진적·낭만적, 다른 하나는 가톨릭적·보수적·고전적입니다. 프랑스 문화가 프랑스 혁명을 지지하고 그 정신을 계승하는 문학가들과 그렇지 않은 자들로 특징 지어지듯이, 영국문화도 16세기와 17세기 청교도혁명을 받아들이고 그 정신을 계승하는 문학가들과 그렇지 않은 자들로 특징 지어지는 것 같아요.

조동일 지금 임 선생님께선 낭만주의를 계기로 하여 서구 각국의 민족문학의 자기 인식을 말씀해주셨는데 동양에서는 이러한 움직임이 17, 18세기경부터 대두하기 시작했습니다. 이것을 서양의 낭만주의와 비교하는 것은 시대적으로 적절하지 못하겠지만 유사한 점이 없는 것은 아닙니다. 중국의 경우에도 17세기에 이르면 문학의 양상이 변화를 경험하게 됩니다. 그때까지 상고(尙古)적인 고문(古文)일색이던 것이 원과 송을 거쳐 명대에 이르면 백화문학(白話文學)——말하자면 속문학(俗文學)이지요——이 성행하게 됩니다. 이것은 동양 전체의 문학이 아니라 좁은 의미의 중국문학이라고 할 수 있겠습니다.

한국에서도 한국문학, 즉 국어문학이 나타나며 일본에서도 사정은 역시 마찬가지입니다. 이것은 동양의 일반적인 현상이었습니다. 각자가 자기 문학의 건설을 모색하기 시작했다는 공통성을 가지며, 그 방향과 내용에서 각국의 민족적인 특성이 드러나게 마련이었습니다.

우리 문학에서는 허균, 김만중, 박지원 같은 문인들에 의해 새로운 역사의 장이 열렸습니다. 이들은 문학이란 것이 고전의 규범을 되풀이할 것이 아니라 자신이 살고 있는 시대, 즉 당대의 문제를 다뤄야 한다고 주장했습니다. 또 문학이 과거인의 생활이 아닌 동시대인의 생활을, 상층민의 그것이 아닌 서민——민중의 그것을 다루어야 한다고 했으며 나아가 허균 같은 이는 당대의 문제를 다루는 상어문학(常語文學)을 주장하기도 했습니다. 이런 사상의 맥락은 훨씬 후대의 박지원에게로 닿고 있음을 확인할 수 있습니다. 사상적으로도 통일된 사상——당시로는 주자학이었습니다만——으로부터의 다양화, 반역을 시도했습니다. 따라서 이 시대의 문학의 주조도 숭고하고 우아한 것에서부터 해학과 풍자의 세계로 변하게 됩니다. 물론 이에도 그 나름의 한계가 없는 것은 아닙니다.

한편 이 시대에 와서는 우리 국문학에서도 구비문학 또는 기록된 문학의 영역에서 다채롭게 개화됨을 볼 수 있습니다. 예컨대 알려진 바와 같이 각종 민속극이라든지 판소리·소설 또는 사설시조 등의 발전으로 한 시대의 문학판도가 변경될 정도이며, 본격적으로 민족문학의 각성이 이루어졌는데, 이것은 중국의 백화문학과 대응되는 현상이라 할 수 있겠습니다. 지금 말씀드린 한문학에서의 새로운 경향과 국어문학의 새로운 경향이 통일되지 못한 채 둘 사이에는 시대적 공통점과 방향의 일치가 있었지만, 서로 교류를 가지지 못한 채 이것을 하나로 지향하면서 지식인들, 시민층의 국문학이 본격적으로 전개되어야 할 과제를 미해결로 둔 채 서구문화, 즉 식민지문화의 도전으로 한 시대의 문화의 흐름이 좌절된 것으로 생각됩니다.

방금 임 선생님께서 낭만주의를 통해 드러난 서유럽 각국 문학의 특징을 말씀해주셨는데, 17세기에서 19세기까지 드러난 동양 각국 문학의 자기 확인과 독자적 방향의 개척에 관해서는 아직 서유럽과 같은 정도의 비교 연구가 진척되지 못한 형편입니다. 따라서 자세히 말씀드리기 어렵습니다.

한 가지 예를 들어보겠습니다. 우리의 전통 민속극은 애초에 농민문학으로 자라나다가 그 시기에 와서는 초기 시민층의 문학으로 발전하는데, 이것이 가진 근본성격은 삶의 발랄한 모습, 규범과 구속에서 해방되고자 하는 강한 저항의식이라 할 수 있습니다. 비슷한 시기에 서로 비교될 수 있는 중국의 창극(倡劇)이나 경극(京劇) 또는 일본의 가부키[歌舞伎] 등과는 근본적으로 다른 성격입니다. 중국이나 일본의 전통극이 시민층의 소비적·오락적 필요에 따라 발전한 장식성이 강한 예술이라면, 우리의 전통극은 비록 장식성은 모자라도 양식적으로는 거칠되 삶의 발랄함과 생명력이 충만한 문학입니다. 그것이 이 시대 문학의 일반적인 경향이기도 합니다. 그것은 결국 문학이 당대인의 삶의 중심에 놓여 있는가 아니면 변두리의 것인가 하는 기본태도와도 관계가 깊은 문제인데, 한국인의 경우에는 자기 삶의 가장 강렬한 표현으로 문학을 선택했던 것이라 볼 수 있습니다.

　사상적인 측면에서 보아도 우리 문학은 기존의 사회체제나 전통적인 규범에 대한 비판의 철저함으로 특징 지을 수 있는데, 이 점은 정약용이나 최한기, 박지원 등에서 검증될 수 있습니다. 이러한 비판정신이 개화 이후 크게 쇠퇴하거나 변질되었음은 주지의 사실입니다. 개화 이후의 문학에서 우리 문학의 전통으로 추구되는 양상은 조용하고, 은거하여 자연과 조화를 이루고자 하는 정서의 세계를 표현한 문학이었습니다. 그런 문학은 조선 전기까지 동양적인 보편성에 참여했던 시대, 다시 말하자면 사대부의 정신세계를 형상화한 것이기도 합니다. 따라서 조선 후기 문학에 의해 부정되고 극복되기 시작하던 예술입니다.

　단적인 예로 개화 이후의 시조 부흥론자들을 들 수 있는데, 그것은 시조가 가진 복고적·사대부적인 정신을 우리 문학의 전통이라고 착각한 데서 비롯된 것이 아닌가 생각됩니다. 시조 부흥을 주장하는 어떤 사람도 사설시조의 부흥을 언급한 적이 없다는 데서도 분명히 드러나는 일입니다. 사설시조의 가치를 정확하게 인식하지 못했다는 사실은 매우 중요한 문제인 것 같습니다. 조선 후기에 일어난 중요한 문학유산을 민족문학의 중심권 바깥에 방치하고, 그 일부는 민속으로나 인식하고, 존재는 인정하되 가치는 인정치 않음으로써 계승의 대상이 아니라는 인식에 이르게 되어 결과적으로 민족문학 전통의 자기상실에 빠지게 된 것을 알 수 있습니다.

　임철규　우리 문학이 기존의 사회체제나 전통적인 규범에 대한 비판의 철저함으로 특징 지어질 수 있다고 말씀하셨는데, 이와 같은 전통정신인 비판정신을 민족문학의 중심 밖에 머물게 하여 결과적으로 문학전통의 자기 상실을 가져오게 한 것은 현재 우리가 처해 있는 이 상황을 위해서도 불행할 뿐만 아니라, 어쩌면 우리 민족에게는 뚜렷한 상황인식과 역사의식 또는 민족의식이 철저하게 자기화되지 못했기 때문인지도 모르겠습니다. 자기 민족에 대한 사랑이 없으면 민족문학의 존재가치도 언제나 위협받게 마련입니다.

고대 로마 문학은 전반적인 흐름을 볼 때 조국애와 민족애에서 우러나온 문학입니다. 비록 로마 문학은 그리스 문학을 모델로 삼아서 이룩된 문학이지만, 그들의 문학은 단연코 애국적인 것으로 특징 지어집니다. 그러나 로마인은 우리와 달리 그들 문학의 자아 확인에 심각한 고민을 하지 않았던 것 같습니다. 그들은 그리스 문학의 영향을 받았던 것을 오히려 자랑스럽게 여겼거든요. 그들은 그리스 문학이야말로 모든 사상을 다 가졌으며, 문학의 외적 형식뿐만 아니라 모든 본질적인 가치를 가르쳤고, 모든 올바른 질문을 다 제기했다고 생각했습니다.

로마 문학은 바로 그 시작부터 그리스 문학작품의 모방을 정당화했지요. 후에 가서 이와 같은 흐름은 변모되었지만 제가 여기서 말하고자 하는 것은 로마인에게 문학은 삶의 중요한 부분이 아니라, 생활의 한 장식에 지나지 않았다는 사실입니다. 그들 자신은 인간 그리고 시민으로서—이 개념은 그들에게 동일하지만—문학의 중요성을 강조하는 그리스인보다 우월했다는 것을 의심하지 않았습니다. 서양역사가 입증하는 바처럼, 그들이 문학 이외의 다른 분야에서 실제적인 업적을 이루었기 때문이지요. 그들이 구현했던 애국주의, 도덕적인 의무, 인간의 권위와 같은 삶의 에토스가 전 유럽에 이어져 각국 민족에게 삶의 경험의 유산으로 지금껏 남아 있는 것은 부인할 수가 없습니다.

풍자문학이, 서양에만 국한한다면, 로마의 독자적인 문학 장르로 인정될 수 있을 만큼, 로마 문학은 후에 가서 기존 사회의 규범과 현실에 대한 비평, 풍자정신으로 가득 차 있기는 하지만, 언제나 민족적·국가적인 이상을 노래하는 것이 주조를 이루었습니다. 민족문학이 하나의 거짓된 이데올로기의 정치도구가 되는 것을 우리는 예의 경계해야 하지만, 로마 시민이 민족적인 이상을 위해 몸바쳤던 그 정신은 우리 민족문학의 전통을 다시 확인하고 정립하는 데 우리들에게 꼭 필요한 것이 아닌가 합니다.

보편성과 특수성의 문제를 이야기할 때 이 말이 포괄하는 개념이 다소 다르다 할지라도, 전통과 오리지널리티라는 말로 대신해서 쓸 수 있지 않나 봅니다. 저의 단견이지만, 유럽 문학에서는 민족문학의 보편성과 특수성보다 오히려 전통과 개인의 오리지널리티의 관계가 한층 중요한 문제로 부각되는 것 같군요. 이 오리지널리티의 개념도 낭만주의와 불가분의 관계를 맺고 있는 것 같습니다. 낭만주의 이전의 문학가들이 오리지널리티에 관심을 안 가졌던 것이 아니라 낭만주의 문학가들처럼 그렇게 깊고 끈질기게 관심을 갖지 않았거든요. 낭만주의에서 시작해 다다이즘과 초현실주의, 이른바 현대문학을 특징 짓고 있다는 여러 유형의 모더니즘에 이르기까지 지난 100년간의 문학은 독창성이라는 개념으로 자신을 무장한 채 문학적인 전통의 당위성을 부정하는 시도로 특징 지을 수가 있습니다.

예술을 그것의 전통에서 전적으로 해방시키려는 흐름은 순수예술을 위한 협의를 대변해주는 것 같지만, 어떠한 문학가도 과거의 전통에서 고립된 채 독창적인 것을 추구할 수가 없는 것 같아요. 모든 문학가는 저마다 다른 문학가들과 변증법적인 관계에 얽혀 있는 존재 같아요. 시(詩)적 역사는 시적 영향과는 구별할 수 없는 것이라고 최근에 다수의 학자가 주장하는 것은 일리가 있습니다.

제3세계의 민족문화

조동일 어느 역사에나 보편적이고 규범적인 가치가 강조되던 시대가 있는가하면 계승적이고 창조적인 가치가 강조되던 시대가 있었습니다.

아까 말씀드린 허균, 김만중, 박지원 같은 이들은 전통이나 기존의 규범들에 대해서 비판적이고 거의 파괴적이라 할 만큼 부정적인 태도로 창조에 임했습니다. 그러나 오늘의 시점에서 보면 그들의 비판과 전통에 대한 거부는 결국 자기 시대의 요구를 실현한 결과로 귀결되는 것입니다.

그러나 한 가지 분명히 밝혀두어야 할 것은 자기 이전 시대의 문학을 부정하고 비판한다고 해서 그것이 반드시 개성적인 창조를 보장하는 것은 아니라는 사실입니다. 그 구체적인 예를 우리는 개화 이후 초창기 신문학에서 발견할 수 있습니다. 육당(六堂) 최남선이나 춘원(春園) 이광수의 경우를 예로 들어보겠습니다. 춘원에 따르면 "과거 조선에는 문예(文藝)라고 할 만한 것이 없었다"든지 심지어 "정신생활이 있었는지조차 의심스럽다"고 극언을 했습니다. 결국 서양의 규범에 맞는 또는 서양과 비견할 그 무엇이 없다는 이유로 그런 발상이 가능했겠지만, 과거문학을 부정한 결과가 새로운 창조로 귀결되느냐, 아니면 후자에서 보듯 창조력의 결핍으로 결과하는가는 그 시대 여건과 개성적 성실성에 따른 것으로 결론 지을 수 있을 것입니다.

여기서 우리는 신문학 이후 문학의 개념을 다시 한 번 진지하게 검토해 볼 필요가 있습니다. 서구의 근대문학, 특히 낭만주의 이후의 문학을 문학의 규범으로 생각함으로써 문학의 포괄적인 성격, 쉬운 말로 표현하자면 광의의 문학을 문학 아닌 것으로 치부하게 되었습니다. 박지원이 쓴 대부분의 글은 이른바 문(文)인데, 마땅히 포괄적인 의미의 문학에 포함시켜야 함에도 그렇지 못했던 게 현실입니다.

한편으로는 구비문학도 역시 문학의 범주에서 제외함으로써 글로 쓴

시나 소설만이 문학이란 고정관념에 사로잡혀 민족문학의 폭을 부당하게 협소화시켜버렸습니다. 따라서 우리의 민족문학은 서구와 비교할 때 빈약하고 열등하다는 결론에 도달한 것이라고 봅니다.

국문학이란 무엇이냐 하는 물음에 국어로 씌어진 시·소설·희곡이라고 답한다면 그것은 대단히 협소한 범위의 문학만을 가리킬 위험이 있습니다. 한편으로는 한문학의 전폭을 포괄하며 국어로 씌어진 문학과 구비문학의 전폭을 수용함으로써 국문학, 나아가서 민족문학의 수립과 정리가 가능할 것입니다.

임철규 동감입니다. 민족문학의 수립과 정립이 시급한 것은 우리 문학뿐만 아니라 정치적인 억압과 사상적인 전통의 단절을 경험한 여러 국가의 경우에도 이 문제는 시급하게 나타나는 것 같습니다. 지금 조 선생님의 말씀을 들으니까 인도의 경우가 생각나는군요. 우리와 마찬가지로 식민지정책의 희생이 되었던 인도는 우리보다 심각한 상태에 봉착하고 있는 것 같습니다. '인도문학'이라 할 때 무엇을 인도의 문학이라고 할 것이냐의 문제에 부딪치는데, 그쪽의 많은 사람이 산스크리트어로 씌어진 과거의 문학작품만을 인도문학이라 하자고 말하지만 과거의 문학작품에만 한정시킬 수 없을 만큼, 그 이후 현재까지의 문학도 중요하다는 인식을 버리지 못하고 있습니다.

고대에는 적어도 세 가지, 중세에는 적어도 여덟 가지, 심지어 현재는 적어도 열여섯 가지 언어로 작품이 씌어졌고, 씌어져 온다니 문제는 심각한 모양입니다. 그리하여 아직까지 인도문학의 정립이 불가능한 상태에 있다는 인상을 주고 있습니다.

민족문학을 이야기할 때 이따금 우리는 하나의 민족언어로 표현된 문학작품들만이 민족문학에 적용될 수 있다고 듣고 있습니다. 이것은 단일언어를 사용하는 나라의 문학에는 적용될 수 있겠지만 인도와 같이 복수언어를 사용하는 나라의 문학에는 적용될 수 없지 않습니까. 따라서 그쪽의 일부 학자 중에는, 아까 제가 미국문학을 이야거했을 때 말씀드렸던 것처럼, 한 나라의 문학을 발전시켜온 특수한 조건들이 있을 테니까 그 조건들에서 나오는 특수한 경향을 가진 문학작품을 두고 민족문학의 개념을 정리하자는 주장이 나오고 있는 것 같습니다.

우리 문학에서 한문으로 된 우리 문학을 국문학에 수용해야 하는가 아닌가의 문제가 한때 논의되어 왔던 것으로 알지만, 그들과 같은 식의 민족문학의 개념을 긍정적으로 받아들인다면, 조 선생님의 입장처럼 저도 한문학은 국문학에 수용되야 한다는 주장에 동감하고 있습니다. 서구 문학이론과 방법의 척도로서 한국 문학작품을 기계적으로 평가할 수도 없는 것 같아요.

한문문화와 서양문화가 우리 문화에 미친 영향은 대단하지만, 우리 문화의 전통은 소멸될 수 없었을 것이고, 소멸될 수 없을 것입니다. 하나의 사상이 한 사람에서 다른 사람으로, 한 시대에서 다른 시대로 옮겨 갈 때 그 단위사상은 여과되고 굴절되어, 끊임없는 재해석의 과정을 밟습니다. 사상사는 본질적으로 이 과정에 대한 하나의 주석에 불과하며, 이것은 결국 인간정신의 생명 그 자체라고 봅니다. 또한 흔히 이야기하는 장르문제만 하더라도 장르는 특정문화의 한 현상으로 파악해야지, 서양의 장르개념으로 여타 문화권의 장르를 분류한다면 커다란 위험이 따릅니다.

조동일 개화 이후 서구문학이 소개되면서 문학에 대한 우리의 시야가 확대된 것만은 틀림없는 사실입니다. 그러나 서구문학 그 자체의 영향보다는 우리 문학에 대한 이해를 어떻게 변화시켰는가가 저 개인의 입장에서는 더욱 관심이 가는 문제입니다. 서구문학이 역사의 진행에 따라 피동적으로 발전됨에 따라 문학에 대한 우리의 시야가 확대되고, 개념이 정리되었으며, 또 우리 문학의 이론의 체계화가 시도된 것 등은 긍정적으로 평가될 측면이겠습니다. 앞으로도 서구에서 소개된 개념과 방법에 의존할 부문이 상당히 있으리라 생각됩니다.

그러나 여기서 분명히 반성해야 할 문제를 지적하고자 합니다. 세계를 향한 시야가 확대되었다고는 하지만 우리가 흔히 세계문학으로 일컬어왔던 문학은, 실은 세계문학이 아닌 미국·영국·프랑스·독일 등 서유럽 문학이었습니다. 더 이상 세계와 서유럽이 동의어일 수 없는 역사적인 시점에 이른 것입니다. 저 개인의 관심사 때문이기도 하겠지만 유럽 문학에서도 서유럽이 아닌, 유럽의 변두리라고 할 수 있는 핀란드·헝가리·아일랜드 문학에 보다 주목해야 하지 않을까 생각됩니다. 이들 나라의 문학은 핀란드와 러시아, 헝가리와 독일, 아일랜드와 영국의 관계에서 알 수 있듯이, 문학적으로나 정치적으로 억압과 단절을 경험한 나라의 문학이며 구비문학의 역할이 매우 중요시된다는 점에서도 그렇습니다.

자기의 문학전통을 되살리고 잃어버린 문학유산을 찾는다는 것은 골동품을 수집하는 것과는 다른 자기들 삶의 근본문제를 해결하고자 하는 의지로 이해해야 할 것입니다. 우리의 경우도 입장이 그와 같이 절박했던 것은 아니지만, 매우 교훈적이라고 할 수 있을 것입니다. 아까 임 선생님께서 소개해주신 인도라든지 아랍 또는 아프리카 문학의 경우에도 같은 말을 할 수 있을 것입니다. 비록 다른 문명권에 속하고 역사적인 조건은 달랐을망정, 서구의 식민지상태를 경험했거나 또는 서구문학의 압도적 영향으로 자기 상실을 경험했다가 문화의 자기 회복을 모색하고 있는 그들 각국의 문학에 깊은 이해와 관심을 가지는 것은 우리 민족문학의 당면 과제를 해결하는 데 매우 유익한 일일 것입니다.

민족문학을 이야기할 때 흔히 르네상스 이후 낭만주의까지의 서유럽, 특히 그 중에서도 민족문학의 문제가 복잡했던 독일 문학을 예로 들어 비교합니다. 그런데 17세기에서 19세기까지의 우리 문학을 이야기할 때는 근대 초의 서구문학과는 비교가 가능할지 몰라도 현재 한국의 민족문학을 이야기할 때는 제1차 세계대전 이후의 동유럽 제국이나 제2차 세계대전 이후의 제3세계 각국의 문학이 더 큰 동질성을 가지고 있지 않을까 생각합니다. 자칫 잘못 생각하면 서구문학은 보편성을 가진 범세계적 문학이고 우리의 경우를 특수한 문학으로 알기 쉬우나 제2차 세계대전을 전후하여 식민지 또는 반식민지 상태에서 해방된 많은 아시아·아프리카의 제3세계 국가에서 추구되고 있는 민족문학의 전통확립과 자기 회복 운동은 세계사적 보편성을 가진 흐름입니다. 물론 실천적인 측면에서 각국은 나라마다 특수한 입장을 가지겠습니다만, 이 시점에서 잃어버린 자신의 민족문학을 찾는다는 현상 자체의 보편성을 더욱 중요시해야 하지 않을까 생각됩니다.

임철규 타당하신 말씀입니다. 19세기 초 유럽 각국의 비평가들이 유럽문학의 개념에 한창 열을 올렸을 때 괴테는 '세계문학'을 제창했습니다. 얼핏 보면 전혀 공통적인 것이 보이지 않는 세계 각국의 문명을 함께 결합시킬 것을 주장했거든요. 동양과 서양은 이제 결코 서로 떨어져 독립될 수 없다고 말하면서 '민족문학'은 오늘날 무의미하며, 세계문학의 시대가 도래할 때가 오는 이 시점에서 누구나 다같이 세계문학의 실현에 박차를 가하기 위해 애쓸 것을 피력했습니다. 그에게 세계문학 또는 그 정신은 다양한 이질적인 국가들이 서로서로 이해하고 사랑하지는 않는다 할지라도 서로를 어떻게 인정하는가를 배우는 것을 의미했던 것입니다. 물론 괴테는 민족문학의 특수성을 부정하는 것이 아니라, 이 특수성은 상호접촉과 상호인식의 과정에서 유지해야 한다고 분명히 밝혔지요. 괴테가 주장한 것과 같이 다른 나라의 문학을 인정하는 자세는 민족문학의 정립을 위해서도 더욱 중요하다고 봅니다.

우리 문학의 방향성

조동일 민족문학을 추구한다고 할 때는 두 가지 의미를 내포하고 있다고 보겠습니다. 하나는 과거의 것을 재정리·정립하는 '추구'이고 또 하나는 좀더 미래지향적인 측면, 앞으로의 민족문학을 건설하면서 창조하는 '추구'라고 할 수 있겠지요. 그런데 흔히 민족문학의 추구라고 하면 우리 문학의 특수성을 발견하는 노력으로만 이해하는 오해가 있는 것 같습니다.

그것은 특수성의 발견이면서 동시에 보편성의 확인과 확대가 아니면 안 됩니다. 보편성도 자기의 창조적 재능, 자기결단, 자기성실성에 의해 확인되고 확대되어 나가는 것이 민족문학의 길이라고 하겠습니다. 자기 창조력과 자기 결단을 굳이 덧붙이는 이유는 이미 마련된 규범을 좇아 그것을 그대로 답습하는 것이 아니라는 점을 강조하기 위함입니다. 우리의 민족문학은 동시에 동양문학이며 세계문학의 일부라는 확고한 인식이 토대가 되어야만 비로소 가능한 것입니다.

임철규 민족문화·민족문학의 특수성을 지나치게 강조한다면, 나치의 경우를 구태여 인용하지 않는다 할지라도, 그것은 위험한 사고입니다. 지나치게 민족문학의 특수성을 주장하는 것은 어쩌면 역설적으로 우리 문학이 얼마나 속이 텅 비어 있는가를 깨닫는, 일종의 집단적인 자살행위의 정신현상으로 파악될 수도 있겠지요.

조동일 저는 흔히 이런 질문을 받곤 합니다. 우리 문학의 특징은 무엇인가 하는 물음입니다. 또 국문학자라면 이런 질문에 답할 의무도 지니고 있는 것입니다만, 저의 잠정적인 가설은 이렇습니다. 우리 문학의 특징은 '웃음, 즉 골계의 문학'이라는 것입니다. 그리고 '풍자와 해학'이 그 중심 내용을 이루고 있다고 할 수 있습니다. 저의 개인적인 취향 탓도 있겠지만 그렇기 때문에 우리 문학사에서 김유정과 채만식을 주목하고자 합니다. 소설문학에서 그들의 작품은 대부분 희극 요소가 많은 작품입니다.

직선보다는 곡선을, 정태적이기보다는 동태적인, 그리고 삶의 발랄한 양상을 긴박한 대결로 압축한 우리의 전통연극의 정신과도 결코 무관한 현상은 아니지 않겠는가 생각해보기도 합니다.

그리고 동양권에서는 비극정신이 없었던 것은 아닐까 생각되는군요. 희랍사상과 기독교사상은 비극의 2대 원천이라 할 수 있는데, 동양은 이와 사정이 다르지 않을까 합니다. 이원론적이기보다는 일원론적이라든지, 그런 점은 동양문학의 일반적인 보편성에서도 확인되지 않을까 합니다.

임철규 동양에서는 서양과 달리 비극정신이라든가, 하나의 문학 장르로서 비극이 본질적으로 존재할 수 없다는 것은 저 역시 같은 의견입니다. 전통적인 중국사상에서 인간은 자연의 한 부분으로서 특별한 개인적인 개체의식과 개인적인 운명을 지니지 못하고, 인간의 본질은 이른바 음양의 우주원리의 작용에 종속되어 있기 때문에 가장 비극적인 사건의 하나인 죽음도 개인적인 운명의 한 사건으로 인식될 수 없는 것 같아요.

조 선생님께서 말씀하신 것처럼 우주를 일원론적으로 보기 때문에 다른 나라 민족의 사상을 크게 지배했던 사후의 영혼불멸의 진상을 이야기할 근거도, 영적인 구원이라든가 신을 향한 죄의식이라는 사상을 이야기할 근거도 사라지겠지요. 고대 그리스의 철학자 헤라이클리토스가 일찍이 "인간의 운명은 성격"이라고 말했을 때 그가 그리스 비극문학의 특성을 가장 간결하게 말했던 것 같아요. 만물에서 중용을, 무위와 자연으로의 복귀를, 의식의 소멸을 주장하는 유교·도교·불교의 세계에서 비극정신이 존재할 수 없듯이 중국의 영향을 받아왔던 우리 문학이, 조 선생님의 주장처럼, 비극의 세계가 아니라는 것은 당연한 것으로 볼 수 있겠지요.

이만하면 논의해야 할 대부분의 문제가 거론된 것 같습니다. 결론적으로 조 선생님께서 한국 민족문학이 나아가야 할 진로를 말씀해주시고 대담을 끝내도록 하지요.

조동일 저는 민족문학을 이렇게 이해하고 있습니다. 그것은 민족의 삶과 현실에서 존재하는 것, 민족의 삶이 집약된 표현이라는 것입니다. 이런 말을 하면 동시에 문학 옹호론도 되고 폄하한다는 비난도 받을 수 있는데, 옹호론이란 문학을 그만큼 중요한 것으로 이해하고 있다는 점에서이고, 폄하란 문학의 세계를 너무 현실과 밀착시켜 이해하고 있다는 비난도 있을 수 있다는 뜻입니다.

원래의 물음으로 되돌아가서, 민족문학의 나아갈 길이란 단순화해서 말하자면 우리 민족의 삶을 어떤 방향으로 영위해갈 것인가 하는 물음과 같은 문제입니다. 남북이 분단된 현상태에서 가장 시급한 문제는 어떤 형태의 통일이든지 그 전제는 민족 동질성의 회복과 확인이라고 할 수 있습니다. 그것이 분단시대 민족문학의 최대 과제일 것입니다.

민족 동질성의 회복이란 문제는 어느 한쪽만 해서 될 성질은 아니지만, 우리는 우리가 할 수 있는 몫을 성실하게 수행하자는 것입니다. 그것은 민족문학이 지닌 역사적인 의의를 인식하고 확인하는 작업이 될 것입니다. 그 역사적인 의의란 표현형식으로서의 민족문학과 정서적·사상적 내용으로서의 민족문학을 포괄하는 것이며, 이에 대한 진지한 관심과 깊은 탐구는 탁상공론 차원에서가 아니라 절박한 문제와 깊이 연결되어 있다는 인식이 현재로선 시급한 과제입니다.

그러면 구체적으로 한국문학이 어떻게 전개되어야 하는가의 문제는 지금 이 자리에서 성급하게 결론낼 수 없으므로 유보할 수밖에 없을 것 같습니다.

임철규 구체적으로 한국문학이 어떻게 전개되어야 할 것인가, 이 문제만으로도 전문가들의 또 다른 장시간의 대담이 필요할 것으로 봅니다.

조동일 오랫동안 감사합니다.

찾아보기

|ㄱ|
골드만 51, 56, 60, 190
공자 79
괴테 85, 208, 270
그람시 222

|ㄴ|
네차예프 130, 131, 134
녹스 60, 75
니부어 78
니체 85, 106, 123, 135, 136, 162, 207, 232

|ㄷ|
도스토옙스키 85, 121, 122, 219, 221, 222, 224, 225, 249
도즈 24, 50, 64, 68, 69
디킨스 118, 223

|ㄹ|
라인하르트 84
랭 124, 125
레비-스트로스 64, 75, 106
루소 33, 181

루카치 8, 58, 64, 105, 109, 111, 112, 115~118, 172, 187, 190, 222
리쾨르 81, 106

|ㅁ|
마르셀 57, 58, 80, 81, 96, 98, 189
마르쿠제 99
마르크스 19, 113, 118, 163, 170, 181, 183, 221
말로 59, 145, 193, 202~204, 212, 214, 215, 218
메난드로스 39, 42
메를로-퐁티 19, 43, 85, 141, 204
몰리에르 28, 33, 40, 41, 43~45, 108

|ㅂ|
바르부 23, 51, 55
바르트 76, 208
바쿠닌 130~132, 134
발자크 113, 117~119, 187, 223
벌린 242, 250
베르그송 28, 45
베르자예프 162, 231
베버 162

베유 165~184
벨린스키 233, 235, 243
보들레르 45
보부아르 166
부르크하르트 51
부하린 201, 202
블레이크 108
브레히트 40, 41
비트겐슈타인 41, 79
빌라모비츠 52

| ㅅ |

사르트르 91, 92, 133, 136, 137, 140,
　　141, 148, 155, 167, 172
사빈코프 129, 139
셰익스피어 21, 28, 29, 42, 43, 52
소포클레스 48, 54, 63~78, 82~84, 95,
　　96, 99, 100
쇼 33, 34, 40, 41
쇼펜하우어 79, 161, 232, 248, 249
스탕달 185, 187, 223
시월 56, 59, 60, 78
실로네 185, 193, 203~220
싱 33

| ㅇ |

아누이 81~86, 90, 91, 93, 94, 97, 99,
　　101, 119, 219, 220
아라공 119, 219, 220
아리스토텔레스 5, 17, 18, 47, 48, 54,
　　60, 61, 65, 66, 68, 69, 74
아리스토파네스 18, 32, 35, 39~42
아이스퀼로스 57, 70, 72, 76, 100
야스퍼스 56, 78, 90, 98, 144, 189
에우리피데스 44, 70, 92, 184

엘리아데 20, 145
예거 39, 48, 73
예이츠 94
오웰 147~164, 193, 197, 204, 218
우나무노 54, 55
와트 88
월폴 16, 35
웰렉 105
윌리엄스 19
융 180

| ㅈ |

조동일 22, 253~273
조세희 111, 113, 114
조이스 56, 130
존슨 28, 29, 40, 42, 43
졸라 117, 118
지라르 62

| ㅊ |

챔버스 30

| ㅋ |

카리아예프 130, 131, 142, 143
카뮈 129~145, 165, 167, 172, 191, 211,
　　216
카시러 45
카프카 86, 218
칼데론 248
케슬러 185, 192~220
케유아 35
코르네유 109, 110
콕스 21
콘래드 158, 200, 219
콘포드 17, 18, 42

키르케고르 44, 59, 84, 86, 87, 178

| ㅌ |

테렌티우스 32, 39, 42
톨스토이 115, 118, 119, 181, 221, 223~225
투르게네프 221~250
투퀴디데스 19
트릴링 142, 143, 148, 187
틸리히 100, 189

| ㅍ |

프라이 38~40
프레이저 20, 22
프로이트 23, 24, 28, 33, 34, 36, 53, 72, 80, 123, 161, 162, 180
프롬 100, 143
프루동 132, 134, 163, 181

프루스트 101
플라우투스 28, 32, 35, 39, 42
플라톤 69, 144, 188
플로베르 117, 118, 223~225, 235
플로티노스 144
피아제 23, 25~28

| ㅎ |

하우 120, 186, 187, 203, 204
하위징아 24~26, 29, 87
하이데거 26, 81, 86~90, 94, 98, 99, 102, 144, 189
헤겔 100, 110, 122~124, 144, 181, 222
헤라클레이토스 48, 74
호라티우스 21, 64
호메로스 24, 51, 82, 115, 172, 173
화이트헤드 69, 70

지은이 **임철규**는 연세대학교 영문학과를 졸업한 후 미국 인디애나 대학에서
고전(그리스·로마)문학으로 석사학위를, 비교문학으로 박사학위를 받았다.
연세대학교 영문학과와 같은 대학 대학원의 비교문학과 교수를 거쳐,
지금은 연세대학교 명예교수로 있다. 대표적인 저서와 역서로 한길사에서 펴낸
『우리시대의 리얼리즘』『왜 유토피아인가』『눈의 역사 눈의 미학』『그리스 비극』
『귀환』과『비평의 해부』(노스럽 프라이)가 있다. 그밖의 역서로는『역사심리학』
(제베데이 바르부),『문학과 미술의 대화』(마리오 프라즈),『인간의 본질에 관한
일곱 가지 이론』(레즐리 스티븐스),『중국에서의 개인과 국가』(비탈리 루빈) 등이
있다. 편역서로『카프카와 마르크스주의자들』이 있다.